EL NIÑO Y SU MUNDO

EL NIÑO Y SU MUNDO

Manual para padres

Gail Reichlin
Caroline Winkler

Prólogo de Burton L. White

ONIRO

Título original: *The Pocket Parent*
Publicado en inglés por Workman Publishing Company, New York

Traducción de Joan Carles Guix

Diseño de cubierta: Valerio Viano

Ilustración de cubierta: Paul Hanson

Distribución exclusiva:
Ediciones Paidós Ibérica, S.A.
Mariano Cubí 92 - 08021 Barcelona - España
Editorial Paidós, S.A.I.C.F.
Defensa 599 - 1065 Buenos Aires - Argentina
Editorial Paidós Mexicana, S.A.
Rubén Darío 118, col. Moderna - 03510 México D.F. - México

© 2002 exclusivo de todas las ediciones en lengua española:
   Ediciones Oniro, S.A.
   Muntaner 261, 3.º 2.ª - 08021 Barcelona - España
   (oniro@edicionesoniro.com - www.edicionesoniro.com)

ISBN: 84-9754-021-2
Depósito legal: B-32.049-2002

Impreso en Hurope, S.L.
Lima, 3 bis - 08030 Barcelona

Impreso en España - *Printed in Spain*

Con un «bolsillo lleno» de amor y gratitud...
para mis padres, Lovey y Phil Wernikoff;
para mi marido, Ronnie; y para mis extraordinarios hijos,
Aaron, Rachel y Joshua. Vuestro amor, vuestras lecciones
y vuestras risas son mi inspiración.

GAIL REICHLIN

Para mis padres, John y Ann Diamond, por sus ánimos
e incontables horas al cuidado de los niños;
para mi marido Dennis, por su amor y su apoyo;
y para mis tres hijos, Sean, Nolan y Clark, por proporcionarme
la inspiración para escribir este libro.

CAROLINE A. WINKLER

Índice

Agradecimientos

Nuestra comprensión directa, y profunda compasión, de todos los padres de niños de dos a cinco años, nos impulsó a escribir un libro dirigido a orientar acerca de las situaciones más problemáticas con las que, a menudo, deben enfrentarse. Apenas empezar nos dimos cuenta de que iba a significar una entrega total, quizá por espacio de varios años. Algunas veces, para conseguir nuestros objetivos, hemos llegado a hacer malabarismos con nuestras apretadas agendas, todo un reto. No obstante, nunca hemos perdido de vista la esperanza de que el libro sea de gran ayuda para mejorar la vida diaria de los padres. Afortunadamente, hemos recibido ayuda y consejos de muchas personas.

Queremos dar las gracias

A todas las madres y padres que nos hicieron partícipes de sus pruebas y triunfos personales a partir de las charlas, lecturas, llamadas telefónicas y entrevistas de la Red de Recursos para Padres; a las conversaciones con las Madres Carolinas; a las conversaciones diarias y conferencias con los padres de los niños de la guardería de Gail, y a las clases de madres y niños. También queremos precisar que hemos cambiado los nombres para proteger su privacidad.

• A nuestros queridos amigos, vecinos y parientes cuyas historias se cuentan a lo largo del libro. Se han cambiado muchos de sus nombres para proteger su intimidad.

• A Nancy Crossman, nuestra agente literaria, por su inteligencia, creatividad, apoyo y por creer en nuestro proyecto.

• A Carolyn Kott Washburne, por editar con habilidad el libro, corregir el proyecto y aprobar nuestros esfuerzos.

• A Jo Hansen, por su constancia y paciencia, y por su sonrisa compasiva durante las pesadas revisiones para editar el manuscrito... una vez más.

• A Martha Bullen, por compartir su sabiduría profesional, su intuición y por animarnos.

• Al equipo de la editorial Workman, dirigido por nuestra extraordinaria editora, Suzanne Rafer, y su alegre ayudante, Beth Doty. Deseamos expresar nuestro especial agradecimiento a Paul Hanson, que diseñó un libro de bolsillo de verdad. Nuestra publicista, Kate Tyler, y el equipo de marketing han trabajado para sacar el libro.

• A todos los psicólogos, médicos, educadores, especialistas en desarrollo infantil y autores a los que se hace referencia en el libro: el doctor Burton L. White, Barbara Coloroso, el doctor Stanley Turecki, Alicerose (Sissy) Barman, Betty Weeks, Hiam Ginott, el doctor David Elkind, Nancy Samalin, el doctor Marc Weissbluth, Kay Willis, la doctora Marianne Neifert, el doctor T. Berry Brazelton, Fred Gossman, la doctora Ann McCartney, Nancy Bruski y la doctora Jane Healy.

• A Robert R. Wilcox, jr., Murray Gordon, David Zampa y Mark Weimelt por su sincero interés y sus consejos legales.

• A Jan Pollack, productor de nuestro programa de la televisión por cable local, *The Bottom Line for Busy Parents*.

• A Laura Gordon por compartir con nosotras sus conocimientos como madre y de marketing, y a Louise Speck por su talento gráfico, que ayudó a crear un grupo central con sentido que refleja muchas de las necesidades y sentimientos de nuestro público objetivo.

• A las autoras Susan Hall y Anne Byrn por participar con sus consejos profesionales, experiencia y palabras de ánimo.

• A Joan y al personal de Kinko en Skokie, Illinois, por su flexibilidad en el plazo de entrega y su actitud cariñosa y de apoyo.

Agradecimientos especiales de Gail Reichlin a...

... mis formidables colegas y amigos que día tras día alimentan, creyendo en mí, mi vocación de maestra, de educadora de padres y de autora —Shelly, Steve y Gigi Wernikoff; Iam Shalati; Elaine Leavitt; Jim Warda; Ed, Jo, Dana, Matt y Sadie Joras; Bruno Lis; Judy Freedman; Cindy Schwab; Rhonda Rudolf; Mary Manning; Leonard Dubow; Estelle Greenberg; Meme Coryell; Susan Caplan; Debra Lee Wood; Blakely Bundy; Leticia Suk; Jim Reynolds; Eileen Goldberg; Paula Davis; Ricki Crown; Margaret y Jackie Quern, y Beth Rosen. Y a mis mentores, cuyas lecciones sobre la vida yacen en mi corazón: Ann Reichlin, Grandma Ethel, Zadie Ben Yussel Naiman, Betty Weeks, Fred Denzler y Rich Jurica.

Agradecimientos especiales de Caroline Winkler a...

... todos mis amigos y compañeros de trabajo de Mothers and More que me ofrecieron información, consejos y su sabiduría personal, en especial a Mary Savitsky Ulowetz, Janer Olszewski Smith y Meg Egan Hullinger.

Prólogo

Cuando se cría un niño, sobre todo la primera vez, uno se hace preguntas, muchas preguntas. Algunas no son importantes. Otras se resuelven mediante la sabiduría y el sentido común. Pero muchas surgen continuamente y parecen irresolubles durante los años de formación del niño. ¿Dónde encontrar consejo?

Una gran cantidad de libros tratan de proporcionar respuestas educativas a los padres que las necesitan, pero como es sabido sólo vale la pena adquirir algunos de ellos. Las modas pasajeras, la información errónea y las teorías científicas que se refutan al aplicarse a las situaciones de la vida real constituyen los peligros más habituales de algunas guías educativas infantiles.

De hecho, el campo de las guías educativas era tan inconsistente y desigual que, durante años, he recomendado a los padres jóvenes que busquen su principal fuente de información en madres (y, por supuesto, ¡también padres!) que hayan criado a sus hijos especialmente bien. En efecto, ¿quién mejor para consultar acerca de las dificultades de utilizar el orinal que una madre que ha pasado por la experiencia con éxito? ¿Dónde mejor acudir cuando debes enfrentarte a un niño contrariado porque no se le ha dado lo que deseaba, que a un padre que haya vivido situaciones similares?

Gail Reichlin y Caroline Winkler son exactamente el tipo de madres en las que buscar respuestas a tus preguntas. Conozco a Gail desde hace años y sé que está extraordinariamente bien preparada para escribir un libro sobre formación de niños pequeños. Posee una gran riqueza de experiencias pertinentes y se preocupa mucho por los niños. Tanto ella como su coautora, Caroline Winkler, son dos mujeres muy capaces, profundamente forjadas en experiencias personales —ambas son madres de tres hijos— que han utilizado para producir un libro bien escrito, preciso, fidedigno y que constituye una fantástica guía para padres y profesionales que trabajen con niños y sientan cariño hacia ellos. El libro abarca casi todo lo que un lector puede necesitar y está escrito con inteligencia, seriedad y mucho afecto. Leerlo resulta lo más gratificante después de haberlas conocido personalmente, y siempre lo tendrás a mano para guiarte en todo lo que necesites.

Burton L. White
autor de *The New First Three Years of Life*
y *Raising a Happy, Unspoiled Child*

De padres a padres

¿Cuándo fue la última vez que alguien reconoció el fabuloso trabajo que estabais haciendo como padres? Pensadlo. Imaginad lo que significaría que vuestro hijo de tres años os lo agradeciera: «Mamá, gracias por recordarme que debo recoger los juguetes». O, ¿cómo sería si tu pequeño de cinco años soltara un cumplido como éste durante la cena?: «Papá, gracias por prepararme todas estas verduras tan saludables. Tú sí que te preocupas por mí».

Todos estaremos de acuerdo en que este comportamiento es muy raro en la vida real. De hecho, en el día a día, todos hacemos un trabajo bastante admirable como padres aunque no recibamos agradecimiento (o, si éste fuera el objetivo, entrenamiento) a cambio o recibamos muy poco. A menudo nos dejamos guiar por nuestros instintos. Con todas las obligaciones que tenemos en la vida diaria, además de las decisiones a corto y a largo plazo que debemos tomar, puede que estemos confundidos, nos pongamos nerviosos y acabemos estresándonos con nuestra tarea de padres. Y todo esto sólo puede llevarnos a sufrir ansiedad, sentir culpabilidad y pensar que somos incompetentes.

Los días en que la vecina del segundo estaba dispuesta a escuchar las epopeyas derivadas de la crianza de tu hijo han pasado. Sí, ya sabes, la típica vecina bastante mayor, con un gran sentido del humor, siempre dispuesta a tomar un café, agradable y alentadora, que te confiesa que ella también ha pasado por esto. Sus historias acerca de qué funcionaba con los niños tenían mucho sentido. Pero hoy en día, los padres que trabajan en casa casi nunca tienen a su disposición a vecinos dispuestos a escucharlos, y los que trabajan fuera no tienen demasiado tiempo en la oficina para hablar de temas familiares. ¿Cuántas veces, en un mal día, te has encontrado al borde de un ataque de nervios, clamando ayuda para recuperar la cordura?

¡Ánimo, no estáis solos! Después de trabajar con padres durante casi treinta años, sabemos cuáles son las preguntas más frecuentes. De ahí que hayamos escrito *Manual para padres*, para que os sirva de consejero optimista y leal, y os proporcione las respuestas. Lleno de comprensión y humor, os ayudará a lidiar con la mala conducta ocasional, o quizá frecuente, de vuestro hijo. Después de todo, un niño o una niña de dos a cinco años puede someter a sus padres a innumerables desafíos diarios.

Nosotras también hemos pasado por esto: bochornos en público, sentirnos atrapadas en la intensificación de una lucha de poder sin ganador, perder la paciencia cuando el niño está demasiado excitado. Y después de un día funesto, hablar a los niños de un modo que ni siquiera utilizaríamos con el peor de nuestros enemigos: «ladrar» órdenes de la mañana a la noche como un sargento de instrucción frustrado: «¡Date prisa!», «¡Apágala ahora mismo!», «¿Me has oído?», «¡Para!», «¡Deja a tu hermano!», «¡Pide perdón!», «¡Te olvidaste otra vez de nuestra regla: en esta casa sólo hay amor!».

Durante los primeros años encontrábamos consejos para ser padres por doquier, aunque en su mayoría eran abrumadores, contradictorios y provocaban ansiedad. Buscábamos soluciones prácticas para nuestros conflictos educativos. Ansiosas, leíamos todo lo que decían los «expertos». Pero a menudo nos sentíamos más confundidas, más incapaces, más culpables y más frustradas con nuestros esfuerzos.

Este libro está escrito como se habla entre amigos. Los temas que se tratan van desde los más cotidianos —sobrevivir a la locura matinal y asignar tareas domésticas— hasta los más profundos, tales como explicar la muerte, incrementar la autoestima y enseñar valores. Hemos escogido un tono informal y reconfortante, al igual que en una charla amistosa. Hemos hecho un énfasis especial en infundiros seguridad en vuestra tarea de padres. Después de todo, sois «vosotros» los expertos con vuestro hijo. Nadie lo conoce tan bien como vosotros. Nuestras sugerencias sólo son eso: sugerencias. No se trata pues de lo que «tienes que hacer» o «no tienes que hacer». En nuestro libro no está presente la ansiedad de los «Nos» o los «Deberías».

- Si no os agradan los métodos disciplinarios que usáis de forma automática, tales como gritar, criticar, pegar, regañar, amenazar, sobornar o castigar, y a menudo os encontráis hablando sin tacto a los que más queréis, estamos seguras de que esta obra os ayudará a descubrir algunas alternativas. Creemos que para modificar el comportamiento de vuestro hijo muchas veces vais a tener que cambiar primero el vuestro. La comunicación eficaz es la clave de la solución de los problemas. A partir de centenares de ejemplos os mostraremos lo que los padres dicen y el mensaje que los niños captan, y os ofreceremos muchas soluciones para mejorar las conversaciones, sin dejar de reforzar los límites necesarios, pero reaccionando con comprensión y empatía ante los sentimientos del niño. Vale la pena mantener caminos abiertos durante los primeros años de vida de un ser humano; vamos a sugeriros numerosos métodos para conseguirlo.

Manual para padres está dirigido a los partidarios de la disciplina, enseñando lo que está bien y lo que está mal, pero respetando la dignidad de todos: padres e hijos. El libro os ayudará, no sólo a saber qué decir, sino también cómo decirlo. La manera que escojamos de comunicarnos puede estimular la cooperación del niño, fortalecer los vínculos familiares y ayudarnos a encontrar más tiempo para disfrutar.

Creemos que la disciplina eficaz consiste en corregir la mala conducta, pero también los sentimientos que subyacen detrás de ella. Por ejemplo, si vuestro hijo se pelea con otro niño, vuestro trabajo consiste en ponerle punto final en su momento más álgido y dar una consecuencia adecuada a semejante acto de cólera. Sin embargo, también sugerimos la importancia de volver a estos sentimientos de ira cuando las cosas se hayan calmado. El objetivo consiste en intentar comprender por qué se produce la mala conducta. Después, corrigiendo el problema subyacente, que quizá no tenga nada que ver con la persona con la que se ha enfrentado (por ejemplo, los celos de un hermano pequeño), estaréis más preparados para prevenir la repetición del comportamiento.

Sois los primeros maestros de vuestro hijo, y en los primeros años de su vida podéis ayudarlo mucho a formar su consciencia y autodisciplina. Además de un capítulo referente a la inculcación de los valores, también hemos incluido los temas de la comprensión y la sensibilidad, que impregnan toda la guía. Asimismo, ilustramos cómo moldear el comportamiento que deseáis que tenga vuestro hijo, al tiempo que intentáis aprender a expresar los sentimientos de forma adecuada. Por otro lado, incluimos pistas para la resolución de conflictos y frases concretas que los padres pueden utilizar para ayudar a sus hijos a identificar sus sentimientos y a enseñarles a expresarlos verbalmente en lugar de físicamente. Os alentamos a crear una base de principios de comprensión y empatía en el carácter de vuestro hijo, con el fin de que se vaya formando su manera de ser para toda la vida.

¿Por qué prestar tanta atención durante los primeros años a la comunicación y la disciplina impuesta con dignidad tanto para los padres como para los hijos? Porque las unidades familiares sanas constituyen la primera piedra de la construcción de sociedades sanas. La familia proporciona al niño los primeros sentimientos de pertenencia y aceptación, además de relaciones duraderas. Durante la primera infancia, en la familia es donde se aprende a controlar los impulsos y a vivir con respeto y amor hacia los demás. La familia sirve de cobijo, en cuyo interior tú y tu hijo podéis permitiros errores y aprovechar su consiguiente aprendizaje. Y aunque las familias sanas tengan estructuras diferentes (familias nucleares, familias numerosas, familias monoparentales, con padres o madres del mismo sexo, etc.), todas las unidades familiares «que triunfan» están compuestas de una inagotable cantidad de amor incondicional, comprensión y ánimo. En los primeros años de la vida de una persona, en el ambiente en el que se educa, uno encuentra sus necesidades, la validación de sus sentimientos, comparte el sentido del humor y aprende todo tipo de cosas que le ayudarán a crecer y convertirse en un adulto fuerte y a la vez sensible.

Manual para padres, una guía para padres ajetreados

Manual para padres sigue un formato de lectura rápida de conceptos de la A a la Z. No es una coincidencia que no haya ninguna Z en el contenido del libro. ¡La mayoría de los padres de niños de dos a cinco años casi nunca se preguntan nada con Z!

Este libro está pensado para las ajetreadas vidas de los padres de hoy en día. Cada tema se puede leer por separado. Además, cada materia está organizada en tres secciones, y dependiendo del tiempo de que dispongáis, podéis leerlas por separado.

Preguntas y respuestas: Presentamos preguntas muy frecuentes sobre cada tema, seguidas de respuestas que ofrecen breves explicaciones sobre lo que se considera una evolución normal.

Con sensatez: En el apartado «Te aconsejamos…», cada tema contiene diversas indicaciones que esperamos que os resulten útiles para mantener el sentido común. Cada respuesta es un razonamiento completo. Algunos de los temas «urgentes», los que necesitan una acción-respuesta rápida, los hallaréis en «Cuadros de respuesta inmediata», que contienen una serie de estrategias que conviene poner en práctica de inmediato si, por ejemplo, vuestro hijo muerde o pega a otro niño, coge una rabieta en público o usa un lenguaje inaceptable cuando habla con los demás.

Hemos seleccionado una lista general de temas que deben ser tratados con sensatez, buscándoles respuestas prácticas y perspicaces; asimismo, hemos escogido algunos temas de expertos en la etapa infantil y, por supuesto, de «verdaderos expertos»: madres y padres que se encuentran en las trincheras de la paternidad. A lo largo del libro se cuentan anécdotas de la vida real; algunas las hemos vivido nosotras, otra nos las han contado otros padres y madres. Cada anécdota hace referencia a la indicación que la precede. Pensad que no todas las soluciones funcionan con todos los niños o, en todo caso, no dan el mismo resultado. Por esta razón, os proporcionamos una gran cantidad de ellas para que podáis escoger la que os parezca más adecuada en vuestra situación. En esta sección, también podréis encontrar lo que hemos llamado «Anímate», un pequeño «abrazo» que os proporcionará tranquilidad y aliento, y os hará caer en la cuenta de que no sois los únicos padres del mundo que os arrepentís de haber actuado de una forma determinada en situaciones difíciles. Podéis respirar tranquilos: ¡nadie es perfecto!

Conclusiones: Las conclusiones constituyen rigurosos razonamientos en forma de mensajes que intentan descubrir el ángulo positivo de cada asunto problemático. Estas máximas están pensadas para ayudaros a despojaros de los enojos, la culpabilidad o la ansiedad, al tiempo que aprendéis a orientar los conflictos de una forma eficaz. Si lo deseáis, podéis leer directamente las «Conclusiones», que se encuentran al final de la última página de cada tema, y adueñaros del «granito de sabiduría» que hace referencia al *quid* de una cuestión inquietante o preocupante.

El libro pretende abordar los temas que os preocupan y facilitar soluciones rápidas y eficaces. Además, está escrito desde una perspectiva y una actitud positivas, fundamentales para criar niños sanos y felices. Creemos que si decidís utilizar técnicas de nuestro libro, os sentiréis más seguros y tendréis más éxito cuando afrontéis momentos conflictivos. La dinámica familiar dará un giro positivo y os dejará más tiempo libre para advertir y disfrutar de los buenos momentos.

Procurad tenerlo siempre a mano cuando necesitéis soluciones rápidas, estrategias disciplinares positivas, consejos y, por supuesto, tranquilidad para no perder el norte.

La piedra angular

Todos los niños de dos a cinco años se portan mal, es una realidad. Algunos sólo ocasionalmente, otros con frecuencia. Y, aunque no se puede predecir el momento exacto en el que el niño va a dar un paso en falso o va a perder los estribos, es bueno mantener el control sobre el método que elijamos para «combatir» estas situaciones.

La siguiente información se incluye para que comprendáis la filosofía de la disciplina y el estilo de comunicación que impregna todas las indicaciones del libro. Estaría bien que filtrarais las sugerencias que os hacemos para adaptarlas a vuestra personalidad y estilo educativo, y que utilizarais las que mejor se ajusten a vuestra familia.

Disciplina y castigo

Nuestra filosofía de la disciplina no es sinónimo de castigo. Tampoco se trata de un endeble enfoque que permite a los niños hacerse con el control de la situación. Basado en el amor incondicional y unos límites preestablecidos, es permisivo con los sentimientos, pero estricto con la conducta, con el objetivo de mantener la dignidad del niño y proteger su autoestima. Nuestra filosofía de la disciplina consiste en un proceso de aprendizaje de lo que está bien y lo que está mal, llevado a cabo a través de una gran variedad de estrategias que incluyen el comportamiento y las actitudes que deseáis fomentar en vuestro hijo. También son importantes las charlas planificadas, tanto en privado como a nivel familiar, en las que se habla de la mala conducta para que el niño aprenda la lección. El núcleo de esta filosofía reside en la solución del problema (no en la lástima, la culpa o el miedo), en un marco de trabajo de reglas, valores y moral.

En la actualidad, el castigo es bastante distinto de la disciplina tal y como definimos el término. El castigo es un tipo de consecuencia que implica perjuicio y sanción, con el objetivo de causar en el transgresor una pérdida o dolor. Un padre enfadado que elige, en caliente, la opción del castigo como consecuencia del mal comportamiento del niño, a menudo parece que tiene la intención de demostrar su poder («Así aprenderá quién manda aquí»). Los niños responden a estas estrategias con sentimientos de venganza, sin remordimientos, que perpetúan su mal comportamiento. Aunque pueda parecer un simple problema de semántica, muchos padres y maestros están de acuerdo en que existe una gran diferencia entre un niño disciplinado y un niño castigado frecuentemente. De hecho, cuando los niños se dan cuenta de que se les están poniendo límites, se sienten queridos, protegidos y seguros.

Terminología de disciplina

En general, los padres se enfrentan a dos tipos de situaciones que requieren disciplina: hacer que el niño deje de hacer algo que está mal hecho, y que lo haga de la forma correcta. La definición de disciplina que proponemos es doble. Por un lado, a corto plazo, tiene un significado de control; se trata de asentar y reforzar los límites, deteniendo de inmediato el comportamiento indeseable o peligroso sin herir al niño físicamente ni en su autoestima. Especialmente en los primeros años, tenéis la responsabilidad de hacer de guía de los niños con sabiduría, amor y límites; así, construiréis poco a poco su control externo, hasta que un día pueda hacerlo él solo (autocontrol).

Por otro lado, a largo plazo, significa proceso de aprendizaje, es decir, saber discernir lo que está bien de lo que está mal durante la infancia. Vosotros sois los encargados de impartir de forma continuada los valores y costumbres sociales que paso a paso conformarán su consciencia. Con el tiempo, un niño bien disciplinado habrá aprendido a controlar sus impulsos, será capaz de negociar y de solucionar problemas, y habrá desarrollado empatía hacia los demás.

Estrategias de disciplina positiva: Técnicas que utilizan habilidades de atención y comunicación positivas que contribuyen a mejorar en obediencia, en lugar de la atención negativa, como en el caso de los gritos, bofetones, etiquetado, críticas y amenazas. Todas las familias son diferentes, tienen distintas normas en el hogar y diferentes expectativas. Pero esto no supone ningún problema, pues existen muchas formas de corregir el mal comportamiento de los niños de una forma positiva. Es importante tener expectativas realistas que abarquen la capacidad de desarrollo del niño, su carácter y su personalidad, porque de este modo es más fácil elegir una estrategia que funcione. Por ejemplo, un padre puede controlar la situación ofreciendo opciones limitadas; otro puede usar el humor o la distracción; mientras que un tercero puede seguir el método de otorgar una consecuencia apropiada a un acto concreto. Todas pueden resultar igualmente eficaces. Ningún padre es perfecto. Todos podemos perder los estribos y hacer y decir cosas que no hubiésemos querido hacer o decir. Sin embargo, nunca es tarde para realizar un cambio positivo. Aunque requiere pensar, tiempo y esfuerzo, creemos que vale la pena.

Consecuencia: Resultado —bueno o malo— de la conducta del niño. Unas veces requiere intervención, mientras que otras se soluciona por su propia naturaleza. Estamos acostumbrados a oír el término expresado de forma negativa —«sufrir las consecuencias»—. Tened en cuenta que el castigo es un tipo de consecuencia.

Consecuencia natural: Resultado del comportamiento del niño que no requiere intervención por parte de los padres; relación de causa-efecto natural. Por ejemplo, si vuestro hijo no se pone los mitones para salir a la calle en invierno, se le enfriarán las manos. Las manos frías son la consecuencia natural de no llevar mitones en invierno.

Consecuencia adecuada: Resultado de la conducta del niño seleccionado deliberadamente y que implica la intervención de los padres sin recurrir a la fuerza, ira o humillación, al tiempo que se preserva la dignidad de todos los involucrados en el proceso. Se trata de un tipo de estrategia de disciplina positiva. (El cuadro a pie de página explica cómo escoger una consecuencia adecuada.)

Castigo: Tipo de consecuencia en la cual el padre o la madre, resueltamente y normalmente enojados, infligen al niño un dolor, una pérdida o una humillación, o hacen que «pague» por su acción. Se hace un énfasis especial en que el niño «pague un precio» por su mala conducta y no en el aprendizaje de la razón por la que se trata de un mal comportamiento y no se debe repetir. Asimismo, a menudo implica sentimientos de venganza en lugar de remordimientos. Por estos motivos, ciñéndonos a nuestra definición, el castigo no se puede considerar una alternativa adecuada entre las posibles consecuencias.

Escoger las consecuencias adecuadas

¿Cómo aplicar una consecuencia apropiada al mal comportamiento de tu hijo? Inténtalo con una de estas ideas:

→ **Respuesta inmediata:** Piensa en una consecuencia sobre la marcha y aplícala si ves que tiene sentido, está relacionada con el comportamiento y preserva la dignidad de padre e hijo, como por ejemplo, sacar al niño de la arena si se la está arrojando a otro niño, marcharse a casa o empezar otra actividad en la que respete las reglas.

→ **Respuesta predeterminada:** Establece con anticipación la consecuencia de cierto comportamiento en una reunión familiar con tu cónyuge e hijos o en privado en una charla a solas con tu hijo. «Johnny, se acabó, nos vamos a casa. Recuerda que en la reunión familiar decidimos que si pegabas a alguien nos iríamos a casa.»

→ **Respuesta retardada:** Orienta y detén el mal comportamiento. A continuación, tómate el tiempo necesario para pensar en una consecuencia adecuada si no estás segura de lo que debes hacer. «Llamar imbécil a tu hermano no está bien. Necesito tiempo para decidir lo que voy a hacer al respecto.» (Nota: esta respuesta no se recomienda para niños de dos o tres años, pues tienden a vivir el momento y serían incapaces de relacionar el mal comportamiento con la consecuencia.)

→ **Sin respuesta:** Escoger a propósito ignorar la conducta a causa de las circunstancias. Si ha sido un día muy largo, los niños están cansados y tú estás de mal humor por algo..., déjalo pasar sin sentirte culpable.

Comunicación

Muchos expertos están de acuerdo en que la comunicación es la clave de la resolución de los conflictos. Creemos que muchas batallas y frustraciones entre vosotros y vuestro hijo son el resultado de una comunicación deficiente. Tiene sentido fijarse no sólo en lo que hay que decir, sino también en cómo se dice. Tened en cuenta que tanto las palabras que utilicéis, como el tono de voz y el lenguaje gestual pueden marcar diferencias en la comprensión del niño y en su cooperación.

Terminología de comunicación

Afirmación en primera persona: Frase en primera persona que expresa sentimientos, necesidades, preferencias, desagrados u observaciones, sin atacar al receptor. Por ejemplo, un padre o una madre pueden mirar a los ojos al niño y decirle: «Estoy muy enfadado. No me gusta ver todos los juguetes en el suelo. Necesito que me ayudes», mientras coge la mano al pequeño e inicia con él la tarea. Aunque nuestra disciplina sea permisiva con los sentimientos del niño, la forma en que los padres expresan sus sentimientos es muy importante y puede provocar diferencias entre la obediencia y la no obediencia.

Expresión de ataque: Frase en segunda persona que implica un ataque y que indiscutiblemente coloca al receptor a la defensiva. Por ejemplo, le gritas a tu hijo, que está en otra habitación: «¡Eres un patán! ¿Por qué nunca ordenas tus cosas? ¡Tienes todos los juguetes en el suelo! ¡Esto se va a acabar ahora mismo... o si no...!». Tal estrépito no obtendrá respuesta alguna por parte del niño. O quizá consigas un enorme berrinche, si el discurso es muy personalizado. Es el camino ideal para que el niño se vuelva contra vosotros en una actitud desafiante.

Utilizar las palabras: Respuesta que anima al niño a expresar sus sentimientos verbalmente en lugar de dar patadas, golpes, gritos, tirar cosas o morder. Podéis empezar, incluso con un niño muy pequeño, ayudándolo a reconocer y etiquetar sus sentimientos diciendo, por ejemplo: «Apuesto a que te enfadas cuando tu hermana te quita los juguetes».

El abrazo: Abraza a tu hijo por la espalda, inmovilizándolo, pero con cariño. Esta posición te permite estar cerca de él y susurrarle al oído, al tiempo que evita la tentación de dar patadas o puñetazos.

Modelar: Demostrar con tus hábitos la clase de comportamiento que esperas que aprenda. Es el arma más poderosa de cualquier padre. Recuerda que no sólo es importante lo que dices, sino también cómo lo dices, y más importante aún si lo haces. Los niños harán lo que hagas, no necesariamente lo que digas. Muchas veces te harán saber lo que han aprendido de ti, y ¡seguramente en el momento más inoportuno!

Reunión familiar: Calendario de reuniones padres-hijos para aclarar cosas o simplemente para relacionarse. Puedes utilizar estos momentos para tratar diversos temas y problemas, reconocer un comportamiento ejemplar, organizar tareas domésticas, programar actividades o planificar acontecimientos especiales.

Cómo hacer una reunión familiar

Las reuniones familiares pueden resultar de gran ayuda para toda la familia, siempre tan ocupada. Conseguirán que os sintáis como un equipo de niños y adultos trabajando juntos para tomar decisiones y resolver problemas. Las reuniones realizadas regularmente pueden aclarar el aire de incomprensión o de tensión que ha reinado durante toda la semana.

Recomendamos realizar reuniones de manera regular para reorientar los sentimientos, necesidades y preocupaciones de todos los miembros de la familia. Cada uno tiene la oportunidad de hablar sobre un tema determinado, así como la oportunidad de escuchar. Cada idea es, en principio, válida, y todas las sugerencias o comentarios se escriben en un papel, sin ser juzgados. Una vez registradas todas las opiniones, los padres las repasan una a una en voz alta.

Conservar el sentido del humor es esencial. Los padres tienen el derecho de veto, es decir, que pueden invalidar sugerencias como: «Por favor, que mi hermana se vaya de esta casa ahora mismo. Puede vivir con la abuela». Primero, deben intentar comprender los sentimientos de sus hijos diciendo, por ejemplo: «Comprendemos que te enojas mucho con tu hermana cuando entra en tu habitación y te destroza las cosas». Y añadir: «No obstante, queremos demasiado a tu hermana para mandarla a vivir con la abuela. La echaríamos de menos. Tenemos que pensar en otra solución. ¿Alguna idea?».

Las reuniones familiares también pueden ser útiles para planificar cosas divertidas, tales como las vacaciones, excursiones, comidas al aire libre o fiestas. También sirven para planificar lo que vais a hacer en el cumpleaños de un pariente, como por ejemplo, una tarjeta gigante confeccionada por toda la familia. La cooperación será mucho mayor si hacéis planes para realizar algo juntos.

Por último, las reuniones familiares se pueden utilizar también para felicitar y que todos los miembros de la familia lo oigan. La familia puede compartir todo lo que ha salido satisfactoriamente durante la semana. Incluso un niño muy pequeño puede pensar en algo que le haya hecho feliz. Es divertido concluir la reunión con un postre o un aplauso entusiasta para la familia. Las sugerencias sobre el momento más oportuno de celebrar una reunión familiar las encontrarás a lo largo del libro.

Abuelos

P: Mis hijos adoran a sus abuelos y la familia es muy importante para mí. No obstante, creo que soy una buena madre y que no necesito consejos sobre maternidad. ¿Cómo lidiar con estos consejos sin herir sus sentimientos?

R: Intenta dirigirte a los abuelos con la misma ternura que a un niño irritable. No olvides que ser educada no significa que debas seguir sus consejos. Puedes hacer lo que creas que es mejor para tu familia.

Te aconsejamos...

Escucha los consejos de los abuelos sin discutir. Conoce lo que piensan y sienten, aunque no estés de acuerdo con ellos. Prueba diciendo: «Ya veo que es muy importante para ti». A continuación respira profundamente, tómate tiempo y añade: «Debo pensarlo un momento».

Regalos

Si la generosidad de los abuelos se te está escapando de las manos y tienes miedo de que mimen excesivamente a tus hijos, prueba con lo que te sugerimos a continuación:

→ Dales una lista de regalos prácticos.

→ Ofrécete a ir de compras con ellos para escoger los regalos para tus hijos.

→ Cuando los abuelos os hagan una visita llena de regalos, limita el número de regalos que tus hijos pueden abrir a la vez para que no se agobien.

→ Ayuda a los abuelos a comprender que la simple compañía y el tiempo que pasan con ellos puede ser el mejor regalo para los niños. También pueden funcionar los dibujos, los paseos, los besos, los abrazos y hacer galletas con ellos.

Ten en cuenta que cada generación percibe las cosas de un modo distinto. Así como los padres de hoy en día no educan de la misma manera que lo hicieron los suyos, la mayoría de los abuelos considera que el estilo de vida actual (boxeo, kárate, fiestas de cumpleaños, etc.) es totalmente disfuncional.

Explícale a tu hijo que las normas en casa de los abuelos pueden ser diferentes de las vuestras. Dile que es normal y aclárale que ninguna casa debe cambiar sus normas. Cuando repites esto delante de los niños estás evitando que te manipulen: «¡Eres mala! La abuela me deja hacerlo».

Ayuda a los abuelos a comprender por qué has derogado algunas reglas después de haber experimentado las consecuencias de su aplicación.

■ *Julie hacía meses que pedía a su madre que no diera caramelos al niño cuando la visitaban. La abuela le explicó que no podía dejar que se marchara con las manos vacías, pues siempre esperaba una sorpresa. Desesperada, Julie tuvo una idea. Invitó a su madre a la cita que Kirk tenía con el dentista. Después de oír las advertencias del dentista acerca de los caramelos y de ver las caries del niño, la abuela decidió cambiar. En la visita siguiente regaló a su nieto una bolsa de moras frescas. Para su asombro, el niño se puso muy contento.*

Simula que hablas con un amigo o un colega. Es una forma creativa de encontrar la manera ideal de hablar con un abuelo difícil sin ser maleducado.

Aprender a saber callar; en ocasiones, es preferible aguantarse. Te ayudará a evitar largas y desagradables discusiones con aquellos miembros de la familia que te vuelven realmente loca.

> ■ *El padrastro de Joanne era un sabelotodo. Se jactaba de saberlo todo acerca de cómo corregir los malos hábitos de sus nietos durante las comidas y nunca perdía la ocasión de sacar a relucir el tema. Con el tiempo, Joanne aprendió a responderle de esta forma: «Tu forma de ver las cosas está bien, pero no estoy de acuerdo contigo. ¿Sabes qué? Lo pensaré. Podemos hablar sobre ello más tarde». Cuando se empeñaba en dar consejos que no se le habían pedido, Joanne enseguida se disculpaba y se iba al baño para tranquilizarse.*

Date permiso para que no te gusten los abuelos de tus hijos, pero intenta ser correcta con ellos.

■ *Una suegra muy crítica, aunque lo hacía con buena intención, estaba siempre recordando lo deprisa que había aprendido su hijo a utilizar el inodoro. Al final, su nuera le dijo: «¡Cielos! No conozco a nadie hoy en día que sepa utilizar el baño a los dieciocho meses. Así que todo lo que hacías era entrenar a Floid para que supiera ir al baño. ¿No tenías nada mejor que hacer?».*

Anímate

No eres el único padre que se ha sentido avergonzado al oír de boca de su hijo la última crítica que has hecho de tu suegro en el momento menos oportuno.

Intenta ser consciente de lo que dices de los abuelos delante de los niños.

Refuerza la relación abuelos-nietos aunque la relación que tengas con tus padres o suegros no sea demasiado buena. Los abuelos pueden ser una fuente de amor incondicional para los niños, y eso es algo maravilloso.

Los niños se sienten cómodos confiando en sus abuelos. En especial, cuando las cosas no van bien en casa, los abuelos pueden hacer las veces de colchón emocional.

> ■ *María recuerda que cuando era niña le encantaba ir a casa de la abuela. Recuerda que, desde muy pequeña, sus reflexiones iban en esta dirección: sabía que la abuela la quería más que a nadie en el mundo. María pensaba así porque la abuela era una persona tan encantadora que Dios no le entristecería haciendo que algo malo le pasara a ella.*

Anima a tus hijos a disfrutar aprendiendo la historia de la familia de boca de los familiares que aún viven.

> ■ *Sean y Nolan lo pasaban muy bien escuchando a su abuelo contar historias de la evacuación de Londres durante los bombardeos de la Segunda Guerra Mundial. El padre de Caroline tuvo que ir al campo cuando era sólo un niño a vivir con su padre, un inmigrante francés que resultaba totalmente exótico a los ojos de sus nietos urbanos. A los hijos de Caroline les encantaba escuchar historias del abuelo de su abuelo, un hombre nacido ciento veinte años atrás.*

Intenta comunicarte con los abuelos de forma regular. Inicia el contacto cuando lo creas conveniente. Si les llamas a menudo sentarás un tono positivo y evitarás sus inoportunas y a veces molestas llamadas.

■ *Lisa programaba una cita al mes en un restaurante para evitar las estresantes visitas de los abuelos. Les decía: «Lo siento, estamos ocupados los dos fines de semana que viene, pero nos encantaría que pudiéramos estar juntos el día 15, tal como planeamos».*

■ *Una cariñosa abuela que cuidaba a menudo a sus nietos no se atrevía a contarles a sus padres las cosas que había notado en los niños por miedo a que tuvieran la sensación de que se estaba metiendo donde no la llamaban. Increíblemente, a las dos semanas su hijo y su nuera iniciaron una línea de comunicación con una charla semanal. Compartían puntos de vista sobre las cosas de los niños. Era mucho más fácil para la abuela arreglar las cosas cuando ocurrían, en lugar de dejar que desembocaran en grandes malentendidos.*

Ayuda a tus hijos a encontrar maneras de desarrollar una buena relación con los abuelos que vivan lejos. Las tecnologías actuales, el correo electrónico, las cámaras de vídeo, grabadoras, teléfonos móviles, contestadores automáticos, etc., pueden resultar muy útiles. Incluso después de haber fallecido, las fotos y las historias que les puedas contar harán que los niños sepan quiénes fueron sus abuelos.

No importa cómo esté tu agenda, debes encontrar tiempo para visitar a los abuelos.

■ *Cuando Gail, su marido y sus hijos olvidaron llamar a la bisabuela, ésta les dejó un mensaje en el contestador diciendo que temía quedarse sin papel higiénico, toallitas y servilletas de papel. La bisabuela no podía conducir y todos sabían que estaba muy sola. Era consciente de que toda la familia se daba cuenta de que tenía un montón de cosas de papel almacenadas que nunca iba a usar, pero así conseguía ver a sus nietos y bisnietos sin necesidad de discutir.*

Trata de hacerles entender que no es necesario que bombardeen a los niños con regalos durante todo el año.

■ *Donna dijo a sus padres: «¿Os acordáis de los tíquets que me disteis cuando era pequeña y que valían para un paseo por el bosque con papá? Son uno de mis mejores recuerdos. Todavía me acuerdo de los paseos con papá, cogidos de la mano, explicándome qué era cada árbol, flor y pájaro. Apuesto a que a los niños les encantaría disfrutar de un día en el bosque con vosotros tanto como me gustaba a mí. No cuesta ni un céntimo».*

Planifica con antelación cómo vas a pasar las vacaciones para evitar herir sentimientos. Muchas familias se ven muy presionadas porque se les requiere en dos sitios a la vez. Si planificas con tiempo, atenuarás muchísimo el estrés. Planificar es muy importante si estáis divorciados u os habéis vuelto a casar. Acepta el hecho de que no puedes complacer a todo el mundo, pero que puedes darles a entender que haces cuanto está en tus manos para hacer bien las cosas. Prueba alternando las vacaciones o celebrando las fechas señaladas antes o después de que ocurran. ¿A qué niño le va a importar celebrar dos Navidades o dos fiestas de cumpleaños?

Ponte en su lugar. Piensa cómo sería si tú fueras el abuelo.

■ *Blakely Bundy, uno de los amigos de Gail, admitió: «Lo mejor de ser abuela ha sido ver cómo mis hijos cuidaban, mimaban y se maravillaban con sus bebés».*

Acepta el hecho de que los abuelos tienen muchas cosas importantes que ofrecer y que los padres no pueden proporcionar.... ¡¡¡tiempo!!! Date cuenta de lo importante que es la atención continuada y el amor que son capaces de dar los abuelos.

Fíjate en que los abuelos menos agresivos quieren ayudar, pero no se atreven a sugerir por miedo a parecer demasiado entrometidos.

■ *Sandy, una ocupada madre de tres hijos, tenía un día horrible. Estaba muy nerviosa. Cuando su padre la llamó por teléfono, en-*

contró a una hija que estaba a punto de perder los nervios. Empezó a cantar la lista de cosas que debía hacer, incluida una fiesta de cumpleaños de última hora. Aún tenía que ir a la tienda de juguetes. El padre de Sandy dijo: «Cariño, estaría encantado de ayudarte. Pasaré a recoger a Travis dentro de una hora. Necesito que me ayude a escoger el regalo adecuado. Compraremos dos más, así la próxima vez ya los tendrás». Sandy se sorprendió, pues lo que para ella era una lata, para su padre era un placer. ¡Todo lo que tenía que hacer era pedir!

Recuerda que la mayoría de los abuelos valen su peso en oro como cuidadores, así es que ten paciencia y muérdete la lengua, especialmente si no te quieres perder la gran fiesta de la oficina.

Conclusiones

Si estás segura de que vas a tomar las decisiones que crees más convenientes para la familia, te será mucho más fácil escuchar a los abuelos sin discutir. Recuerda que por cada padre que está deseando que se marchen los abuelos, hay otro que desearía que todavía estuvieran vivos.

Amigos

P: Mis dos hijos mayores tienen muchísimos de amigos, incluso menores que ellos, pero estoy preocupada por mi hijo de cuatro años. No quiere hacerse amigo de nadie que no sea de la familia. Me gustaría que fuera sociable y que se integrara en el grupo. ¿Qué puedo hacer para que se sienta más cómodo con sus iguales?

R: La mayoría de los padres quieren que sus hijos tengan una vida social sana, que se adapten y sean populares. Piensa que todos los niños pasan por distintas etapas de evolución. Puede que también atraviese por períodos de «lapa» o introversión. Algunos niños simplemente son tímidos. Cada niño es diferente, incluso en la misma familia. Lo mejor que pueden hacer los padres es ayudarles a sentirse cómodos tal y como son, y exponerlos a una gran diversidad de situaciones en las que puedan hacer amigos. Dale tiempo para que se desarrolle la amistad, recordando siempre cómo prefiere relacionarse (algunos niños prefieren invitar a otro niño a su casa en lugar de desplazarse a una casa desconocida). Continúa con lo que dé mejores resultados. Al igual que lo animas a hacer amigos proporcionándole oportunidades para hacer vida social, deja que sea él quien escoja su grupo de amigos y a sus mejores amigos. Procura no entrometerte.

Te aconsejamos...

Programa una rutina de momentos para estar con gente, como en el caso de excursiones al parque, citas para jugar, clases de mamás y niños, gimnasia infantil y visitas a los vecinos. De este modo, crearás oportunidades para que el niño se socialice. Es especialmente interesante en el caso de un niño tímido.

Prepara a tu hijo con tiempo para lo que vaya a suceder. La predicción conduce a la cooperación y la seguridad.

> ■ *Gail repasó con su tímido niño de tres años la clase de mamás y niños a la que habían asistido recientemente. «Recuerda, primero los niños jugaron con el agua y luego merendamos. A continuación, nos sentamos en círculo y cantamos canciones, ¡también tu favorita!, «En el auto de papá». Parecía que Josh estaba más predispuesto a acudir a la próxima clase de mamás y niños.*

Observa si tu hijo está más contento jugando en grupo o solo con otro niño. Elige la opción que mejor se adapte a su personalidad (véase **Separación**, donde se incluye una serie de ideas acerca de cómo facilitarle las cosas a tu hijo para que juegue con otros niños).

Deja que el niño se siente a observar cómo juegan los demás niños. Es beneficioso y se aprende mucho mirando.

Enseña a tu hijo frases útiles que lo ayuden a integrarse en un grupo de niños que están jugando. Por ejemplo, «¿Puedo ayudaros con esto?» o «¡Yo también lo quiero hacer!» o «¿Me decís dónde debo ponerme?».

Juega a imitar situaciones reales con tu hijo para ayudarlo a relacionarse con otros niños (véase el recuadro de las páginas 96 a 98; más información acerca de los **Juegos de imitación**).

Recuerda a tu hijo acontecimientos sociales pasados en los que se lo haya pasado bien.

■ *Robin rodeó con el brazo a su hijo y le dijo: «¿Sabes qué? El padre de Amy ha llamado y ha dicho que a Amy le gustaría venir después del almuerzo. ¿Te acuerdas de lo bien que lo pasasteis montando puzzles la semana pasada?».*

Enseñarle a compartir

→ Hazles saber que comprendes que compartir es muy difícil. Díselo varias veces. No olvides elogiar todos los intentos de compartir que tengan los niños, aunque sean ínfimos.

→ Piensa en acompañarlo con su amigo a un sitio neutral (puedes hacerlo la primera vez que invitéis a un amigo a casa), como por ejemplo un parque. A algunos preescolares les resulta demasiado penoso compartir las cosas de casa y los juguetes con otro niño.

→ Cuando tu hijo vaya a jugar a casa de un amigo, procura que se lleve alguno de los juguetes para compartir con su amigo. Comenta a la madre del niño lo que pretendes.

→ Antes de una cita lúdica, ayuda a tu hijo a seleccionar los juguetes que desee compartir con sus amigos y a esconder los más preciados, para que no tenga que compartirlos todos.

→ Supervisa el juego tanto como sea necesario para que reine la paz.

→ Ofrece alternativas: «¿Qué juguete va a ser para Trent... el avión o el camión de la basura?».

→ La obediencia a menudo depende de cómo utilizas las palabras. Intenta pedir a tu hijo que «muestre» o «enseñe» a jugar con un juguete determinado, en lugar de decirle que lo «comparta» o que se lo «dé» a su amigo.

➔ Di a tu hijo que su amigo no se va a llevar el juguete a su casa.

➔ Anima a los niños de cuatro y cinco años a que utilicen sus propias técnicas para interactuar por turnos. Sugiéreles algunas opciones: cara o cruz, lanzar dados o jugar a «piedra, papel o tijera» para saber quién empieza el juego.

➔ Establece límites temporales. Di: «Primero Kate jugará con la muñeca y cuando suene el timbre le tocará a Beth».

➔ Ayuda a que escojan muñecos y juegos que fomenten la cooperación. Un solo oso de peluche o un juguete pequeño individual a menudo provoca conflictos. Los Lego, puzzles, rotuladores, disfraces, pizarras y cojines invitan a los niños a jugar juntos.

➔ Anímales a hacer actividades que impliquen turnos, tales como bajar por un tobogán o regar el jardín.

➔ Supervisa los proyectos que impliquen mancharse las manos o utiliza plastilina para evitar mayores problemas. A los niños les encanta poder hablar de lo que están haciendo.

Elige las palabras con mucho cuidado y no comentes que tu hijo es tímido. Una etiqueta de este tipo puede pasar a formar parte de su autoimagen o proporcionarle una excusa para no jugar con los otros niños.

■ *Jane iba con mucho tiento cuando tenía que responder por qué su hija era tan tímida. Decía: «Es como yo. Erica necesita tiempo para sentirse cómoda entre la gente».*

Espera cosas realistas acerca de compartir cuando se trata de niños pequeños.

Cómo interactúan los niños de diferentes edades

→ **Los niños de dos años** pueden pasar la mitad del rato que están juntos observándose el uno al otro. Normalmente, juegan uno junto a otro —«juego paralelo»—, en lugar de interactuar directamente el uno con el otro. Es normal que se produzcan conflictos cuando los niños de dos o tres años juegan juntos. Aunque las peleas pueden ser frecuentes, normalmente son breves y concluyen cuando la atención de los niños se desvía hacia otro tema. En general, a esta edad los niños todavía son muy egocéntricos y no tienen facilidad para estar con otras personas. No se dan cuenta de las necesidades o sentimientos de los otros y de hecho no son capaces de comprender el concepto de la diferencia de puntos de vista entre las personas, aunque intentes explicárselo.

→ **Los niños de dos y tres años** encuentran difícil el proceso de aprender a compartir. Conciben sus posesiones como extensiones de sí mismos. No comprenden que aunque presten momentáneamente un juguete, éste seguirá siendo suyo y se lo van a devolver. Partiendo de esta base, los padres pueden ser más tolerantes y darse cuenta de que sus hijos no son malos o egoístas, sino que actúan de acuerdo con su edad.

→ **Los niños de tres y cuatro años** establecen contacto preguntando a los otros niños qué les gusta y qué no les gusta: «¿Te gusta la pizza? ¡A mí también!». Su noción de qué es el intercambio todavía no está bien desarrollada y a menudo hacen afirmaciones de amistad condicionada como: «Seré tu amigo si me invitas».

→ **Los niños de cuatro años** se relacionan con más facilidad porque saben compartir mejor y prestan atención durante un período de tiempo más dilatado. No obstante, son más competitivos e intentan arruinar los logros del prójimo.

→ **Los niños de cinco años** empiezan a compararse a sí mismos y sus actividades con las de los demás («Yo construyo un castillo diferente. Le pongo un foso alrededor.»). A esta edad, los niños pueden empezar a cooperar y a comprender cómo pueden resultarles útiles sus diferencias (roles complementarios): «Tu llenas los cubos con arena y yo excavo el foso».

→ Observa que existen muchas variaciones en las habilidades sociales de los niños de diferentes edades.

No olvides que es difícil, si no imposible, para un niño de tres años conectar con los sentimientos de los demás niños. La manera de pensar y razonar de los adultos es muy distinta de la de un niño, cuyo pensamiento es muy egocéntrico. A menudo, el pequeño no se siente afectado por las razones lógicas que le dan los mayores, pues para él carecen de sentido (véase el recuadro de las páginas 163 a 165).

■ *Una madre con mucha paciencia intentó explicarle a su hijo de tres años y medio: «Tommy quiere jugar con tu camión. ¿Cómo crees que se siente si no se lo dejas nunca?». Asombrado, el niño respondió: «¡Pero mamá! Es mi camión». Hubiera sido mejor enfocar el problema diciendo: «En nuestra casa los juguetes se comparten. Ahora le toca a Tommy jugar con el camión. Cuando suene el cronómetro volverá a ser tu turno».*

Es bueno que los niños jueguen con otros niños, ya que les admiran y aprenden de ellos.

■ *Al hijo mayor de Gail le gustaba jugar con los amigos de su hermano menor. Le hacía sentirse útil. Decía cosas tales como: «Esta pieza del rompecabezas encaja mejor en esta esquina. Tengo una idea. Vamos a poner todos los Lego aquí y a construir un aeropuerto». Y seguía: «¿Os gustaría acariciar mi*

Anímate

No eres el único padre que se desespera tanto que intenta organizar a su hijo citas para jugar... ¡en casa de otro!

hurón? Mirad cómo se retuerce. Si se pierde, es muy difícil encontrarlo».

Anima a tu hijo a que te ayude a elegir a los invitados. Fíjate si los temperamentos y las edades son similares y planifica dónde deberían jugar en el caso de que los amigos de tu hijo sean un poco «salvajes».

Observa con qué niños se lleva mejor. Así podrá entretenerse con ellos cuando necesites un descanso.

No olvides el viejo refrán: «Dos es compañía, tres es multitud». Quizá debas estructurar los juegos de otra forma cuando haya más de dos niños. Por ejemplo, jugar al aire libre, pintar con los dedos en la mesa de la cocina bajo tu supervisión, etc.

Recurre a tus trucos cuando veas que los niños se están aburriendo: «¿Qué podemos hacer ahora?».

Sé consciente de que los sentimientos de amistad hacia los demás pueden cambiar de repente. Es muy habitual.

Cómo soportar a los pequeños huéspedes

→ Intercambia información con los padres del amigo de tu hijo con tiempo. Hablad de las posibles alergias a algún tipo de comida o animal, de su merienda favorita, de sus miedos (a los animales o a las tormentas) y de los teléfonos de emergencia.

→ Las visitas deben ser cortas. Una hora y media suele ser suficiente para los niños de dos a tres años y para la mayoría de los preescolares en su primera cita.

→ Dales tiempo para que se sientan cómodos el uno con el otro. Déjales una casita de juguete o una cesta de baloncesto para que les ayude a romper el hielo.

→ Sitúate cerca de ellos hasta que se sientan cómodos juntos. Puede que sea necesario más de un encuentro para que esto suceda.

→ Abandona la habitación discretamente cuando las cosas empiecen a funcionar, pero procura no alejarte demasiado. Deberías poder oírlos.

→ Deja que los niños escojan los juguetes o las actividades para la próxima media hora. Por ejemplo, decide si es apropiado o no que los niños jueguen con el ordenador o miren una película de vídeo. En algunos casos, van a utilizar la forma de los niños para relacionarse, pero en otros, puede que estén entusiasmados de compartir y jugar juntos.

→ Haz que descansen si parecen fatigados. Ofrecerles la merienda puede funcionar, les proporciona un buen descanso y restituye los niveles energéticos. Un vídeo corto o un programa de televisión también puede ser una opción si los niños necesitan relajarse. Quizá necesiten ayuda para ponerse de acuerdo a la hora de hacer un descanso.

→ Las fórmulas de cortesía («El invitado siempre primero») pueden molestar a los niños muy pequeños. Si esto sucede, suspéndelas.

→ Comprende que algunos conflictos son inevitables y dan a los niños la oportunidad de trabajar en sus diferencias.

→ Si las discusiones y las peleas no cesan, intenta calmarlos poniendo música suave y tranquila o leyendo un cuento para tranquilizarlos.

→ Si las cosas no van bien, intenta cambiar el ambiente; anima a los niños a jugar en el exterior y observa su efecto. A veces, el cambio de temperatura, actividad o variación de luz contribuye a modificar los ánimos.

→ Organiza actividades supervisadas, tales como pintar, jugar con plastilina, colorear o cocinar. Estimulan la cooperación y ayudan a evitar las peleas.

➔ Adviérteles de que quedan cinco minutos o establece un lapso de tiempo para recoger los juguetes para que la partida no concluya tan de repente y los niños guarden un buen recuerdo de su encuentro.

➔ Involucra a tu hijo en los agradecimientos a los invitados por haber acudido a vuestra casa y en las despedidas.

Da libertad a tu hijo para escoger sus amistades, pero explícale que excluir a algunos niños puede herir sentimientos.

Ten por seguro que muchos niños, en un momento u otro, tienen un amigo imaginario. Es muy normal y es un modo creativo de aprender a controlar emociones tales como la soledad, los celos de un hermanito o los miedos (véase **Mentir**, en la página 162; más información sobre los amigos imaginarios).

■ *Al término de cada curso escolar, Gail hacía que los niños de su clase de preescolar pintaran una piedra plana que ella misma se había encargado de recoger en la playa. Decía a sus alumnos que eran piedras mágicas con poderes especiales y añadía: «Guardad esta piedra en un sitio especial. Cuando os aburráis, cogedla entre las manos y frotadla con el pulgar. La piedra pensará en algo divertido para hacer». Dado que ningún niño se está quieto frotando una piedra durante demasiado rato, el truco funcionaba. Pruébalo y cree en el poder de la magia.*

Anímate

No eres el único padre que no supo dónde esconderse al oír a su hijo gritar cuánto odiaba al hijo de tu nuevo amigo.

Fíjate en el poder de la amistad entre tu hijo y otros adultos. Los niños se sienten muy bien confiando en adultos que no sean sus padres. A los tíos, tías, abuelos, etc. les encanta escuchar a los niños y no están tan predispuestos a juzgarlos o regañarlos.

Conclusiones

Respeta y acepta a tu hijo tal y como es. Proporciónale experiencias socializadoras que se adapten a su personalidad y a su grado de desarrollo actual, procurando que se sienta cómodo.

Autoestima

P: ¿Cómo puedo crear un niño responsable y sociable que se sienta a gusto consigo mismo?

R: Con el tiempo, los niños desarrollan la conciencia de conocer exactamente quiénes son y cómo encajan en el mundo. Los niños empiezan a valorarse a sí mismos, en primer lugar, siendo queridos incondicionalmente y valorados por aquellas personas que para ellos son importantes. Cuando los padres crean un ambiente en el cual los niños se sienten queridos y valorados tal como son, a medida que van creciendo, se van sintiendo más cómodos aportando sus opiniones, tomando decisiones, aprovechando las oportunidades y afrontando las dificultades de la vida.

Te aconsejamos...

Tómate tiempo para proporcionar a cada niño tu atención exclusiva, por lo menos unos minutos al día. Véase **Escuchar** en la página 101; más sugerencias acerca de canales de comunicación eficaces.

Deja que tu hijo sepa que sabes y comprendes cómo se siente, incluso cuando no estás de acuerdo con él. Explícale que dos personas pueden tener diferentes sentimientos. Los sentimientos humanos no son buenos o malos. Pero recuerda que conocer los sentimientos de tu hijo no significa permitir que se comporte de forma inapropiada.

■ *Cuando el hijo de tres años de George gritó: «¡No quiero cepillarme los dientes!», lo primero que le vino a la cabeza a su padre fue responder diciendo: «Claro que quieres cepillarte los dientes. No querrás tener enormes caries, ¿verdad?». Pero decidió abordar la situación a través de una vía de comprensión, aunque con la misma firmeza, diciendo: «Apuesto a que preferirías ir directamente a la cama; ya veo que estás muy cansado. Pero los dientes deben cepillarse para mantenerlos sanos». Le dio la mano y lo llevó al cuarto de baño.*

Cuando lo consideres oportuno, pregunta a tu hijo su opinión. Si lo crees necesario, ofrécele unas cuantas opciones aceptables. Esto lo animará a pensar en sí mismo y a saber que sus aportaciones son válidas, al tiempo que le proporcionará autocontrol. Escuchar su opinión resulta especialmente eficaz con las preguntas difíciles o cuando necesitas tiempo para pensar en la respuesta.

■ *Cuando Caroline le preguntó a su hijo qué pensaba que podían hacer a continuación, Nolan respondió entusiasmado: «¡Ir en bici, mami!». Mamá contestó: «No... otra buena idea de Nolan Patrick Winkler...». Al cabo de un rato, su hijo dijo: «¡Tengo otra buena idea, mamá!».*

Demuéstrale tu amor incondicional. Los niños que se sienten queridos y apreciados suelen ser más felices y comportarse mejor.

■ *Gabe dedicaba un rato a diario a las palabras amables y lo que ella llamaba los «porque sí». Daba un abrazo a su hijo o alguna cosa especial porque sí, o en otras palabras, sin razón alguna, aunque siempre era algo encantador. El amor no se da a los niños por su buen comportamiento, sino incondicionalmente, incluso en los días malos.*

Establece límites firmes y coherentes que capaciten a tu hijo para comprender que su mundo es predecible. Este método incluye aplicar consecuencias adecuadas cuando se porta mal. Los niños pequeños pondrán a prueba los límites una infinidad de veces, pero se sentirán seguros sabiendo que sus padres tienen el control. Véase **Estrategias de disciplina positiva** en la página 23; más información sobre la importancia de establecer límites.

Corrige directamente la mala conducta del niño, pero sin atacar su carácter.

■ *Roberta, una madre con una paciencia de santa, dijo a su hija con firmeza: «Está prohibido pegar. Siéntate a mi lado hasta que te tranquilices» en lugar de: «¡Eres mala! ¡De hecho, eres la niña más mala del parque!».*

Usa elogios específicos, en lugar de generales. Cuando tu hijo sienta que realmente te das cuenta de sus esfuerzos, estará más predispuesto a repetirlos.

■ *Cuando su hijo de cuatro años finalmente recogió los juguetes, en lugar de gritar «Buen trabajo» desde otra habitación, Dylan decidió utilizar otro sistema. Entró en la estancia de los juguetes y echó una ojeada. A continuación observó: «Caramba, Micah, me gusta la forma como has colocado los Lego. Debe de haber sido muy duro colocarlos tan bien, exactamente en su sitio. A esto lo llamo yo organización». Micah estaba radiante de orgullo porque su padre se había dado cuenta del buen trabajo que había realizado.*

No olvides que los elogios indiscriminados o falsos pueden provocar la pérdida de los efectos positivos de un cumplido real.

Señales de orgullo

Muchos padres descubren que los elogios pueden ser una técnica de disciplina más eficaz que el castigo administrado inmediatamente después de que ocurra el mal comportamiento.

→ **Elogia con moderación**: Una de las técnicas de disciplina más poderosas que los padres pueden utilizar en los primeros años de vida de los niños consiste en mostrar aprobación hacia la conducta de sus hijos. Pocos elogios tienden a entorpecer el proceso de comprensión de lo que está bien y lo que está mal, así como el desarrollo de su autoestima. Por otro lado, a medida que el niño se hace mayor, demasiados elogios pueden causarle dependencia de los demás para sentirse válidos, perjudicando la evolución del significado de los valores. Una cantidad de elogios razonable es proporcional a la cantidad razonable de expectativas que un niño puede manejar.

→ **Elogia cosas específicas**: «Me gusta cómo pones con cuidado los calcetines en el cajón» es mejor que decir «Buena chica».

→ **Elogia el esfuerzo en lugar del resultado**: Los niños que reciben elogios específicos por sus esfuerzos tienden a repetir el comportamiento. «Gracias por haberte esforzado tanto en quitar la pintura de la mesa». El hecho de que aún quedaba un poco de pintura no se ha mencionado en esta afirmación. Observa que si añades «pero...», todo lo dicho anteriormente perderá su efecto positivo. («Gracias por quitar la pintura de la mesa, pero te olvidaste de las esquinas.») No obstante, puedes dar tu opinión si haces una pausa entre el elogio y la crítica: «Las esquinas son difíciles de limpiar, vamos a hacerlo juntos».

→ **Utiliza palabras que reflejen tus valores**: Es una de las mejores formas de transmitir tus valores a tu hijo. Por ejemplo, di: «Me he dado cuenta de tu paciencia y determinación cuando construías la fortaleza. Debes sentirte muy orgulloso de ti mismo», en lugar de «Buen trabajo». De nuevo, implica reflexión por tu parte.

→ **Alábalo con palabras que reconozcan los puntos fuertes de tu hijo**: «Eres muy bueno dibujando. Apuesto a que sabes exactamente qué colores poner». El uso que hagas de las palabras muestra la seguridad que tienes en las habilidades de tu hijo y le sirve de motivación para realizar un trabajo del que se sienta orgulloso.

→ **Evita los elogios con superlativos como «el mejor», «el más bonito», etc.**: Aunque se trata de palabras positivas, si se utilizan con frecuencia, se convierten en presión para el niño, que tenderá a buscar la perfección o a cumplir con las expectativas extraordinarias que crea que has depositado en él. Aunque muchos padres creen que estas palabras van bien para la autoestima del niño, el efecto suele ser el contrario. El niño que constantemente oye que es el mejor, cree que se espera de él que sea siempre el mejor..., un gran peso difícil de sobrellevar.

→ **Elogia con palabras que tu hijo conozca como «creativo», «divertido», «musical», «útil», «amable» o «sincero»**: Por ejemplo, «Me gusta que hayas sido sincero al admitir que se había roto la ventana». De esta forma, un padre puede guiar a su hijo para que aprenda a distinguir lo que está bien de lo que está mal sin presionarlo ni criticarlo.

Imita situaciones difíciles con tu hijo alguna vez, para proporcionarle la seguridad y el confort de saber qué hacer o qué esperar. Véase el recuadro de los **Juegos de imitación** en las páginas 96 a 98 para más ideas.

Ayuda a tu hijo a aprender estrategias para pedir ayuda a un adulto cuando tenga que resolver un problema.

■ *Nate, de cinco años, lo pasaba mal durante el recreo en la guardería. Un niño mayor se reía porque había admitido que aún le gustaba Barney. A la hora de acostarse, durante varias noches consecutivas, mamá y Nate hablaron de las posibles formas con las que se podía enfrentar a las burlas de los demás. Podía decir que estaba de acuerdo con el «agresor» diciendo: «Sí, me gusta mucho Barney, ¿y qué?». Esto haría comprender al agresor que no le importaba su opinión. O podría sonreír abiertamente mientras decía: «¡Qué divertido! Me haces reír». Durante una semana entera, practicaron haciendo turnos con estas estrategias. Cuando Nate hubo ganado suficiente seguridad para utilizar las estrategias, el fanfarrón dejó de molestarle. Al final de la semana, Nate entró en casa corriendo y le contó a su mamá cómo había resuelto el problema él solito.*

Respeta las peleas de tus hijos; les brindarán oportunidades para aprender.

■ *Frank estaba perdiendo la paciencia viendo abrocharse torpemente la camisa a su hija de cuatro años. Su primer instinto fue gritar: «¡Ya lo hago yo!». Pero lo pensó dos veces, recapacitó y dijo: «Los botones se resisten a los dedos de los niños». Su hija se detuvo. Animada a intentarlo de nuevo, sonrió a su comprensivo padre.*

Dale a tu niño evidencias tangibles de sus logros. Muéstrale algún trabajo manual que hiciera tiempo atrás, una cinta con una conversación grabada o un vídeo que demuestre lo mucho que ha progresado en habilidades motrices y comunicativas.

■ *Una logopeda tuvo una gran idea. Proporcionó a Blakely, un niño de cinco años, un trozo de papel de colores para cada nueva palabra que conseguía pronunciar correctamente. Al final de aquél año, juntaron los trozos de papel y quedaron maravillados: la cadena era tan larga como la longitud de la sala. «¡Oh, soy muy bueno!», exclamó Blakely.*

Deja que tu hijo sepa que todo el mundo se equivoca alguna vez. Lo importante es entender que los errores proporcionan a las personas la oportunidad de aprender.

■ *Cuando el hijo de cinco años de Caroline se desanimaba porque no aprendía a escribir, le contó su anécdota favorita sobre Thomas Edison: «Sean, recuerda que Thomas Edison tuvo que sobreponerse a muchos errores antes de inventar una bombilla que funcionara. Piensa en lo oscuro que estaría todo si se hubiera dado por vencido».*

Intenta centrarte en las cosas positivas. No siempre resulta sencillo, sobre todo si tienes un hijo muy inestable. Aunque tengas que exprimirte el cerebro para encontrar algo positivo algunos días, el esfuerzo valdrá la pena.

■ *La familia Kelly jugaba a decir cosas bonitas de los demás durante sus reuniones familiares semanales. Se turnaban diciendo una cosa bonita de la persona que estaba a su lado. A nadie le estaba permitido decir algo que pudiera molestar a otra persona o algo negativo de alguien durante el juego. Es sorprendente lo pegadizo que puede ser: la hermana está tan contenta de haber oído a su hermano decir una cosa bonita de ella que piensa en ofrecerle el mejor de los cumplidos.*

Ayuda al niño a sentirse importante a una edad temprana encargándole trabajos o tareas familiares. Véase **Quehaceres domésticos** en la página 228; más información sobre cómo empezar a encargar tareas del hogar.

Respeta el carácter individual de tu hijo y su grado de preparación en las diversas etapas. Deja que escoja la velocidad a la que puede hacer las cosas.

■ *El hijo de Caroline era tímido y dependiente. Cuando veía a los niños de los vecinos jugando en la calle, su instinto le decía que debía llevarlo con ellos para que aprendiera a ser sociable. Pero Nolan gritaba: «¡No quiero ir!» y se escondía detrás de un árbol. A medida que iba pasando el tiempo, se las arreglaba de una manera educada. Le llevó casi un año integrarse al grupo. Caroline pensó que si lo obligaba a relacionarse con otros niños aún se sentiría peor.*

Reconoce y elogia los puntos fuertes de tu hijo, en lugar de fijarte siempre en sus debilidades. Proporciónale varias oportunidades de tener éxito en las cosas que realmente le gustan y celébralo. Esto puede ayudarle a adquirir la seguridad necesaria para enfrentarse a aquellas tareas que le parecen difíciles.

Evita comparar a tu hijo (o a ti misma) con otros, ya sea de forma favorable o desfavorable. Dile que es importante sólo por ser quien es. Véase **Comparar y etiquetar a los niños** en la página 62; más consejos.

Proporciona a tu hijo sentimientos de pertenencia; comparte con él anécdotas interesantes de la familia o la historia familiar. Pide a los parientes que le cuenten historias de su vida o de la de los bisabuelos, incluyendo su origen.

> ■ *Una clase de una guardería dedicó una lección a la familia. La maestra puso como deberes una historia divertida acerca de sus familias. Al día siguiente, los niños contaron, orgullosos, sus historias a la clase, hablando de las cosas más divertidas que sus padres o sus abuelos habían hecho en la infancia. Estaban tan emocionados con las historias que habían oído en clase que las contaron durante la cena en casa. Todas las familias disfrutaron conociendo un poco mejor a los demás. La maestra dijo que había sido la actividad más interesante que habían hecho durante todo el curso y que incluso los más tímidos se sentían satisfechos de poder contar sus historias.*

Tomaos tiempo para celebrar cosas y divertiros juntos, como una familia. Establece algunas costumbres familiares, rituales y tradiciones que todo el mundo espere. Si no sabes qué hacer, pide consejo a tus hijos. Si habéis hecho algo que les ha gustado, te pedirán que lo repitáis. También puedes celebrar las pequeñas cosas de cada día.

Aprecia el mundo de tu hijo; tómate sus intereses y preocupaciones seriamente, no importa lo triviales, aburridos o repetitivos que te parezcan.

Anímate

No eres el único padre que ha estado tentado de llamar a su hijo «cabeza hueca», «apestoso», «cerdito» o «torpe». Recuerda que estas palabras las puede interpretar como insultos.

Olvídate de la modestia de vez en cuando. Deja que tu hijo vea que te sientes orgullosa de tus logros.

Recuerda que los apodos inofensivos o las burlas cariñosas que a ti te parecen divertidas el niño puede percibirlas de una forma muy distinta. Si te pide que no insistas, ¡escúchale!

Intenta ver las cosas desde la óptica de un niño; recuerda que su manera de ver el mundo se basa en sus limitadas experiencias y en su capacidad para pensar. Véanse las páginas 163 a 165; más información sobre **Cómo piensa un niño de dos a cinco años.**

Expón a tu hijo a la diversidad. Háblale de lo bonito que es que todo el mundo sea único. Habla de forma positiva de las diferencias culturales, físicas y de las divergencias más sutiles entre la gente. Esperemos que llegue a la conclusión de que nadie es exactamente igual a él y de que todas las formas de ser son encantadoras.

Conclusiones

Una estructura de límites clara y concisa anima a tu hijo a valorar sus puntos fuertes. Si experimenta la sensación de haber tenido éxito, adquirirá la seguridad y los sentimientos que constituyen la base de un sentido de sí mismo positivo.

Chuparse el dedo

P: Mi hija se chupa el dedo desde que era un bebé. Además de no resultar muy atractivo, me preocupa que pueda afectar a su dentadura. Ahora que tiene tres años y que no veo que sus amiguitos se chupen el dedo, ¿ha llegado la hora de poner fin a este hábito?

R: Muchos profesionales opinan que chuparse el dedo hasta que se han cumplido los seis años es un comportamiento común e inofensivo. El bebé que aprendió a chuparse el dedo como un mecanismo de relajación física, ahora se lo chupa para tranquilizarse psicológicamente. Eso no significa que chuparse el dedo indique la existencia de problemas psicológicos o emocionales. Hacerlo de forma intermitente a lo largo de la jornada no comporta riesgos para la dentadura ni para la evolución del habla en tu hijo (si ocurre algún problema se puede tratar). Si el niño no tiene dificultades de adaptación, relájate. Muchos niños pierden este hábito de forma gradual, sin requerir la intervención de los padres, a menudo cuando empiezan a asistir a la escuela.

RESPUESTAS

→ Ignóralo si se chupa el dedo de vez en cuando.

→ Acuéstalo. Muchos niños se chupan el dedo cuando están cansados. ¡Que duerma una siesta!

> → Ofrécele otras formas de relajación física alternativas a chuparse el dedo. Cógelo en brazos, acaríciale la espalda, mímalo o siéntalo en tu regazo y cuéntale un cuento.
>
> → Dale un juguete especial (preferiblemente uno que requiera el uso de las dos manos).
>
> → Un niño más mayor, de cinco o más años, puede sentirse incitado a chuparse el dedo por diversas razones. Prueba a decirle: «¿Puedo ver tu sonrisa?» o «Muéstrame tus dientes nuevos».

Te aconsejamos...

Fíjate en los momentos cuando tu hijo se chupa el dedo: ¿Está cansado, nervioso, se enfrenta a una situación nueva o simplemente está relajado?

Date cuenta de que reprenderlo, burlarte, presionarlo y otras formas de atención negativa pueden herir los sentimientos del niño y dañar su autoestima. Las burlas del tipo: «¡Sólo los bebés se chupan el dedo!» pueden reforzar el hábito de tu hijo, exactamente lo opuesto de lo que pretendes.

> ■ *Sandra recordó que, durante su infancia, el tío Jerry se burlaba de ella porque se chupaba el dedo. Aunque no le había perjudicado, Sandra se avergonzaba de las burlas y nunca supo cómo responder. «Caramba, Sandra», decía, «este dedo parece delicioso. ¿A qué sabe? ¿A chocolate, a fresa o a vainilla? Espero que sea a chocolate, es mi favorito. ¿Puedo probar? Por favor...». Aunque la burla tenía por objeto detener el hábito, Sandra recuerda que le hacía sentir tan mal, que aún tenía más ganas de chuparse el dedo.*

Resiste la tentación de quitarle el dedo de la boca.

Recuerda que chuparse el dedo puede reconfortar a un niño y ayudarlo a vencer una situación difícil. Le proporciona sentimien-

tos de seguridad cuando no puede
contar con sus padres o una cuidadora.

■ *Caroline estaba hablando con
una maestra fuera de la escuela
cuando se dio cuenta por primera
vez de que Kayla, la amiga de su
hijo, se estaba chupando el dedo
mientras jugueteaba con su pelo con
la mano que le quedaba libre. Parecía ser que la madre de Kayla llegaba con retraso a recogerla y era la
única niña que quedaba en la clase. Aunque Francine, la maestra,
le aseguró que su madre estaba en*
camino, también miraba a su alrededor con preocupación y miraba el
reloj. Caroline comprendió que Kayla utilizaba esta técnica para enfrentarse con la situación, pues le ayudaba a relajarse. En lugar de
llorar o gritar, Kayla se enfrentaba a su problema de este modo.

Anímate

*No eres el único padre a
quien le repugna ver que
su hijo se mete el dedo en
la boca. ¿Quién sabe?
Puede que una grabación
subconsciente de tu
infancia te esté dictando:
«NO, NO, NO, ¡sácate el
dedo de la boca ahora
mismo!».*

Recuerda que las técnicas que utiliza tu hijo para reconfortar-
se a sí mismo son un paso hacia la independencia.

Respeta los mecanismos de relajación del niño y deja que
el hábito siga su curso.

■ *Gail contó cómo su hijo Joshua desarrolló su propio ritual de relajación antes de haber cumplido el año. Llevaba consigo un pañal
de tela a todas partes. Queriendo evitar las estresantes escenas que
había vivido con sus otros hijos y sus mantitas (sucias y apestosas,
pero irremplazables), Gail y su marido decidieron resolver las cosas de una forma diferente con Joshua. Dirían: «Josh, aquí tienes
un pañal nuevo y limpio». De esta forma, consiguieron que lo que
le gustara fuera el frescor y llegaron a acumular una docena. Los
doce pañales se utilizaban de forma rotativa. Un día, cuando ya
tenía nueve años, fue a dormir a casa de un amigo sin su querida*

compañía nocturna. Gail le llamó la atención acerca del olvido, pero el niño negó con la cabeza, indicando que no lo quería. Era el fin de su ritual.

Valóralo. Acaricia, mece y canta a tu hijo mientras se chupa el dedo, y aprende a apreciarlo como una habilidad para relajarse (¡y para relajarte!).

Respeta la capacidad del niño. Gradualmente dejará de chuparse el dedo por sí solo.

■ *La hija de cuatro años de Jill, Kira, no quería ir a la escuela sin su «relajador». Aunque Jill se sentía un poco avergonzada, decidió que no iba a librar una batalla cada mañana. Durante casi cuatro meses, Kira se llevó el «relajador» al colegio para poderlo chupar. Cuando tenía que hablar con sus compañeros se lo sacaba un momento de la boca y se lo volvía a meter una vez finalizada la charla. La maestra nunca oyó mofas de sus compañeros. Si se le olvidaba en alguna parte, uno de sus compañeros se lo daba de inmediato. Un día, durante las vacaciones de Navidad, Kira tiró su «relajador» a la basura y dijo a su madre: «Ya no sabe bien». Y aquél fue el final del «relajador».*

Deja que la presión de sus iguales ayude al niño a deshabituarse.

■ *El hermano mayor, Sean, estaba sentado en el sofá junto a Nolan, de cinco años, que se estaba chupando el dedo. Sean lo miró durante un minuto y le dijo: «Sabes, Nolan, cuando la semana que viene empieces en el parvulario, si te chupas el dedo, los demás niños se reirán de ti». Nolan siguió chupándose el dedo hasta que lo consideró conveniente. Después, se sacó el dedo de la boca y respondió: «Bueno, los niños no me van a ver porque no me voy a chupar el dedo en el parvulario. Sólo lo haré cuando esté en casa». Y cumplió su palabra. Nolan no se chupaba el dedo cuando estaba en compañía de otros niños en el colegio.*

Anima a tu hijo a que se lave tantas veces como sea posible durante el día para que su dedo contenga la menor cantidad de gérmenes posible. Evita las oportunidades de pillar un resfriado, ingerir porquería y propagar gérmenes.

Habla en privado de chuparse el dedo con tu hijo de cinco años y pide consejo al dentista.

> ■ *Marla se tranquilizó cuando su dentista le dijo que su hijo probablemente dejaría de chuparse el dedo de forma natural. Añadió que no sabía con seguridad por qué lo hacía. Creía que como se le habían caído los cuatro dientes incisivos, quedaba un espacio ideal para chuparse el dedo y relajarse. Al crecerle los dientes ya no sería lo mismo.*

Ayuda a tu hijo a practicar hablando claro. Rodéalo con el brazo y dile: «Cariño, no te entiendo. Sácate el dedo de la boca y dímelo de nuevo».

Conviértelo en un juego. Si decides ayudar a tu hijo a dejar de chuparse el dedo, plantéale pequeños desafíos en lugar de darle la orden de dejar de hacerlo: «Vamos a ver si puedes dejar de chuparte el dedo en la cocina antes de ir a la escuela».

Traza un plan de retirada sentando límites gradualmente. Intenta designar algunas estancias en las cuales esté prohibido chuparse el dedo. También puedes establecer ciertas horas del día durante las cuales esté permitido chuparse el dedo (mientras mira su programa de televisión favorito, en el asiento del coche o a la hora de acostarse).

Intenta cronometrar el tiempo durante el cual esté permitido chuparse el dedo. Empieza con treinta minutos y disminuye el tiempo cada tantos días.

Utiliza una señal especial que sólo entendáis tú y tu hijo para recordarle que se saque el dedo de la boca cuando empiece a chupárselo.

■ *Cuando Sally quiso recordar a Max, su hijo de cinco años, que se sacara el dedo de la boca, imitó el señal que hacía Carol Burnett en su programa de televisión para decir buenas noches. Establecía contacto visual con Max y se tiraba de la oreja.*

Implica a tu hijo en actividades que requieran las dos manos.

■ *Alexia observó que cuando su hija Kaylee estaba ocupada con la plastilina o los rotuladores mágicos, ni siquiera pensaba en chuparse el dedo.*

Cuando el niño logre un poco de éxito en disminuir su hábito, siéntete orgullosa. Véase la página 49 para más información acerca de las **Señales de orgullo**.

Si tu hijo es receptivo, dile que se autoestablezca un premio para cuando deje de chuparse el dedo.

■ *Miriam se chupaba el dedo y su gemelo, Mark, un chupete. Después de una conversación con papá y mamá, los gemelos decidieron que querían dejar sus hábitos. No obstante, parecía que cumplir su promesa les resultaba bastante duro. El padre animaba a los niños y pensó que lo que necesitaban era un objetivo que perseguir. Planificaron unas vacaciones familiares y los gemelos se pusieron muy contentos. Colocaron un calendario en la pared y contaron los días que quedaban para partir. El padre les preguntó si creían que podrían dejar el chupete de Mark en casa cuando se fueran de vacaciones. Mark dijo que sí pero con la condición de que Miriam no se chupara el dedo. Miriam estuvo de acuerdo. A medida que iban tachando los días en el calendario, les recordaban el objetivo. La sorpresa fue que, cuando llegó el día, ninguno de los dos tuvo ningún problema para dejar su hábito.*

Para que las cosas salgan bien, tu hijo debe querer abandonar el hábito. Prueba ofreciéndole una recompensa, con adhesivos o con un cuadro de estrellas para los días en los que no se chupe el dedo.

Si parece que el niño está obsesionado con chuparse el dedo, deprimido o encerrado en sí mismo, consulta con tu pediatra. Puede que el niño necesite ayuda para resolver un problema oculto.

Conclusiones

En lugar de ver el hecho de que tu hijo se chupe el dedo como un mal hábito, piensa que constituye un paso hacia su independencia. Está aprendiendo a relajarse.

Comparar y etiquetar a los niños

P: Le digo a mi hijo que debería calmarse y ser como su hermana, que es muy buena niña. ¿Por qué nada de lo que digo surte efecto?

R: Es natural que los padres adviertan diferencias y se sientan tentados a utilizar a uno de sus hijos, o a un niño de la calle, para establecer comparaciones. Los padres deben hacer un esfuerzo para no comparar rasgos entre los niños, sobre todo en su presencia. Incluso las comparaciones hechas con buena intención pueden desanimar a los hermanos y hacer que no compitan. Existe el riesgo de limitarlos a los roles que les asignas por comparación. («Éste es nuestro estudiante», «Éste es nuestro atleta».) No pienses en las diferencias entre los niños como positivas o negativas. Recuerda que cada niño es único y que tiene sus puntos fuertes y sus puntos débiles particulares (véase **Autoestima** en la página 46 si deseas más ideas acerca de cómo centrarte en lo positivo para maximizar la autoestima de tu hijo).

Te aconsejamos...

Ten en cuenta que todos los niños tienen puntos fuertes y débiles.

Identifica los puntos fuertes de tus hijos y oriéntalos para que los conduzcan al éxito. Sé consciente de las debilidades de los niños: prepárate para algunos fracasos y permite algunos fallos de vez en cuando. A menudo, hacer las cosas mal es positivo, en especial cuando los niños están en un sitio seguro y en presencia de un adulto.

Cambia de tema cuando la gente empiece a comparar a los niños, aunque el tuyo sea el ganador. Resiste la tentación de terciar en este tipo de conversaciones. Este tipo de comportamiento no te ayudará a comprender el valor de cada niño como un ser individual.

Elogia las acciones específicas de tu hijo en lugar de señalar lo bien que representa un determinado papel.

> ■ *En lugar de llamar a su hijo Aarón «el atleta de la familia», Gail decía: «Juegas bien con la pelota, este pase ha sido fantástico». Pensaba que si trataba a su hijo como el atleta de la familia, su hija no querría jugar, pues se sentiría patosa a su lado. Tampoco quería que el niño pensase que ser un atleta era la única forma de triunfar en la vida.*

Evita enfrentar a los niños.

> ■ *A la hora de comer, los dos hijos de Dean eran como la noche y el día. Jimmy jugaba con la comida y comía muy poco, mientras que Paul siempre tenía mucho apetito. Un día, el padre estaba tan frustrado porque Jimmy no comía que dijo: «Cómete el bocadillo antes que tu hermano. Todo el mundo podría hacerlo. ¡Venga!». El niño respondió: «Pero papá..., no tengo más apetito».*

> ■ *Cuando Jenny le dijo a su hija: «Termina el bocadillo o se lo daré a tu hermano. Él sí que come bien», los dos empezaron a luchar por la comida. Jenny descubrió que funcionaba mejor: «Vamos a comer el bocadillo ahora; tenemos que irnos pronto».*

Evita comparar constantemente a tus hijos.

> ■ *Encerrados en casa en medio de una tormenta de nieve, Caroline puso música y animó a sus hijos, que estaban aburridos, a bailar. Pronto descubrió que todos sus hijos estaban sudados, disfrutando y siguiendo el ritmo. Moviendo las caderas, Nolan dijo: «Soy el mejor bailarín de la familia. Soy muy bueno, mucho mejor que Sean, ¿verdad, mamá?». Caroline se dio cuenta de que los dos niños la miraban esperando una respuesta. Finalmente, contestó: «Nolan es muy rápido con los pies y da muchas vueltas. Sean es muy resistente y puede estar bailando durante muchas horas sin cansarse. Cada cual es un buen bailarín a su manera».*

Piensa en el impacto que produce el hecho de etiquetar al hijo mayor de «fuerte» y al menor de «víctima». Aunque muchos padres defienden al hijo pequeño de una forma casi instintiva, muchas veces esto puede privarlo de aprender a defenderse por su cuenta o animarlo a comportarse como un acusica.

Intenta liberar a tus hijos de los roles que les imponen sus educadores: sus familias, sus padres, sus maestros, sus monitores e incluso ellos mismos.

♥

Anímate

No eres el único padre que, en un mal día, rompe la tranquila atmósfera de la casa y tiene una rabieta de adulto, comparando, etiquetando y lastimando a todo el mundo. Perdónate: ¡eres humano! La próxima vez lo harás mejor.

> ■ *Las disputas entre Carl y David irritaban al abuelo. Liza, su madre, oyó preguntar por tercera vez al abuelo: «¿Carl, por qué eres tan bruto con tu hermano?». Liza intervino: «Carl sabe ser amable. Le gusta compartir las cosas si David se las pide con educación».*

Apuesta por un ambiente casero libre de las presiones del resto del mundo.

> ■ *Después de un frustrante partido de ba-*

loncesto, Brent, de cinco años, dijo: «Nunca aprenderé a encestar. Mis amigos juegan mucho mejor que yo». Su padre contestó: «Algunos juegan muy bien, pero con paciencia y un poco de práctica, estoy seguro de que tú también lograrás buenos resultados. Vamos a practicar en casa después de la cena, solos tu y yo».

Pide la palabra de tus hijos, uno detrás de otro. No asumas que el más pequeño, o el menos asertivo, no puede contribuir en una charla. Asegúrate de que cada niño tenga un turno para hablar y de que todos los demás le escuchan.

■ *Jane se tomó tiempo para oír las opiniones de sus hijos, empezando por el menor: «Nathan, piensa en dos sitios a los que te gustaría ir después de la escuela esta semana». A continuación se dirigió a su hija mediana y le dijo: «¿Qué te parece, Sarah?». Entonces le tocó el turno al mayor y Jane dijo: «Vamos a hacer una lista». Planificando las salidas, podía satisfacer las necesidades de cada niño para que aprendieran a aceptar las de los demás.*

Medita la influencia de tu propio nacimiento, el impacto de los genes y otras cosas de tu pasado. Te permitirá descubrir hasta qué punto tú o tu cónyuge podéis estar reforzando inadvertidamente determinados estereotipos de vuestra infancia y qué podríais hacer para detenerlos a tiempo.

■ *A menudo, Nadine se ponía del lado de su hijo mayor a causa de los recuerdos de su infancia. Sentía que había sido injustamente tildada de instigadora con excesiva frecuencia por el mero hecho de ser la mayor. Sus padres decían que por ser la mayor «debería saberlo mejor». Su esposo, Harry, el menor de cinco hermanos, siempre tomaba partido por su hijo menor. Nadine le contó cómo su hermana menor a menudo hacía cosas con el único propósito de meterla en un atolladero. Harry recordaba que su hermano se sentía mal debido a la insistencia de su madre, que decía: «Haz siempre lo que quiera el bebé». Como respuesta, se peleaban despiadadamente cuando mamá no les veía. Nadine y Harry se rieron al darse cuen-*

ta de que inconscientemente habían preferido el hijo cuyo orden en la familia se asemejaba más al suyo y decidieron romper este patrón en el futuro.

Considera la posibilidad de estar cargando a tu hijo mayor con demasiada responsabilidad cuando en realidad lo que deseas secretamente es que el menor siga siendo un bebé y que no crezca.

■ *Caroline se avergonzó al enterarse de que sus amigos habían mandado a sus bebés a un campamento de verano, ¡mientras ella estaba preocupada por el hecho de tener que llevar al niño al parvulario con cuatro años!*

Intenta no diferenciar entre «las cosas de niños» y «las cosas de niñas» o favorecer a un niño/a sólo por ser el único niño o la única niña de varios hermanos/as.

Prestar demasiada atención a los problemas de tus hijos puede reforzar una autoimagen negativa y mantener el comportamiento que precisamente querías cambiar.

■ *Janie contó cómo se habían esforzado sus padres para que su hermana perdiera peso y para que ella, que era muy delgada, ganara unos cuantos quilos. Cuando Janie tuvo hijos, intentó no hablar de la dieta que el doctor había puesto a Brian ni quejarse de las comilonas de Nathan. Lo solucionó añadiendo frutas y verduras a sus respectivas dietas.*

Vigila aquellos aspectos que consideras que son la debilidad de tu hijo. A veces, las debilidades se pueden convertir en puntos fuertes.

■ *A Al le encantaban los deportes y se sentía entusiasmado de poder entrenar a su hijo mayor, George, con una pelota blanda. Todos los chicos del equipo admiraban a George. Al admitía que estaba disgustado porque su hijo menor, Peter, no mostraba ni pizca de interés por los deportes. Parecía que le gustaba más ver cómo los demás jugaban que jugar con ellos. Al estaba preocupado porque pensaba que Peter no tendría nunca la oportunidad de experimentar las sensaciones de éxito y popularidad. Un día, la profesora de Peter le contó que al niño le encantaba inventarse artilugios que fascinaban a sus compañeros. Al empezó a mirar a su hijo con otros ojos.*

A menudo resulta duro aceptar el hecho que tus hijos son diferentes de otros niños y de ti. Debes tener presente que cada cual tiene éxito usando sus habilidades particulares.

Recuerda que lo que consideras una debilidad puede ser el resultado de un ligero retraso en el desarrollo que desaparecerá sin necesidad de intervención alguna.

■ *Matt tenía problemas para anudarse los zapatos a la edad en la que todos sus compañeros ya sabían hacerlo. Frank, su comprensivo padre, le compraba zapatos con velcro siempre que podía. Aprender a anudarse los zapatos era una experiencia frustrante tanto para el padre como para el hijo. Frank estaba seguro de que tarde o temprano lo lograría, quizá cuando tuviera una mejor coordinación. Un año después... ¡lo consiguió!*

Habla con tu cónyuge de las expectativas que cada uno de vosotros habéis depositado en vuestro hijo. De esta forma compartiréis intereses y os daréis cuenta de si habéis olvidado algo.

■ *Dale compartió con su marido la visión de la especialista en desarrollo infantil Alicerose (Sissy) Barman, quien había definido las expectativas que los padres depositan en sus hijos con las siguientes palabras: «Todos los padres quieren que su hijo haga y sea como ellos habían querido ser de niños. Todos los padres querrían evitar a sus hijos todo lo que pudiera herirlos, dificultarles las cosas o resultarles desagradable. Todos los padres querrían que su hijo tuviera y fuera todo lo que ellos habían deseado y nunca ha-*

bían logrado». Resultó muy interesante hablar con su esposo para compartir sus historias acerca de sus propias expectativas, charlar de la infancia de cada uno de ellos y compararlas con la de su hijo.

Conclusiones

Aunque etiquetar y comparar parece natural y espontáneo, si nos centramos en los puntos fuertes del niño estimularemos su seguridad a la hora de emprender un proyecto y de realizar una actividad.

«Dame»

P: Mis hijos tienen la mala costumbre de pedir. Son muy desagradecidos, no saben apreciar lo que tienen. ¿Cómo puedo enseñarles a que lo hagan sin esperar siempre más? Créame, tienen muchísimos juguetes.

R: No hay ninguna duda: los niños de hoy en día parece que no sepan apreciar lo que tienen, aunque en realidad tienen muchas más cosas de las que teníamos nosotros. La sociedad occidental actual es muy materialista. Los niños son fácilmente influenciables por las imágenes. De ahí que sean el primer blanco de las campañas de marketing. De todos modos, al igual que a los mayores, a los niños les es difícil volver a los viejos modelos de ahorro que intentas inculcarles (véase **Valores** en la página 290; ideas útiles acerca de cómo despertar sentimientos de empatía en los niños).

Te aconsejamos...

Cuando tu hijo te parezca desagradecido, hazle saber qué es lo que esperas de él.

■ *Cuando la niña de Eliza, Millie, de cinco años, desenvolvió el regalo, exclamó: «Abuela, ¿no me has traído nada más?». Eliza le recordó que debía dar las gracias a la abuela por haberle hecho un regalo. A la hora de acostarse, Eliza le repitió a su hija lo bonito que era que la abuela se acordara de ella durante sus vacaciones. Le explicó que el hecho de que la abuela se acordara de ellos era mucho más importante que el regalo en sí.*

Reprime el impulso de comprar todo lo que te pida el niño. Tómate tiempo para evaluar qué quiere realmente. Ten en cuenta que sus caprichos se le pasarán en una semana, un día o incluso una hora.

■ *Caroline recuerda cómo su madre buscó desesperadamente un garaje de juguete del que Nolan se había encaprichado después de jugar con uno en casa de un amigo. Aunque parezca mentira, lo que realmente le importaba era el hecho de no tenerlo, pues en cuanto lo tuvo perdió totalmente el interés por el mismo.*

■ *Caroline también recuerda que su madre volvió de comprar con sus hijos, cansada de sus continuas demandas. Un día que estaban pidiéndole muchas cosas, decidió adquirir un bolígrafo mágico para que hicieran una lista de lo que deseaban para su cumpleaños. Ahora, cuando Caroline va de compras con sus hijos, siguen queriéndolo todo, pero dicen que lo quieren para su cumpleaños, y lo anotan en la lista. A Caroline le hace mucha gracia, pues ni siquiera saben si su cumpleaños va a celebrarse pronto.*

Enfatiza lo duro que trabajas para ganar dinero y que por lo tanto debes ser tú quien decida en qué se va a invertir. Cuéntale que el dinero que tienes es limitado y que ni siquiera los mayores pueden comprar todo cuanto se les antoja.

Confeccionad una lista de deseos para cada miembro de la familia y colgadlas de la pared, o en el frigorífico, con imanes. Explica a tus hijos que, en vuestra familia, las necesidades básicas, tales como la comida y la ropa, se satisfarán con la máxima urgencia, pero que los caprichos, como por ejemplo, automóviles, vacaciones o juguetes, tardarán un poco más.

Deja que tu hijo te oiga hablar cuando tomas la decisión de gastar una suma importante de dinero.

Procura que se dé cuenta de que cuando decides gastar mucho es porque estás haciendo una excepción.

Proporciona a tu hijo una paga y enséñale a administrar el dinero (véase **Quehaceres domésticos** en la página 228; más ideas acerca de las pagas).

Decidid en familia lo que va a suceder cuando se rompa un juguete. ¿Lo van a reponer los padres con el dinero familiar? ¿Los juguetes rotos servirán de consecuencia natural del mal uso que se ha hecho de ellos? ¿Van a ser los niños los que los repongan con su propio dinero? (véase la página 27, **Cómo hacer una reunión familiar**).

Anima a tu hijo a investigar otras alternativas a la compra. Si eres creativa, podrías hacer vuestras propias tarjetas de felicitación; si te gusta la jardinería, deja que vean cómo «crecen tus regalos»; si eres hábil cosiendo, déjales que te observen mientras zurces los calcetines en lugar de comprar otros nuevos.

No pierdas el humor cuando recuerdes a tus hijos que es ridículo esperar siempre más y más de todo.

Recuérdales que las demandas constantes para que les des más cosas casi nunca satisfacen a nadie.

■ *A Rory le gustaba contarles a sus hijos el clásico cuento del rey Midas, en el que todo lo que el rey tocaba se convertía en oro, quedándose solo y hambriento.*

Sé consciente del efecto negativo de la publicidad en tu hijo (véase **Televisión, vídeo y ordenadores** en la página 278; más información acerca de la publicidad).

■ *Caroline se daba perfecta cuenta de la influencia de la publicidad en los niños pequeños, especialmente cuando era su cumpleaños. Decidió deshacerse de los envoltorios con publicidad de los personajes de los dibujos animados que se podían comprar en forma de figura articulada. Un año, vio a su hijo mirar boquiabierto la caja de las figuras articuladas, dejó a un lado las nuevas que le habían comprado y empezó a decir: «Quiero ésta, y aquélla, y esta otra y la verde, y la marrón, como la de Billy. ¿Podemos ir a comprarlas ahora? La quiero».*

Especialmente en vacaciones, trata de no verte envuelta en la atmósfera comercial que reina por todas partes. Piensa en fórmulas económicas y sencillas de decorar la casa.

■ *En la familia de Nancy, Hanukkah consistía en reflejar durante ocho días todas las cosas buenas que habían acontecido durante el año, y no en ocho días llenos de regalos.*

■ *Algunas personas confeccionan la decoración con un mes de antelación. Caroline prefiere la forma en que suelen hacerlo en la escuela de los niños. Las celebraciones son sencillas, se comparten historias, etc. Los profesores atenúan el frenesí de la anticipación y no hablan de las vacaciones con los niños hasta que faltan muy pocos días. De esta manera, no sufren decepciones.*

Habla con tu hijo del verdadero significado de un determinado día festivo. Confeccionad una lista de todas las cosas que os gustaría hacer en ese día y procura que ésta sea la parte más importante de vuestra celebración anual.

Piensa cómo celebrar los cumpleaños de tus hijos. Organiza una fiesta de cumpleaños con la familia y algunos amigos. Podéis compartir un pastel y helados, recordar situaciones y fotos del año anterior y divertiros muchísimo. Los niños que siempre van a fiestas con payasos, magia, etc., dan por sentado que las fiestas deben ser extremadamente elaboradas.

Algunas familias organizan una fiesta al año. Es una buena forma de simplificar la vida de cada cual.

Considera la opción de hacer una celebración especial, por ejemplo fuera de casa, para celebrar un cumpleaños, en lugar de comprar el juguete de moda.

> ■ *Rosemary dijo a su hijo Seth que en lugar de celebrar una fiesta para su tercer cumpleaños, podían ir a algún sitio especial. Si elegía esta opción, la excursión sería su regalo. Desde aquel día, Seth tiene colgada una fotografía de su primer paseo en carruaje de caballos, una fría noche de noviembre. Toda la familia se tapó con mantas y bebió mucho chocolate caliente mientras recorrían las calles de Chicago, admirando su encanto y la iluminación navideña. Para regocijo de sus padres, el homenajeado no hizo ninguna alusión a los juguetes.*

Anímate

No eres el único padre que admite que sólo pueden ir seis niños a la fiesta de cumpleaños de su hijo. Aunque se necesite coraje para navegar contra corriente y no invitar a toda la clase, te sorprenderás de la forma en que reacciona tu hijo y de lo divertido que resulta el cumpleaños. Quizá instaures una nueva moda.

Piensa en un número adecuado de invitados a la fiesta. La regla de Gail es la edad del homenajeado más uno. Así, controlarás el coste de las fiestas, por no hablar de tus nervios... El caso es que si invitas a mucha gente, también invitarán a tu hijo a muchas fiestas y al final esperará que se celebre una fiesta cada semana.

Comenta con los abuelos tu preocupación acerca de su excesiva generosidad (véase **Abuelos** en la página 29; sugerencias útiles acerca de cómo sobrellevar este tipo de temas).

Haz saber a tu hijo que es de buena educación expresar agradecimiento y entusiasmo por los regalos recibidos, aunque no sean exactamente lo que esperaba.

Involucra al niño a la hora de agradecer a la gente su amabilidad y sus regalos. Si eliges la opción de enviar tarjetas de agradecimiento, tu hijo puede dictarte lo que vais a escribir en ellas, colorearlas, hacer un dibujo o poner los sellos en el sobre.

Piénsalo bien antes de regalar algo a un hermano si no es su cumpleaños. Es importante que los niños aprendan a controlar los celos y a alegrarse por la otra persona.

Recuerda a tus hijos que en tu familia los regalos materiales no son más importantes que el regalo de la amistad y la familia.

> *Cuando se acercaba su cumpleaños, el abuelo Phil dijo a sus nietos: «Lo más preciado no son sólo las cosas que nos da la vida. Es la familia y los amigos que celebran las cosas con nosotros lo que nos hace felices».*

Deja que tu hijo experimente la satisfacción de conseguir algo por lo que ha estado trabajando con ahínco durante mucho tiempo y por lo que se ha privado de cosas y lleva tiempo esperando. Recuerda lo dulce que puede ser este sentimiento.

> ♥
>
> ## Anímate
>
> *No eres el único padre que debe explicar pacientemente que no tiene dinero para comprar cosas para después oír de boca de su hijo: «Pero papá, ¿te has olvidado? Todo lo que tenemos que hacer es ir a la máquina del dinero y pulsar los botones».*

Ayuda a tu hijo a comprender que cada familia tiene un diferente nivel adquisitivo y distintas prioridades. A los niños les resulta útil aprender que no es bueno compararse con los Rockefeller.

> ■ *Una tarde, Aaron fue corriendo a casa desde la casa de los vecinos con un catálogo en la mano y exclamó: «¡Jimmy ha encargado el mejor disfraz para Halloween! ¡Quiero uno igual!». Gail, tranquilamente, replicó: «Vamos a ver los precios. Parece que todos los artículos valen más de*

32 dólares. No puedo gastar esta cantidad en este momento. Vamos a ver cuánto tienes ahorrado de tu cumpleaños, ¿de acuerdo? Mmmm..., no es mucho, pero si decides gastarlo, te pondré algunos trabajos para que puedas ganar lo que te falta para comprar el disfraz. Pero recuerda que si utilizas el dinero para el disfraz, vas a tener que ahorrarlo todo de nuevo para comprarte aquel submarino que tanto te gusta». Y mientras Aarón se lo pensaba, añadió: «Podrías hacerte tú mismo el disfraz y así no te costaría nada de dinero. Medítalo durante unos minutos y luego lo decides».

Haz un esfuerzo para gratificar las cosas que han costado trabajo, incluso si estás en situación de comprar todo lo que te apetezca.

■ *Aunque Larisa disponía de suficiente dinero para comprar el traje de esquí completo, no lo hizo, porque la influencia positiva que iba a ejercer sobre los niños el oírla decir: «Pensé que tenía suficiente dinero para comprar un anorak nuevo, pero debo ahorrar otros 75 dólares para las botas. Voy a colgar una foto de las botas que quiero en el frigorífico, junto a una tabla en la que registraré el dinero que vaya ahorrando».*

Habla de lo agradecida que estás por lo que tienes. No es difícil hacerlo y constituye un poderoso ejemplo positivo.

Recupera tradiciones religiosas y familiares: te ayudarán a enseñar a los niños a expresar su gratitud.

■ *Cada noche, cuando Caroline y sus hijos rezaban juntos daban gracias a Dios por algo bueno que hubiera pasado y pedían que bendeciera a una persona especial.*

Charla acerca de la necesidad de respetar y cuidar cuanto está a tu alrededor. Implica a tu hijo en actividades voluntarias, tales como limpiar el parque local el Día de la Tierra o plantar árboles el Día del Árbol.

Sé consciente de tu propia conducta. ¿Estás segura de que te comportas del modo que deseas con tus hijos? (véase la página 27; más información sobre modelar el comportamiento).

Ten paciencia con tus hijos. Lleva tiempo inculcarles la actitud adecuada.

Conclusiones

A través de tus acciones, y siempre recordándoles las cosas, los niños pueden aprender a apreciar qué es lo realmente importante en la vida.

Desconocidos

P: Estoy esperando ansiosa que mi pequeña cumpla cuatro años para que pueda empezar a tomar clases de kárate con sus amigos. Ya sé que debo advertirla de que hay gente mala en el mundo, pero todavía no quiero ir demasiado deprisa. ¿Cómo le puedo dar la información necesaria para mantenerla a salvo sin que se asuste?

R: Tú misma lo has dicho: la clave está en darle la información necesaria para que esté a salvo sin asustarla. Recuerda que un niño de dos a cinco años debe estar siempre bajo supervisión adulta. Es tu responsabilidad, no la suya, mantenerla segura en todo momento. Puedes empezar enseñándole algunas lecciones de seguridad, estableciendo reglas y recordándoselas cuando la ocasión lo requiera, en lugar de darle avisos constantes y amenazarla. Puedes optar, también, por utilizar juegos, marionetas y cuentos para dejarle claro tu punto de vista.

Te aconsejamos...

La reglas son más útiles y dan menos miedo que las advertencias y las amenazas.

> ■ *Cuando Molly tuvo una pesadilla acerca de un extraño que le perseguía y le atrapaba, mamá se dio cuenta que le había asusta-*

do el día anterior, cuando le advirtió: «Si te pierdes en la tienda, un extraño te secuestrará y te llevará con él». Habría sido mejor decir: «Recuerda nuestra regla: estáte cerca de mamá cuando bajemos las escaleras».

Una buena norma general consiste en que los niños siempre deben preguntar a los padres antes de ir a cualquier parte. Esta norma sustituye a las advertencias que pueden dar miedo, tales como: «No debes irte nunca con nadie, meterte en el coche de nadie o aceptar regalos de nadie».

Establece una norma en el hogar según la cual únicamente los mayores puedan abrir la puerta; los niños no.

Enseña a tus niños a pedir ayuda, no sólo gritar, si se han perdido o si alguien los está asustando.

■ *Caroline recuerda que, cuando era pequeña, su madre le enseñó a gritar: «¡Socorro!, ¡este hombre no es mi padre!» o «¡Esta mujer no es mi madre!», para llamar la atención si un extraño le molestaba. Pero un día, en el parque, su hijo le puso contra las cuerdas. Había llegado la hora de marcharse a buscar a papá a la estación de tren. Cuando cogió a su hijo del brazo, éste gritó: «Déjame, ¡tú no eres mi madre!». Por fortuna, estaban en el parque del barrio y todos los vecinos la conocían».*

Utiliza juegos y actividades para enseñar a tu hijo a ser observador.

■ *Los Simons acudieron a un curso de seguridad para padres e hijos en la policía local. Les dijeron que los padres debían ayudar a sus hijos a desarrollar aptitudes para ser observadores y tener consciencia de lo que les rodea. Mientras iban en el coche, el Sr. Simon preguntaba a los niños que le dijeran los números, letras o palabras que veían en las matrículas de los coches. Era un ejercicio de lectura excelente, así como un juego de memoria que algún día les podría*

*resultar útil para la identificación rápida de un vehículo sospecho-
so merodeando en el vecindario.*

Empieza a enseñar a tus hijos lo que deben hacer si se sepa-
ran de ti en un parque de atracciones, en una tienda o en un centro
comercial. Debes decirles que se acerquen a alguien de uniforme,
como un policía, un guardia de seguridad, un conductor de autobús o un empleado de una tienda para pedir ayuda. En un espacio
público, establece un punto de encuentro, como la puerta principal, por si os separáis.

■ *Cada vez que Gail y sus niños iban al centro comercial ella se-
ñalaba las cajas registradoras de la entrada. A continuación, les
explicaba que si por accidente se perdían, debían dirigirse a alguien de uniforme en las cajas registradoras y pedirle ayuda para
encontrar a mamá.*

■ *Maddy llegó a la conclusión de llevar siempre encima una foto
de los niños para poder mostrarla al guardia en caso de que se per-
dieran.*

Recuerda decir a tu hijo que busque mamás con sus niños y
les diga: «Por favor, ayudadme a encontrar a mi mamá». Esta técnica resulta muy útil para los niños, porque pueden tener dificultades para encontrar la caja registradora, mientras que están a la al-
tura de otros niños y los identifican con más facilidad.

Observa cómo reacciona tu hijo cuando conoce gente nueva
y respeta sus sentimientos. Acepta el hecho de que puede que tu
hijo no se sienta bien con todo el mundo y hazle saber que no pasa
nada. Para él es importante que le permitas tomarse su tiempo para
sentirse cómodo.

Escucha con atención si tu hijo te dice que no quiere estar
con alguien. Pregúntale por qué: puede que tenga una buena razón.

Ayuda a tu hijo a comprender que está bien ser educado (o incluso ayudar) con los extraños cuando está con mamá y papá, y que vosotros dos a menudo saludáis a extraños.

> ■ *Jack estaba con su hijo de cuatro años cuando se paró a ayudar a una anciana que llevaba la compra. La pobre viejecita intentaba sujetar su paraguas para parar el viento mientras introducía la tarjeta en la caja automática del garaje. Jack, amablemente, dijo: «Señora, ¿me permite que le eche una mano? Yo lo haré».*

No olvides que aunque hayas entrenado muy bien a tu hijo, siempre necesitará supervisión adulta.

Enseña a tu hijo de cuatro años a utilizar el teléfono. A los cuatro años, tu hijo debería saber la dirección, el código postal y el número de teléfono. Practicad con llamadas a cobro revertido, marcando el cero para hablar con la operadora, como si no tuvierais dinero para una llamada, y marcando el 091.

> ■ *Un día, la hija de Sharna interrumpió la ducha de mamá para pedirle que rellenara de inmediato su bol de cereales. Sharna le dijo que le ayudaría tan pronto como saliera de la ducha. Bien, pues a la niña no le pareció lo bastante rápido. La próxima cosa que mamá oyó fue a la policía llamando a la puerta. ¡La pequeña había llamado al 091 y le había dicho a la operadora que estaba hambrienta!*

Practica lo que tu hijo puede decir a las personas que llamen si decides permitirle que coja el teléfono. Explícale que puede decir: «Hola, ahora se pone mi papá».

Conclusiones

Encuentra el punto medio que te ayude a proteger a tu hijo sin asustarlo con amenazas o advertencias. Recuerda que aunque la palabra extraño rime con arriesgado, puede que se trate de un amigo que aún no conoces.

Disciplina

P: Al pasar por delante de la habitación de mi hijo he visto como tiraba por el suelo todo lo que había en las estanterías, esparciendo piezas de rompecabezas por todas partes. He perdido los nervios. Le he gritado que dejara de hacerlo y como respuesta sólo he conseguido que se cruzara de brazos y me dijera que aquélla era su habitación. Quiero que mi hijo sea disciplinado, pero no quiero tener reacciones negativas tales como gritar, castigar o amenazar. Aun así, no quiero que siga haciendo este tipo de cosas. ¿Qué puedo hacer?

R: Lo creas o no, hay muchas formas eficaces de disciplina positiva que funcionan muy bien en situaciones frustrantes como ésta, pero requieren esfuerzo y autocontrol por tu parte. No son instintivas. La buena noticia es que no sólo frenan las conductas inadecuadas, sino que además ayudan al niño a sentir remordimientos en lugar de venganza, convirtiéndolo en alguien responsable de sus actos. En caliente, debes resistirte a los impulsos automáticos. En lugar de centrarte en cómo vas a conseguir que tu hijo obedezca, hazlo en asear el desorden. Piensa en cómo debe ser tu tono de voz y qué palabras debes utilizar. Ambas consideraciones son muy importantes para conseguir la cooperación de tu hijo. Empieza conociendo los sentimientos de tu hijo («Sí, es tu habitación...»), pero actúa con firmeza («... pero es una parte de la casa familiar y todos debemos seguir unas normas»). Aproxima a tu hijo a los problemas («Recuerda que después te enfadas si faltan piezas en el puzzle»). Establece la norma («La norma es: sólo se puede sacar un rompecabezas cada vez»). Soluciona el problema con él («Podrías separar las piezas y ponerlas juntas después. Yo buscaré las piezas del rompecabezas del oso y tu puedes buscar las del perrito»). Más tarde, quizá a la hora de acostarse o durante una reunión familiar, puedes recordarle que no te gusta que te hablen de esta manera tan ruda.

Te aconsejamos...

Dile todo lo que quieras que haga, en lugar de pasarte el día acumulando malos pensamientos sobre lo que crees que debería de haber hecho y no ha hecho.

■ *Dee descubrió que su hijo le escuchaba mejor si le decía: «Los abrigos van en las perchas» que si decía: «¡No seas desordenado! ¿Cuántas veces tengo que decirte que los abrigos se deben poner en las perchas?».*

Trata de hablar menos y de utilizar frases de una sola palabra. Gritar y regañar tienden a sacar de quicio a los niños.

■ *Cuando Dough tuvo que recordarle a su hija que debía ponerse los guantes antes de salir a jugar con la nieve, le bastó con: «¡Guantes!». No necesitó ninguna explicación adicional.*

Empieza con frases como «tan pronto como» o «cuando»... Estas palabras aclaran lo que se espera. Evita decir «Si...».

■ *Pat se dio cuenta de que cuando decía a su hijo: «Si recoges los juguetes, iremos al parque», le transmitía una cierta sensación de inseguridad acerca de si el niño lo haría o no. Enfatiza el hecho de que das por supuesto que tu hijo va a cooperar. Es un aspecto muy sutil, pero que marcará la diferencia.*

Elimina el impacto negativo que acompaña a la palabra NO. En lugar de decir NO, trata de decir SÍ pero sin cambiar las normas.

> ■ *Earl, un padre con carácter, descubrió que era más efectivo decirle a su hijo: «Sí, puedes comerte una galleta tan pronto como hayamos limpiado el barro de los zapatos», en lugar de gritar como un loco: «¡No! ¡Eso no! ¿Dónde crees que vas señorito... dejando huellas de barro por toda la cocina?».*

Muestra agradecimiento por la cooperación recibida, es decir, por el buen comportamiento. Se trata de un eficaz método de disciplina positiva. Prestar atención al comportamiento positivo puede contribuir al proceso de aprendizaje de lo que está bien y lo que está mal, además de minimizar el comportamiento negativo.

Mira las cosas desde la perspectiva de tu hijo. La próxima vez podrías sustituir algunas órdenes por incentivos para conseguir su cooperación.

> ■ *Caroline trató de ir al parque desde la perspectiva de sus hijos, es decir, intentando descubrir cuál era el buen momento para marcharse a casa. «A menudo los niños se lo están pasando tan bien que resulta imposible convencerles de que vuelvan a casa, aunque les prometas un helado a cambio. Empecé diciéndoles de antemano cuál sería la hora de partida y fui avisándoles a medida que se acercaba la hora. A veces encontraban alguna sorpresa en el asiento del coche, como un caramelo. Recuerdo haber agradecido su buen comportamiento con palabras como: «Gracias por entrar en el coche deprisa y sin rechistar».*

Establece normas claras para tu hijo que te ayuden a definir y reforzar los límites sin ponerlo nervioso.

> ■ *Sue siempre regañaba a su hijo de cuatro años por pegar a su hermano menor. Por fin, se dio cuenta de que regañar no era la forma*

adecuada para solucionar el problema, pues no daba buenos resultados. Descubrió un modo nuevo de decir lo que pensaba sobre la conducta del niño. Un día abrazó a su hijo mayor por la espalda y le susurró al oído: «Pegar no está permitido». Fue la solución. A continuación, intentó reorientar el comportamiento de ambos hermanos: «Vamos a coger los abrigos, ¡marchando!, uno, dos, tres, cuatro... ¡quiero oír vuestros pasos!, uno, dos, tres, cuatro... marchando a la calle». El aire fresco les cambió el humor y no volvieron a pegarse. Sue había conseguido transformar sus ánimos sin gritarles ni decirles palabras hirientes..., y eso le hacía sentir bien.

Recuérdale las normas básicas en los momentos adecuados, con el objetivo de prevenir que se repita una situación indeseable.

■ *Cuando se acercaban a la curva, Gail dijo: «Estamos a punto de cruzar la calle. Ahora, ¿qué debemos hacer...? Cogernos de la mano, mirar a derecha e izquierda y, con cuidado, cruzar la calle».*

Las acciones tienen una consecuencia. Sigue los actos de los niños con una consecuencia adecuada, relativa al comportamiento que hayan tenido. Los efectos deben ayudar al niño a sentir remordimientos, no venganza. Cierto es que esto no siempre es posible, aunque sería óptimo.

■ *Aunque Ethan, de tres años, sabía que debía utilizar un vaso de plástico para beber agua, cogió uno de cristal. Mientras lo llenaba, resbaló y los trozos de cristal se esparcieron por el suelo. La madre acudió corriendo desde otra habitación, pero esta vez decidió no gritarle. Dijo, pausadamente: «Cariño, no te muevas..., hay cristales por todas partes, te puedes cortar. Necesito que me ayudes a limpiar todo esto», encomendando a su hijo una tarea apropiada para su edad: «Sujeta esta bolsa y mantenla abierta hasta que mamá haya recogido todos los cristales. Entonces la tiraremos en el contenedor de la calle». Aquella misma noche, hablaron sobre el incidente y Ethan, por iniciativa propia, dijo que sentía mucho lo del vaso. Sintió remordimientos. Mamá repitió la regla: «Vasos de*

*plástico para las bebidas de los niños». Se sentía orgullosa de la
manera como había llevado la situación. Ethan había aprendido
la regla de los vasos de plástico.*

Recuerda que con niños muy pequeños, de dos a cuatro años,
las consecuencias son a menudo más eficaces si se «aplican» inmediatamente después del mal comportamiento.

■ *La familia Kramer había planificado un desayuno tranquilo el
domingo en su restaurante preferido. No obstante, cuando ya todos
tenían la comida en el plato, Jenny, de cuatro años, y Chris, de
tres, empezaron a gritar y a tirarse la comida. Papá les dijo: «Si
os seguís portando así de mal, os iréis a la cama a las siete». Las
travesuras no cesaron y mamá rectificó: «Os vais a la cama a las
seis y media».*

*(Nota: Por desgracia, en este caso la consecuencia consistió en una
amenaza no relativa al mal comportamiento, y además, totalmente ineficaz con niños de tres o cuatro años. Los padres podrían haber escogido una intervención más inmediata, como por ejemplo
cambiarlos de sitio, colocando a
un adulto y a un niño en cada
lado de la mesa, de manera que
los niños quedaran en diagonal.
O si se considerara necesario, la
familia podía haberse dividido en
dos y colocarse la mitad en una
punta del restaurante y la otra
mitad en otra. De esta forma podrían haber tomado el desayuno
sin molestar a los demás clientes
del restaurante.)*

**Establece consecuencias apro-
piadas** directamente relacionadas
con el mal comportamiento, en lugar
de castigos físicos.

Anímate

*No eres el único padre que
se ha visto inmerso en una
confrontación y ha estado
tentado de dar un azote al
niño. De todos modos,
trabajar para conseguir
vías de comunicación más
eficaces y respetuosas
aporta más cooperación,
menos culpabilidad, miedo
o sentimientos de
venganza.*

Piénsatelo dos veces antes de inclinarte por una consecuencia. Un niño pequeño no siempre es capaz de diferenciar su persona de su conducta y por lo tanto puede pensar que le están regañando por quién es, no por cómo se comporta.

> ■ *Lil vio lo herida y enfadada que estaba su hija cuando dijo: «Me estás volviendo loca, te quedas sin beso de buenas noches y no te arroparé en la cama». Prometió no repetirlo jamás. Arroparla era una de las cosas más bonitas del día, pues reforzaba el amor incondicional que sentía por su hija.*

Intenta conectar la actividad y la restricción que apliques. Habla en un tono autoritario, pero sin gritar. Cuando los niños entienden esta conexión, aceptan mejor las reglas.

Elige detenidamente aquello por lo que deseas luchar. Os vais a volver todos locos si intentáis luchar por todo. Formúlate preguntas tales como: ¿Realmente esto va a importar dentro de una hora, un día, una semana o un año?

> ■ *Después de varios meses de batallas por la mañana a causa de la ropa, una mamá avergonzada y harta colgó un cartel a su hijo en el que se podía leer: «He escogido mi ropa y estoy orgulloso de ello».*

Intenta descubrir lo que se esconde detrás de la mala conducta y trata de recanalizarla. Es probable que la próxima vez se pueda evitar el mal comportamiento acostándose antes, formulando directrices más claras, prestando más atención o cambiando de sitio a los niños.

> ■ *Caroline dijo a su desafiante hijo de tres años: «Ya veo que estás muy enfadado por tener que dejar de jugar para comer. Es difícil si te lo estás pasando bien. Después de comer me gustaría ver los cromos de béisbol que papá te regaló la otra noche». La cara de enfado del niño se relajó al instante y ambos bajaron a la cocina hablando de béisbol.*

Tómate tiempo para tranquilizarte cuando estés enfadada y no puedas pensar con claridad. Explica sinceramente lo que te pasa: «Tendré que pensar en ello» o «Debo irme de la habitación para tranquilizarme».

Recuerda que pegar no es eficaz y que corres el riesgo de hacer daño a tu hijo.

Trata de explicar qué es un buen comportamiento. Los niños están más dispuestos a prestar atención a las palabras que no incluyen una crítica histérica.

Anímate

No eres el único padre que intenta utilizar estrategias de disciplina positiva para terminar comprobando que lo que sale de tu boca no es lo que habías previsto decir. ¡No te preocupes! Como dice Nancy Samalin, autora del libro Love and Anger: *«Con niños, siempre tienes otra oportunidad antes de lo que imaginas. Es algo maravilloso».*

■ *Cuando el hijo de cuatro años de Anne echó a correr hacia la calle, la madre estuvo a punto de gritar: «¿Pero qué haces? ¿No sabes lo peligroso que es correr por la calle? ¡Te pueden atropellar! ¿Quieres que tenga un infarto?». Pero en lugar de semejantes barbaridades, cogió al niño por la manga y, pausada y firmemente, dijo: «Coge siempre la mano de mamá cuando cruces la calle».*

Proporciona soluciones a los problemas de tu hijo. Cuando escuchas las opiniones de tu hijo, le estás ayudando a asumir la responsabilidad de sus actos. En la reuniones familiares descubrirás que los niños son extraordinarios inventando consecuencias para sus actos, sobre todo respecto a sus hermanos.

Sé activa. Planifica el éxito en lugar de reaccionar frente al fracaso.

■ *Rosie tenía que llevar a sus trillizos al médico. Sabía que a veces tenían que esperar una hora, de manera que la noche anterior planificó lo que creía que iba a necesitar. Al día siguiente, en la consulta del médico, iba bien armada para que la «tropa» estuviera contenta (tentempiés, libros, tizas, papel, muñecos, etc.). Se sintió muy satisfecha, pues no se desencadenó ninguna lucha entre los miembros de la tropa.*

Decide los temas que son innegociables, los que pueden ser negociables alguna vez y los que siempre son negociables. Tu hijo se sentirá más seguro si sabe que su mundo es predecible y está dotado de límites coherentes.

Detén los comportamientos inadecuados llevando a tu hijo de paseo o proporcionándole alguna distracción (véase la sección **Tomarse un descanso** en la página 284).

Recuerda que disciplinar a un niño constituye todo un proceso. Ten en cuenta que las cosas más importantes no se aprenden en caliente. Cuando estáis enfadados difícilmente escucharéis lo que el otro tiene que decir.

Aprovecha los momentos de tranquilidad, tales como la hora de acostarse o las reuniones familiares, para charlar con tu hijo de algún comportamiento negativo que haya sucedido hace poco. Repasad las reglas y tomad en consideración diversas opciones para la próxima vez que ocurra, así como las consecuencias que va a tener.

Piensa en lo que implica criar a un niño bien disciplinado con un sano sentido de control interior. Intenta explicarle cómo te enseñaron a ser disciplinada y comparte tus recuerdos con tu cónyuge. Podéis aprovechar mejor el tema de la disciplina y el castigo, y decidir exactamente cómo vais a definir estos términos en relación con vuestra familia.

■ *Art y Denise recordaban que cuando se portaban mal los amenazaban con castigos. Ambos compartían recuerdos similares: se sentían rebeldes, confusos, fuera de lugar, humillados y con un fuerte deseo de venganza hacia sus padres. También se lamentaban del miedo y la culpabilidad que imponían las reglas de sus padres. Art recordaba palabras tales como: «Espera a que tu padre llegue a casa, ya sabes lo que dice siempre... "La vara inflige dolor al niño..." ¡La que se te viene encima!». Por su parte, Denise recordaba innumerables episodios de intimidación: «¿Cómo te atreves a hacer esto? Dios te castigará. Más vale que cambies de actitud o nunca vas a llegar a nada». No tardaron en ponerse de acuerdo: ninguno de los dos quería transmitir estos mensajes a sus hijos. Reflexionaron y buscaron formas distintas de resolver problemas similares.*

Date cuenta: el castigo a menudo invita al niño a desafiarte.

■ *La escritora Nancy Samalin dice en su libro: «Los niños a los que se castiga con frecuencia se vuelven más astutos y más pillos, en lugar de honestos o responsables».*

No lo olvides: el castigo puede provocar sentimientos de venganza en tu hijo y te puede conducir a una lucha de poder cuando el niño se niega a cumplirlo. Cuando te des cuenta de que las amenazas no resultan eficaces, tendrás que buscar castigos más severos cada vez que tu hijo repita una conducta indeseable o empiece a pelearse contigo. ¿El resultado? Un callejón sin salida.

El castigo como saldo de deuda hace que los niños no sientan remordimientos. Si pegas a un niño o lo castigas de alguna forma, puede pensar que ya ha pagado sus deudas: ha recibido algo negativo a causa de su comportamiento.

■ *Selma Fraiberg, autora de* The Magic Years, *explica que algunos niños aceptan los castigos porque saben que así cancelan el «crimen» cometido. Asimismo, evitan los sentimientos de culpabilidad y ya están en condición de portarse mal otra vez. Selma llama a este tipo de conducta «enfoque de reserva para el mal comportamiento».*

Conclusiones

La disciplina consiste en proporcionar a tu hijo algo positivo en lugar de privarlo de algo para castigarle. Si utilizas técnicas de disciplina positiva, poco a poco regalarás a tu hijo el control interior.

Enfado

P: ¿Soy el único padre / madre que se siente culpable porque hay muchos momentos tensos en nuestra familia?

R: La falta de autocontrol de un niño de dos a cinco años unida a la presión que se ejerce hoy en día sobre los padres, que deben hacerlo todo y de la forma correcta, a menudo provoca enfados y frustraciones. La comunicación es la clave para descubrir qué es lo que hay detrás de los enfados.

Te aconsejamos...

Hazle una advertencia cuando creas estar a punto de estallar.

■ *Caroline recuerda que una vez dijo: «Ve con cuidado, la paciencia de mamá se está acabando. Es del tamaño de un guisante». Su hijo se calmó, le dio un fuerte abrazo y, sonriente, espetó: «¿De qué tamaño es ahora? ¿Es grande como una uva?». Caroline tuvo que reírse, y el estado de ánimo general cambió por completo.*

Habla de los sentimientos. Utiliza oraciones en primera persona, evitando atacar el carácter, obviamente imperfecto, de tu hijo (véase **Afirmaciones en primera persona**, p. 26).

■ *Becky, madre de dos gemelos, dijo: «¡Me pongo furiosa cuando oigo insultos!», en lugar de decir: «¿Cómo te atreves a hacer llorar a tu hermana? ¡En esta casa sólo hay amor!».*

Reprime el instinto de hacer advertencias inmediatas para solucionar los enfados de los niños. Intenta concentrarte en escuchar a tu hijo y conocer sus problemas. De este modo, es más probable que se calme y se sienta comprendido. Más tarde, el mismo día, charla con él y verás cómo está más predispuesto a hablar del incidente y a averiguar, con tu ayuda, lo que hay que hacer para que no vuelva a suceder.

■ *El hijo de Mandy, de cinco años, entró llorando en la cocina. «M-a-a-a-m-m-á-á-á-á-á, Ari (su hermana menor) ha desordenado mi pista de coches de carreras mientras estaba en el baño.» Mandy dejó lo que estaba haciendo, puso su mano con cariño en el hombro del pequeño y miró a su hijo a los ojos: «¡Vaya!, pareces muy enfadado». Jason replicó: «Sí, ¡le odio!». «Ya veo», dijo la madre. «Sé que te gustaría no tener que compartir la habitación con tu hermana.» Jason se iba calmando mientras asentía con la cabeza. «Siento mucho que Ari se haya comportado así. Antes de acostarnos hablaremos de ello y trazaremos un plan para mantenerla alejada de tus pistas de carreras, ¿de acuerdo? Ahora, cielo, ¿te apetece un vaso de zumo?»*

Céntrate en la situación presente, reprimiendo el impulso de sacar a relucir todas las cosas que el niño ha hecho mal en el pasado.

■ *Cuando su hijo de cuatro años bajó del autobús escolar sin su cartera por cuarta vez aquella semana, Gail tuvo que morderse la lengua para no dejar escapar impulsivamente algo así como: «¿Por qué eres tan despistado? La semana pasada el abrigo..., ahora la cartera». Pero optó por tranquilizarse y preguntar: «¿Qué puedo hacer para que mañana te acuerdes de la cartera?».*

Evita los castigos físicos y las amenazas. Haz lo mismo que pides a tus hijos que hagan: si estás enfadado/a, usa las palabras, no los puños. Recuerda, en un momento de cólera, debes olvidarte de la fuerza física para no tener que arrepentirte de tus actos.

Busca soluciones físicas aceptables para reducir la ira, tanto la tuya como la de tu hijo.

■ *Yvette, una madre muy lista, canalizó adecuadamente su necesidad de soltar un grito. Cuando sintió que estaba a punto de estallar, se fue a otra habitación y gritó con todas sus fuerzas el nombre de lo primero que vio: «¡Tostador!» o «¡Bañera!».*

■ *En una reunión familiar, con la ayuda de los niños, Ethel y Sol confeccionaron la siguiente lista de opciones: «Cuando estés enfadado, puedes aporrear con el martillo tu banco de construcción de juguete; golpear un cojín; hacer rebotar una pelota en la pared exterior de la casa; ir a tu habitación y, con la puerta abierta, gritar; saltar y gritar; agujerear un papel con un bolígrafo; hacer un dibujo sobre lo enfadado que estás».*

Ten en cuenta que una lección *in situ* —«en el fragor de la batalla»—puede entrar por un oído y salir por el otro. Piensa que la disciplina es un proceso; deja los discursos para más adelante. Los niños y los padres a menudo se comunican mejor a la hora de acostarse, bajo la dulce protección de la oscuridad.

Cambia tu respuesta habitual; prueba con el humor. A menudo, los niños se contagian tanto de las risas ajenas que se olvidan del enfado.

■ *En medio de una fuerte discusión, Mick se fijó en lo guapo que estaba su hijo cuando se ponía rojo de rabia. Retomando una escena de la película favorita del niño, Mick acarició el mentón de su hijo y dijo: «¡Cuchi, cuchi!», al igual que la madre elefante hacía con su hijo Dumbo. El niño no pudo resistir una sonrisa y am-*

bos soltaron una sonora carcajada mientras recuperaban el buen humor. El pequeño no tardó en aprender la técnica para tranquilizar a su padre cuando estaba furioso.

Confía en las indicaciones no verbales cuando no te fíes de lo que va a salir de tu boca. Deja que los dibujos, las fotografías y los cuadros hablen por ti.

■ *Brad, un padre muy deportista, desarrolló un «lenguaje especial para colegas» que funcionaba mucho mejor que las airadas acusaciones que solía dirigir a sus hijos. Por ejemplo, cuando los críos estaban perdiendo el tiempo, utilizaba la señal de «correr» de baloncesto para ponerlos en marcha.*

Manténte alejado de la fuente de la irritación. Cuando los padres están al límite de su paciencia a menudo lo dejan todo en manos del azar y actúan sin reflexionar. Con los niños pequeños podrías probar con un método muy simple: abandonar la estancia. El niño te seguirá. A algunos padres no les queda otro remedio que marcharse de casa para serenarse. Si decides hacerlo, asegúrate de que un adulto responsable se queda al cuidado del niño. Es importante aclarar a tu hijo por qué te vas y decirle que vas a volver.

■ *Un día, a Barb se le acabó la paciencia y dijo a sus hijos: «¡Mamá no puede más! No estoy dispuesta a seguir soportando estos gemidos. Me voy a mi habitación hasta que suene el despertador». Uno o dos minutos serán suficientes.*

♥

Anímate

No eres el único padre que se refugia en el lavabo para encontrar un momento de paz.

Elabora un plan secreto con tu esposo/a para que ambos conozcáis las claves para relevaros cuando uno de vosotros esté al límite.

■ *Cuando Mary grita «¡Código azul!», su marido sabe que debe actuar de inmediato.*

Discúlpate cuando sea necesario.

■ *Al principio, Caroline se preocupaba porque creía que iba a perder su autoridad si se disculpaba con los niños. Ahora se ha dado cuenta de que es bueno para ellos saber que todo el mundo se equivoca. De este modo comprenden que deben responsabilizarse de sus errores y enmendarlos. A veces, incluso deja que sus hijos la oigan implorar más paciencia.*

Marca límites. Céntrate en algunas normas del hogar que consideres importantes y recuerda con frecuencia a los niños que no son negociables. Cuando lo hayan comprendido, se sentirán menos inclinados a rogarte, suplicarte y llevarte hasta el límite. Establece rutinas y cíñete a ellas.

Anímate

No eres el único padre que encuentra algunas situaciones (recoger juguetes, la hora de acostarse, lavarse el pelo, etc.) difíciles y frustrantes. Sonríe y aguanta. No olvides que todo pasa. Con la ayuda de un baño relajante o una buena película conseguirás tranquilizarte antes de lo que esperabas.

■ *Un domingo, Kate dijo a sus hijas que a las nueve debían haberse lavado los dientes y estar ya en la cama, preparadas para el cuento del día. El lunes, martes y miércoles por la noche, al ver que remoloneaban, Kate se aferró a sus armas y suprimió el cuento. A los pocos días, las pequeñas lo comprendieron. El jueves por la noche, cuando Kate dijo: «Faltan diez minutos para las nueve», se sorprendió gratamente al ver cómo corrían directamente hacia el baño.*

Orienta todos los comportamientos que se puedan corregir de forma serena, pero firme, evitando que tu enojo acreciente el de tu hijo y ambos montéis en cólera.

Apunta todas las cosas que provocan una respuesta de enfado en tu hijo; comprender la causa te ayudará a afrontar la situación de forma más eficaz en el futuro (véase **Rabietas**, página 236; más ideas sobre cómo abordar la cólera de tu hijo).

■ *Demasiado a menudo, después de un día duro en el trabajo, Brian se sentía más agobiado que contento cuando llegaba a casa. El niño siempre estaba gritando sin un motivo aparente. David, de cuatro años, quería que su padre le prestara atención de forma inmediata y se subía encima de sus zapatos. Su esposa siempre estaba regañándole, gritando desde otra habitación, pidiéndole que terminara cualquier cosa que estuviera haciendo. Con el objeto de satisfacer todas estas demandas sin perder los nervios, Brian necesitaba encontrar una fórmula para recuperar la energía antes de llegar a casa, y descubrió que sentarse en el coche, a unas cuantas manzanas de distancia, cerrar los ojos durante diez minutos o pasear un poco era más que suficiente.*

Jugar con muñecos y otros juguetes puede ayudar a los niños a mostrarse más extrovertidos. Cuenta un cuento utilizando los juguetes como personajes para hacerle comprender cosas (más ideas en **Juegos de imitación**, a continuación).

Juegos de imitación

El juego de imitación consiste en interpretar la enseñanza de una lección o la resolución de problemas compartiendo los sentimientos, hechos y opiniones sobre situaciones que hayan sucedido o cosas que puedan ocurrir en el futuro.

→ **Intercambiar papeles con tu hijo** os permitirá aprender una buena lección o solucionar un conflicto. Resulta especialmente eficaz si tienes mucho sentido del humor. La conversación debería ser más o menos así: Mamá (en el papel del hijo): «Mamá, no me ha gustado la comida que me has preparado hoy, o sea que se la he dado al perro». Niño (en el papel de la madre): «Esto no está bien». Mamá: «Era un lío..., había espagueti por todas partes, pero el perro pudo comérselos casi todos». Niño: «Has tirado la comida, y la comida cuesta mucho dinero». Mamá: «Lo siento, mamá. La próxima vez que no me guste la comida te lo diré. Y ahora, ¿me das un abrazo?».

→ **Formula preguntas del tipo: ¿Qué harías si...?** para hacerte una idea de los sentimientos y temores de tu hijo. Busca el momento idóneo para que ambos podáis representar lo que sucedería bajo una determinada circunstancia. «¿Qué harías si estuvieras pasando la noche en casa de la abuela y tuvieras miedo antes de acostarte?» «Me llevaría la linterna de papá y la pondría cerca de mí por si la necesitara.» «Bien pensado. Ahí va otra pregunta: ¿Qué harías si nos echaras mucho de menos en casa de la abuela?». «Os llamaría por teléfono.» «Muy bien. Es verdad, podrías llamarnos, pero ¿y si no estuviéramos en casa?» «Le diría a la abuela que me siento solo.» «Muy bien pensado, cariño, seguro que te daría un fuerte abrazo y un tazón de chocolate caliente.»

→ **Podéis jugar a «buena elección» y «mala elección»** con dos muñecos de peluche hablando sobre un mal comportamiento que haya ocurrido recientemente. Esto funciona muy bien a la hora de acostarse. Se hace de la siguiente manera: Tu hijo maneja el muñeco llamado «mala elección» y describe el comportamiento con voz de muñeco: «Me he portado mal con mi hermana. La he insultado y le he dado un empujón para echarla de la habitación porque me estaba molestando». «Ya veo», dice el padre. «¿Qué crees que habría hecho "buena elección"?» El niño coge el otro muñeco y dice: «Kara, ahora estoy jugando con mi pista de coches de carreras. Aquí tienes estos dos coches, puedes llevártelos a la habitación y jugar con ellos». Puedes hacerle sugerencias si ves que tu hijo no sabe qué decir.

→ **Utiliza muñecos, títeres o animales de peluche para contar un cuento** que ayude a preparar a tu hijo para lo que pueda ocurrir. El padre habla con su hijo a través del osito: «Shh..., apuesto a que sé por qué no quieres ir a la fiesta de cumpleaños de tu primo. Me consta que te encantan los helados, los pasteles y los juegos. Me pregunto si te preocupa el hecho de no conocer a los demás niños. Papá se va a asegurar de que te sientes junto a tu primo y de que tu tía Meg te presente a todo el mundo. Además, papá estará en la sala hasta que me digas adiós con la mano, ¿de acuerdo?».

Convoca una reunión familiar para discutir temas que están provocando problemas y anota las soluciones que se os vayan ocurriendo.

Prueba varios métodos para cambiar de humor.

■ *Cuando los juguetes empezaban a volar por los aires, a Michael, un padre elegante, se le ocurrieron algunas ideas para recanalizar la energía. A veces, simplemente les sosegaba susurrando: «Chicos, vamos a sentarnos a comer algo súper delicioso». O les hacía tumbarse en la cama y, por turnos, darse masajes en la espalda.*

■ *Cuando las cosas iban por mal camino y la tensión alcanzaba límites insospechados, Diane, una madre sensible, descubrió que una de estas tres preguntas normalmente daba resultado: «¿Quién quiere darme un abrazo?» «¿Quién quiere escuchar música conmigo?» «¿Quién quiere darse un baño caliente de espuma?».*

Cuando estés tranquilo/a, escribe las formas en las que tu hijo se toma las situaciones de enfado e intenta recordarlas la próxima vez que se produzcan.

Recuerda que la mayoría de los niños pasan por un período de desafíos cuando prueban los límites. Trata de conservar la calma, pero muéstrate firme en el hecho que eres tú quien establece los límites. Saber que la actitud desafiante es normal te ayudará a mantener la tranquilidad y a comprender el comportamiento del niño.

■ *Caroline tenía un día realmente duro con su hijo mayor. Estaba en el jardín y no quería entrar en casa a cenar con sus abuelos, que estaban de visita. Gritó algo que había aprendido de otro niño: «¡Tú no eres mi jefa!». Caroline se ruborizó. La abuela sonrió y contó una de sus historias favoritas. Cuando Caroline tenía cuatro años, sus padres se fueron pues tenían una cita, dejándola al cuidado de la niña. La madre de Caroline se sorprendió cuando llegó a casa y la niña estaba aún despierta. Caroline se había negado a acostarse diciendo: «Tú no eres mi mamá, no puedes decirme lo que debo hacer».*

Ten fe. Las situaciones de cólera muchas veces se solucionan solas, sin tener que intervenir. Una bonita frase de Nancy Samalin, educadora de padres, dice: «Lo maravilloso de no decir nada es que nunca tienes que repetirlo».

■ *Durante sus vacaciones, la hija de cinco años de Caroline se enfadaba cada vez que decidían ir a comer a algún sitio que ella no hubiese elegido. Al principio, Caroline reaccionaba soltándole un discurso: «Ésta es tu elección, pero somos una familia y debemos actuar por turnos. ¿Por qué no eres un poco menos egoísta?». Después de varios incidentes desagradables de este tipo, Caroline decidió no hacerle caso. ¡Funcionó! Tan pronto como la camarera fue a la mesa, les sorprendió pidiendo la primera y sin quejarse.*

Ten en cuenta que tus respuestas a las explosiones de cólera, buenas o malas, constituirán un extraordinario ejemplo para tu hijo. Si respondes a la cólera con cólera, pronto estarás en el frente lista para recibir un ataque más potente.

Recuerda tus propias experiencias infantiles, cómo afectan a tus expectativas como padre y a tus frustraciones, y cómo puedes utilizar

Anímate

No eres el único padre que dice a voz en grito lo que había jurado a su madre que nunca diría cuando tuviera hijos.

estos conocimientos para que las cosas funcionen mejor entre tu hijo y tú.

> ■ *Ben se impacientaba y luego se irritaba cuando tenía que ense-*
> *ñar a patinar sobre hielo a su hijo de cinco años. De repente, se dio*
> *cuenta de que estaba actuando igual que lo había hecho su padre,*
> *quien a menudo perdía los nervios. Por esta razón, sin sentirse cul-*
> *pable, creyó que lo mejor era pedirle a su mujer que se hiciera car-*
> *go un momento de él mientras se tranquilizaba.*

Tómate tiempo para reponer fuerzas con las cosas que te gustan —un baño caliente, un masaje semanal, una salida noctur-na— y hazlo sin sentirte culpable. Así estarás más preparado emo-cionalmente para relacionarte con tus hijos y no te enojarán tanto los pequeños incidentes diarios.

Conclusiones

Considera los sentimientos de cólera advertencias útiles que te brindan la oportunidad de reorganizar las cosas, pensar en la situa-ción y solucionar las cosas que deben solucionarse.

Escuchar

P: Mi hija no me escucha. Parece ignorar todo lo que digo, incluso si grito o le amenazo. ¿Qué puedo hacer para que me escuche?

R: Casi todos los niños escuchan de forma selectiva. Los niños pequeños no entienden las explicaciones largas y racionales. La lógica simplemente no es importante para ellos, o sea que cuando les des instrucciones, reglas, encargos y explicaciones hazlo de manera corta y dulce. Habla en un tono que conduzca a la complicidad con tu hijo. Ponte en su lugar. Comprendiendo sus sentimientos le haces saber que te importan sus opiniones y que entiendes su perspectiva. Después, estará más dispuesto a escuchar lo que tengas que decir.

Te aconsejamos...

Cuando tengas algo importante que decirle, improvisa y aprovecha los momentos en que esté relajado y sea capaz de conectar con lo que estás diciendo, como por ejemplo, la hora de irse a la cama, la hora del baño o en el coche.

■ *Aunque compartir el coche con otras madres parecía una opción interesante, Katie decidió no participar. Le gustaba pasar aquellos*

diez minutos del día sola con sus hijos. A lo largo de los años ocu-
rrieron cosas memorables y se rieron muchísimo juntos.

Recuerda que el tono de voz y las palabras que elijas pueden marcar la diferencia a la hora de captar la atención y cooperación de tus hijos.

■ *Gail se avergonzaba al darse cuenta de que a veces no hablaba*
a sus hijos con la misma cortesía con la que lo habría hecho con un
extraño. Cuando su pequeño de cinco años se levantaba por la ma-
ñana, su primer instinto era gritar: «¡Date prisa! ¡Es tarde!
¡Lávate los dientes! ¡Toma los cereales! ¡Vístete!». Un día deci-
dió reflexionar un poco más en las palabras que iba a utilizar.
Mientras cogía la carita cansada de su hijo, dijo: «Buenos días
cariño, ¿estás dormido? Es hora de lavarse los dientes». El niño le
sonrió, bostezó y se fue directo al baño. Era curioso comprobar cómo
aquella forma de levantarlo determinaba el estado de ánimo de
todo el día.

Chequeo

➜ Si crees que tu hijo tiene constantes problemas de escucha
(no sólo a ti), llévalo al pediatra para que le haga un chequeo au-
ditivo y para asegurarte de que no tiene una infección crónica,
un tapón u otra condición física que le impide oír.

Colócate cerca de tu hijo, cógele del brazo y establece contacto visual con él antes de hablarle. Aunque parezca que el niño te
ignora a propósito, un niño pequeño a veces se queda tan absorto
en lo que está haciendo, que es incapaz de oír nada más.

Di clara y específicamente lo que quieres que haga el niño.

■ *Keith, un padre muy cariñoso, descubrió que resultaba mucho*
más útil cambiar instrucciones tales como «Ordena esta habitación

tan sucia» por otras demandas específicas, tales como «Por favor, pon los muñecos en la estantería».

Utiliza afirmaciones en primera persona para dar tu punto de vista. Véase la página 26; más información sobre las **Afirmaciones en primera persona.**

■ *Audrey perdió la paciencia y gritó: «¿Por qué sois tan vagos? ¡Más vale que recojáis estos libros!». Sus hijos se pusieron a la defensiva y se culparon el uno al otro en lugar de recoger. Por último, aprendió a decir las cosas tranquilamente: «Estoy enfadada. Os pedí que pusierais los libros en su sitio y todavía están en el suelo», y obtuvo mucha más colaboración.*

Evita empezar las frases con las tres palabras prohibidas: «Si...», «Tú...» y «¿Por qué...?». La educadora de padres y escritora Nancy Samalin sugiere que «Si...» constituye una amenaza, «Tú...», un ataque a su carácter, y «¿Por qué...?», una demanda al niño para que se explique cuando difícilmente podrá hacerlo.

■ *Sally aprendió a decir: «La habitación pide a gritos una limpieza» en lugar de «Si no limpiáis la habitación ahora, os arrepentiréis».*

■ *En lugar de acusaciones violentas como «¡Eres un torpe! Has ido vertiendo toda la bebida desde la nevera hasta la mesa», Martin sugirió una solución al problema y obtuvo más colaboración diciendo: «Tenemos un sendero de leche en el suelo; aquí tenéis toallitas para limpiarlo».*

■ *Jackie nunca obtuvo una respuesta satisfactoria cuando decía: «Por qué has empujado a tu hermana? ¿Acaso no puedes recordar las reglas?».*

Anímate

No eres el único padre que, en caliente, acude a amenazas tales como «Si vuelves a hacer esto, tomaré medidas drásticas». Todos hemos pasado por esto.

Avisa al niño cinco minutos antes de pedirle que ordene algo, que tengáis que iros, que se vista, que se lave los dientes o que tenga que cenar.

■ *Cheryl consiguió que sus hijos le hicieran caso cuando les decía: «Casi es hora de comer perritos calientes... Por favor, cuando suene el timbre, lavaros las manos antes de sentaros a la mesa».*

Divide las tareas en partes pequeñas, da instrucciones precisas y dale tiempo para que termine lo que le has pedido antes de encargarle otra cosa.

■ *Kevin dijo a su hijo: «¡Hora de irnos! ¡Ponte la chaqueta!». Su hijo contestó, frustrado: «¡Pero si todavía no he terminado de lavarme los dientes! Acabas de decirme que me lave los dientes. ¿No ves que sólo tengo dos manos?», una frase que él solía usar a menudo.*

Di lo que quieres en pocas palabras.

■ *Dan descubrió que los niños respondían mejor a frases cortas y simples: «¡A ponerse los zapatos!», en lugar de una parrafada como: «Oh, Dios mío, faltan cinco minutos para la hora de entrar en la escuela, ¿Johnny, me oyes? ¿Dónde están tus zapatos? ¡Ponte los zapatos ahora mismo!».*

Utiliza pistas visuales y auditivas en lugar de palabras para llamar la atención de los niños.

■ *Los Mason colgaron un mural en el recibidor con dibujos de abrigos, gorros, carteras, guantes y libros para que sus hijos no olvidaran lo que necesitaban para ir a la escuela.*

Reprime los discursitos y las explicaciones largas. Los niños muy pequeños responden mejor a explicaciones cortas, claras y que vayan directas al grano.

Prueba con una sencilla nota (o dibujos) para comunicar tus mensajes.

■ *Geoff escribió «Nos vamos» al lado de un dibujo de un coche, doblado en forma de avión de papel, y lo lanzó en la habitación de su hijo de cinco años.*

Prueba susurrando o cantando en lugar de gritar. Algunos niños escuchan con más atención si casi no pueden oírte. Cantar canciones tontas o poner una voz cantarina llaman la atención del pequeño.

Si quieres que tu hijo tome la iniciativa, prueba sustituyendo las órdenes por preguntas.

■ *Caroline descubrió que si decía tranquilamente: «Sean, ¿qué tienes que llevarte al colegio hoy?» funcionaba mejor que si decía: «¡Date prisa! Es martes. Ve a coger los libros de la estantería ahora mismo».*

Cuando lo que importa es el tiempo, puedes probar diciendo: «Apuesto a que te puedes poner el abrigo antes de que suene el cronómetro». O desafíale a una carrera contigo y déjale ganar.

Reemplaza las palabras por actos. Coge al niño de la mano y encamínalo hacia la tarea que debe hacer. A veces, los niños necesitan que los padres les ayuden a empezar.

Dile que comprendes lo que siente. Los niños son más cómplices si se sienten entendidos.

■ *Dean dijo a sus hijos: «Ya veo lo cansados que estáis. Habéis estado bostezando toda la mañana. Es difícil arreglarse para salir cuando preferiríais quedaros en casa. Bueno, mañana es sábado y no hay clase, pero ahora debéis poneros los zapatos».*

Utiliza la técnica del disco rayado. Con voz dulce ve repitiendo las instrucciones a tu hijo sin levantar la voz, hasta que capte el mensaje y cumpla la demanda.

> ■ *Inam estaba enseñando Braille a un niño invidente muy inquieto que no podía parar de repetir: «¿Qué vamos a hacer después? ¿Qué vamos a hacer después?». Al final, el alumno de Inam captó el mensaje, después de haberlo oído cuatro veces: «Pon el papel en el Brailler y después te diré lo que vamos a hacer».*

Quédate cerca hasta estar segura de que el niño está por la labor. No olvides que los niños pequeños se distraen con facilidad. Gritar instrucciones desde otra habitación normalmente provoca ignorancia.

> ■ *Jan no tuvo éxito cuando mandó a sus hijos de cuatro y cinco años a lavarse las manos antes de cenar. Si lo hacían en el baño, llenaban el lavabo de espuma y lo dejaban todo perdido. Mamá descubrió que cuando les acompañaba al baño y les decía: «¿Qué hemos venido a hacer aquí?», los niños se lavaban las manos sin rechistar.*

Elogia el esfuerzo de tu hijo tan pronto como empiece a hacer lo que le hayas pedido y elógialo cuando haya terminado. Sé específica y breve. Véase la página 49; más información sobre **Señales de orgullo**.

Lleva a cabo reuniones familiares con regularidad, en las que todo el mundo tenga un turno para hablar mientras todos los demás escuchan. Véase la página 27; más información sobre **Cómo hacer una reunión familiar**.

Recuerda que escuchar es una vía de ida y vuelta que modela el comportamiento que deseas. Sé ejemplar y deja de hacer lo que estés haciendo para escuchar cuando te hable.

Intenta centrarte en lo que el niño te está diciendo más que en responderle enseguida. No termines sus frases ni le corrijas la gramática.

■ *Para Wendy era importante lavar los platos después de comer, pero su hijo Ned, de tres años, siempre le interrumpía. Nunca parecía satisfecho de sus respuestas cortas y educadas. Desesperada, un día dejó los cacharros y le dedicó toda su atención. Para su sorpresa, después de su pequeña charla, no volvió a molestarla durante un buen rato. Terminó de fregar la vajilla mucho más deprisa tras haberle dedicado unos minutos de atención.*

Si ves que te repites, es probable que tu hijo haya aprendido a no escucharte. Intenta cambiar el estilo de comunicación.

Si tienes que hablar mientras habla tu hijo, utiliza respuestas neutrales y de una sola palabra. Lo que necesita un niño para sentirse comprendido es un silencio benévolo. En ocasiones, interrumpirlo con preguntas y avisos le hace desviarse de la conversación.

■ *Fran cambió el estilo de comunicación. Intentó hablar con una sola palabra a su hijo en lugar de formularle preguntas y ofrecerle consejos. Descubrió que un simple «Mm» o «Ah» u «Oh» animaban al niño a seguir hablando.*

No olvides las palabras de la educadora de padres Kay Willis, madre de diez hijos y autora de *Are We Having Fun Yet?* Nos recuerda que «Dios nos dio dos orejas y una boca por una razón. Hay que escuchar el doble que hablar».

Conclusiones

Aunque parezca mentira, si quieres que tu hijo preste atención a lo que le estás diciendo, probablemente deberás hablar menos. Recuerda que la buena comunicación implica escuchar además de hablar. Conviértete en un padre ejemplar.

Hermanito

P: Mi hija ha estado haciendo travesuras desde que trajimos a su hermana pequeña del hospital. ¿Cómo podemos resolver esta situación?

R: Todos los niños quieren que se les preste atención al ciento por ciento. No se dan cuenta de que tienes mucho trabajo: debes hacer la colada, criar al nuevo bebé, etc. Los sentimientos que experimenta el hermano mayor cuando nace un bebé son parecidos a los que tendrías tú si tu marido trajera una nueva esposa a casa, más joven y más guapa, con el agravante de que se espera que el niño sea capaz de «adorar» a su nuevo rival de inmediato y que lo comparta todo con él. ¡Es pedir demasiado!

Te aconsejamos...

Asume la responsabilidad de mantener a tus hijos a salvo. Incluso un niño que no exterioriza sus celos puede hacer daño accidentalmente.

> ■ *Cuando el amigo de Caroline vio que tendría problemas con su hija de tres años, le sugirió un truco que había utilizado para mantener a su bebé a salvo mientras dormía en el piso superior y él*

estaba ocupado en otra parte de la casa. Instaló un gancho de 20 cm en la puerta de la habitación del bebé para que quedara entreabierta. De este modo podía oírlo si se despertaba llorando. Además, la abertura era lo bastante grande para que sus hermanos pudieran verlo, pero no para entrar.

Lleva al bebé contigo en lugar de dejarlo solo con su hermano (si éste es menor de cuatro años), aunque sólo sea un momento.

Utiliza una mochila especial cuando los dos niños requieran tu atención.

■ *Caroline siempre llevaba a su segundo hijo en una mochila. De este modo, tenía las manos libres para jugar y abrazar a su hija de tres años al tiempo que se sentía cerca del bebé.*

Corrige el comportamiento agresivo con palabras y gestos amables.

■ *Los reflejos son muy útiles. Un día, mientras Gail estaba acunando a su bebé, su hija de dos años levantó la mano como si se dispusiera a propinar un golpe de karate en la tráquea de la pequeña. Gail le cogió la mano firmemente y la dirigió hacia otro lado. En lugar de regañarla, dijo: «A tu hermanita le gusta que la acaricien así».*

Establece algunas reglas que resuman lo que se entiende por buen comportamiento. Los niños pequeños se desenvuelven mejor con unas cuantas reglas.

■ *En casa de Gail, la familia tenía tres normas: «Prohibido pegar, prohibido hacer daño, prohibido insultar».*

Habla de los modales para que el niño más mayor combata su cólera (véanse las secciones **Enfado** y **Rabietas** en las páginas 91 y 236).

■ *Jeff dijo a su hija: «No debes pegar al bebé. Por favor, utiliza las palabras para explicarme cómo te sientes, así podré ayudarte».*

■ *En una ocasión, el hijo de tres años de Caroline puso mala cara al bebé. Entonces, Caroline le dijo: «Déjame ver lo enfadado que estás. Vamos a poner cara de enfadados». Al principio se quedó atónito, pero al final ambos acabaron riéndose a carcajadas.*

Asegúrate de prestarle toda la atención que puedas a tu hijo mayor, al menos en algunos momentos del día. Es más fácil decirlo que hacerlo, pero constituye un valioso esfuerzo.

Conoce los sentimientos de tu hijo, no importa lo malos que puedan parecer. Dile que está bien sentirse celoso, pero no hacer daño al bebé.

■ *Daphne sentó en su regazo a su hija de tres años, le miró a los ojos y le dijo: «No es fácil tener una nueva hermanita, ¿verdad?». La niña asintió. «A veces, me da la sensación de que desearías que tu hermana no viviera aquí», añadió. «Comprendo cómo te sientes, pero no está bien pegar al bebé».*

Aprende a reconocer los sentimientos negativos, puesto que no todos se expresan de forma agresiva.

■ *La hija de dos años de Cordelia tuvo que trabajar mucho cuando su hermanito vino al mundo; seguía a su madre a todas partes y daba golpes a su silla favorita en el preciso instante en que la madre daba el pecho al bebé. La madre se dio cuenta de que la niña estaba celosa e interrumpía lo que estaba haciendo cada vez que alimentaba al bebé. Decidió que la mejor solución era acudir a un psicólogo infantil.*

Implicar a los mayores en la resolución de los problemas puede ayudarles a adquirir autocontrol.

■ *Un día, Caroline propuso una alternativa a su hija de tres años: «Mientras doy de comer al niño, ¿quieres jugar con papá o prefieres sentarte conmigo y contarle tu cuento al bebé?».*

Explica «tus» necesidades al hijo mayor, en lugar de contarle cuáles son las necesidades del bebé. Esto ayudará a disminuir sus sentimientos de rechazo y le hará sentirse bien si puede ayudarte.

■ *A la hora de dar de comer al bebé, en lugar de decir: «El bebé me necesita más que tú en este momento…, ¡tú puedes esperar!», Sandy dijo: «Tengo que darle el pecho ahora mismo o me dolerá mucho».*

Inventa respuestas adecuadas para la cólera (más sugerencias en **Enfado**, página 91).

■ *El hijo de cuatro años de Jackie siempre se quejaba porque no podían ir al parque durante la hora de la siesta del pequeño. Jackie le dijo que ella también necesitaba hacer la siesta.*

■ *Había sido un día repleto de pruebas. Jim perdió los nervios cuando su hija preguntó: «¿Por qué este niño mudo tiene que sentarse en el cochecito conmigo?». Jim contestó, a regañadientes: «Tengo que coger aire y contar hasta cincuenta antes de poder contestarte».*

Garantiza y asegura a tu hijo que nadie ocupará jamás su lugar. Los niños necesitan oírlo de vez en cuando.

■ *Teresa, madre de una familia muy unida, a menudo contaba a Patty, su hija de tres años: «En nuestra familia queremos a todo el mundo: a la tía Sally, al tío John, a la prima Jane, a la abuela, al abuelo y al nuevo bebé. Pero siempre habrá un lugar especial en mi corazón para ti y sólo para ti. Tú eres mi Patty querida».*

Poco a poco y amablemente anima al hermano mayor a involucrarse en las cosas del bebé. Un aluvión de peticiones para que te traiga los zapatos, pañales o mantas puede causar resentimiento.

■ *Ken, un padre muy reflexivo, preguntó a su hijo de cuatro años: «¿Con que vestido te gustaría ver a tu hermanita hoy?».*

Alienta sentimientos de orgullo y proximidad. Vas a necesitar tiempo, reflexión y creatividad.

■ *Caroline se ponía detrás de Sean, donde sólo podía verla el bebé, Nolan. A continuación ponía caras graciosas y le decía a Sean: «Mira, ¡te está sonriendo! Seguro que piensa que eres alguien muy especial». Después de hacerlo varias veces durante algunos meses, se dio cuenta de que sus esfuerzos no habían sido en vano. Una noche, Sean fue a decirle a su madre: «¡Mira lo que puede hacer mi hermano: viene gateando él solo hasta mi cama!».*

No te crees falsas expectativas con tu hijo mayor; probablemente va a tardar más de lo que piensas en «crecer y servir de ejemplo» al pequeño. Las regresiones tales como chuparse el dedo, no utilizar bien el baño o hablar como un bebé desaparecerán antes si no les otorgáis demasiada importancia.

■ *Sarah y Jack tardaron mucho tiempo en acondicionar la habitación de los invitados para la llegada del nuevo bebé. Su hijo de tres años, Max, parecía enfadado porque no recibía tanta atención como antes. Un día, Sarah descubrió a Max rasgando, a propósito, el papel de la pared del lado de la cuna. En lugar de regañarle, Sarah le preguntó si quería meterse dentro de la cuna. Cogió el móvil y le preguntó qué sonido creía que al bebé le gustaría más. A Max le encantó la experiencia y se sintió más involucrado en la espera de la llegada del nuevo hermanito.*

■ *Jodi, una amiga de Caroline, jugaba con Sean a algo que le encantaba. Se trataba de intentar vestir a Sean con ropa de bebé minúscula y arroparlo en su regazo. Cuando Caroline daba el pecho a Nolan, Jodi decía: «Éste es mi bebé. Se llama Sean. ¿Cómo se llama el tuyo? Mi bebé pesa trece quilos y medio, ¿cuánto pesa el tuyo? Mi bebé es precioso». El brillo en los ojos de Sean hacía pensar que era uno de sus juegos favoritos. Caroline comprendió que permitir a Sean comportarse como un bebé podía resultar divertido, y descubrió que dejaba de comportarse de aquella forma si no le daba demasiada importancia. Por otra parte, comentarios tales como: «Eres el hermano mayor, deberías saberlo mejor» eran un completo desastre.*

Encuentra algún modo de recordar a tu hijo mayor que estar en casa con el bebé no siempre supone diversión y juegos.

■ *Aunque Marisa podía haberse tomado tiempo para descansar, decidió dejar que Warren no fuera a la guardería durante unos días, pues se negaba a ir. Sospechó que el niño creía que sólo tenía ganas de que se marchara para poder estar a solas con el bebé. Cuando Warren se dio cuenta de la cantidad de sonidos, olores y constantes demandas de un bebé, quiso volver a la guardería.*

Ayuda a tu hijo mayor a proteger sus juguetes favoritos cuando el bebé empieza a gatear.

■ *Nolan ya tenía cinco años y medio cuando nació el tercer hijo de Caroline, Clark. Se sorprendió gratamente de cómo Nolan dio la bienvenida al bebé, y Clark se lo pasaba realmente bien viendo jugar a Nolan sentado en su sillita. Pero cuando Clark empezó a gatear, empezaron los problemas. El bebé parecía imantar todos los juguetes más preciados de Nolan, incluso sus queridos cromos de baloncesto. En vez de dar largas explicaciones sobre la condición de bebé de Clark que implicaba ciertas cosas pero que no lo hacía con mala intención, o decirle que el problema es que él dejaba todos los juguetes desordenados, Caroline desarrolló un plan. Ayudó a Nolan a decorar una caja con cromos y otros adhesivos. Además, le proporcionó una estantería «sólo para niños mayores», donde podría mantener sus cosas a salvo de las garras de su hermanito.*

Organiza una velada especial para la familia «original» antes de la llegada del bebé.

> ■ *Los padres de Richie, de tres años, tomaron la decisión de pasar tiempo con él sin el bebé. Por ejemplo, se lo llevaban a comer una pizza. Aunque la cuidadora les salía cara y se sentían mal por no ser ellos los que le daban de comer al bebé, valía la pena, porque estas salidas ayudaron a Richie a sentir que aún era especial. Además, también eran beneficiosas para los padres, que necesitaban un respiro.*

Conclusiones

Puedes ayudar a tus hijos a sentirse más unidos si eres considerado con sus sentimientos y estricto con su comportamiento. Lo único que necesitas es un poco de paciencia y mucho sentido del humor, ¡y a veces la ayuda de una cuidadora!

Hora de acostarse

P: A la hora de acostarse, todos perdemos la paciencia, estamos cansados y los niños nos vuelven locos con su energía inacabable y sus demandas. ¿Por qué no colaboran?

R: Al principio, muchos niños protestan a la hora de acostarse. Otros, se levantan constantemente de la cama porque están demasiado despiertos. Los hay que sufren ansiedad al separarse de los padres y quieren que estén arropándolos y haciéndoles compañía durante un buen rato, y algunos tienen miedo de la oscuridad o de las pesadillas (véase **Miedos nocturnos**, página 173). Aunque la mayoría de los niños pueden aprender a estarse quietos en la cama, no hay padre que consiga que un niño se acueste.

Te aconsejamos...

Sentaos juntos, como una familia, y estableced unas cuantas normas sencillas para la hora de acostarse, tales como qué es lo que se espera que hagan, qué debes hacer en la cama si no consigues conciliar el sueño (hojear un libro, acariciar un osito de peluche, etc.) y si deben o no levantarse de la cama.

Establece rutinas para la hora de acostarse y cíñete a ellas.

Fíjate en los primeros signos de cansancio de un niño: frotarse los ojos, moverse lentamente, intentar mantener los ojos abiertos o mostrarse irritable.

Acuesta al niño cuando se esté durmiendo. En general transcurre un período de tiempo demasiado prolongado entre el momento en el que el niño empieza a tener sueño y la hora establecida para acostarse. Esto hace que se vuelvan maniáticos y que no cooperen.

Retrasa la hora de acostarse media hora cada día hasta que coincida con la hora en la que empieza a tener sueño.

■ *Aunque muchos padres crean que si el niño no duerme la siesta o si se va a dormir muy tarde dormirá más por la mañana, normalmente sucede todo lo contrario. El doctor Marc Weissbluth, pediatra experto en sueño, afirma: «Ir sincronizado con su hora natural de sueño ayuda al niño a prolongar las horas totales de sueño diarias». Y añade: «Dormir engendra sueño».*

Crea una rutina a la hora de acostarse que contribuya a que la mente y el cuerpo del niño se tranquilicen y relajen para que finalmente pueda dormirse (por ejemplo, caricias, nanas o cuentos).

Trata de hacer las cosas con tranquilidad, al menos media hora antes de acostarse. De esta forma evitarás que los niños estén sobreestimulados y no puedan conciliar el sueño.

■ *Mark, un padre muy sensato, trataba de que sus hijos se fueran a la cama riñéndoles y cada día tenía que soportar peleas y otras trifulcas. Enseguida se dio cuenta de que el método que utilizaba sólo servía para excitarlos aún más, pues se sentían emocionados en exceso y no podían dormir.*

Lanza ultimátums diez minutos antes de que empiecen las rutinas que hayas establecido.

Deja que un objeto inanimado «diga» la hora de acostarse (un despertador o un reloj convencional).

■ *Margaret descubrió que, dejando que el despertador anunciará la hora de irse a la cama, la «batalla» resultaba menos dura. Desde entonces, siempre decía: «Cuando el despertador diga que son las ocho será hora de acostarse».*

Utiliza apoyos que creas que pueden ayudar al niño a pasar de la actividad al reposo. Algunos ejemplos pueden ser: el sonido de un abanico, del aire acondicionado o el vaivén repetitivo de una mecedora. Prueba también con música suave, disminuyendo la intensidad de las luces, o con silencio total.

Dale a tu hijo un muñeco de trapo o un peluche para que lo abrace mientras se serena y se prepara para dormir.

Quédate un rato con tu hijo si necesita tu presencia para tranquilizarse, pero establece límites.

■ *Donna, una madre muy paciente, dijo: «Voy a estar contigo hasta que dejes de tener miedo o hasta que te duermas. Pero debes recordar que, una vez nos demos las buenas noches, me sentaré en la silla a leer un libro. Esto significa que no se puede hablar, no nos podemos dar la mano ni acariciarnos y, sobre todo, no puedes levantarte de la cama».*

Acompaña al niño a la cama, sin discutir, cada vez que se levante. Es difícil, pero da resultado. Numerosos estudios demuestran que el se-

Anímate

No eres el único padre que quiere ponerse tapones en los oídos cuando llega la hora de que el niño se acueste y debe mandarlo una y mil veces a la cama sin aparentes resultados. El récord registrado por un experto es de... ¡150 veces en una noche! Afortunadamente, a ti no te pasará nunca.

gundo día lo llevas a la cama la mitad de veces que el primero, y la tercera noche la mayoría de niños no se mueven de la cama. Es importante charlar, en otro momento del día, acerca de lo que va a suceder si se levanta de la cama. Enfatiza el hecho de que no vas a hablar con él.

Túrnate con tu cónyuge, así no te sentirás tan agobiado por tener que acostar a los niños cada noche (o devolverlos a la cama, si se da el caso). De esta manera, se evita que el niño califique a uno de los dos como «el duro».

Elogia a tu hijo cuando se vaya a la cama sin rechistar y cuando permanezca toda la noche en ella.

Ten en cuenta que cualquier cambio en la rutina de la hora de acostarse puede tener repercusiones.

> ■ *Cuando el hijo de cinco años de Caroline empezó a ir a la escuela, los fines de semana se iba a la cama más tarde que los días laborables. Transcurrido algún tiempo, Caroline se dio cuenta de que esto trastornaba el patrón de sueño del niño. El lunes por la mañana estaba cansado e irritable. Apenas conseguían llegar a tiempo a la escuela.*

Date cuenta: si te tienta la idea de hacer del tiempo de preparación para acostarse un lapso más corto, puede que al final sea peor y acabe robándote más tiempo del previsto.

> ■ *Una noche en la que Gail tenía mucha prisa, intentó acortar las partes de la rutina de la hora de acostarse que había establecido. Le leyó el cuento más corto que tenía, pero su hija protestó: «Este libro era demasiado corto. ¡Léeme uno de los que sueles leerme! Todavía no estoy dormida». A continuación trató de saltarse la nana, pero tampoco funcionó: «Te olvidaste de cantarme la canción y de acariciarme como haces siempre», dijo Rachel. Gail sonrió y se resignó a llegar tarde a su cita.*

Cuando estés lejos de casa, llévate algún objeto que le sea familiar, un peluche o una cinta con canciones de cuna. Cuanto más familiar consigas que sea el ambiente, más facilidad tendrá el niño para dormirse.

Tómate el tiempo necesario para sentarte en la cama con tu hijo y conversar tranquilamente. Muchos niños se muestran más comunicativos cuando están a oscuras y es posible que hablen de las cosas que les han molestado o preocupado durante el día. También es un buen momento para repasar las normas del hogar en un ambiente relajado.

> ■ *Cuando Caroline se acostaba cómodamente en la cama con su hijo, éste le confiaba muchas cosas y compartía detalles sobre su jornada en la escuela: quién fastidia a quién durante el recreo, quién ha empujado a quién y quién se ha metido en un buen lío. Llegó a apreciar estos momentos.*

Enseña a tu hijo a respetar el hecho de que mamá y papá necesitan tiempo para estar solos por la noche.

> ■ *Cuando Scott llamaba repetidamente a su padre desde la cama, su padre decía: «Ya sé que te gustaría que estuviera más rato contigo, pero estamos en "la hora de mamá y papá". Mañana por la mañana, nos tomaremos los cereales juntos».*

Recompénsalo para que vea que reconoces su esfuerzo, como por ejemplo, si se queda dormido sin tu presencia. Cuanto más pequeño sea el niño, menos tiempo debe transcurrir antes de que reciba la recompensa.

> ■ *Ted dijo a su hijo Matt: «Si pegas cinco adhesivos en el cuadro, te compraré la pelota que me dijiste que te gustaba».*

Haz algo cada día que te ayude a sentirte realizado. De este modo, por la noche tendrás la energía suficiente para estar con tu hijo.

■ *Cuando los niños de Caroline tenían dos y cinco años, su esposo trabajaba muchas horas diarias. En más de una ocasión, por la noche, estaba demasiado cansada como para mostrarse paciente con los niños. Finalmente, encontró una forma de relajarse y recuperar energía durante la hora del baño. Se llevaba un cojín y su novela favorita al cuarto de baño, metía a los niños en la bañera llena de espuma, dejaba que se explayasen a sus anchas, y ella se apoyaba en la bañera y leía. Así, no se ponía nerviosa si el suelo quedaba lleno de agua y jabón. Algunas noches los niños disfrutaban mucho y salían del agua completamente arrugados. Pero ella les convencía de que, en realidad, no habían encogido y de que estaban muy limpios.*

Puedes usar la «cama familiar»: consiste en dormir cada noche toda la familia en una sola cama, no sólo cuando los niños están nerviosos o tienen pesadillas.

Fíjate en la importancia que tiene que los padres lleguen a un acuerdo sobre la hora de acostarse. ¡No dejéis que lo decidan vuestros hijos!

■ *Sheila estaba tan cansada de tener que levantarse de la cama por la noche que un día se quedó dormida en el trabajo. Su esposo accedió a que el niño durmiera con ellos. No pasó mucho tiempo antes de que tuvieran también a su otro hijo en la cama. Transcurrido algún tiempo, empezaron a resentirse de la intrusión de los niños en su cama: carecían de intimidad. Al final, hicieron lo que deberían de haber hecho al principio: charlaron sobre la situación y trazaron un plan: 1) mamá pondría al bebé en la cuna y papá al mayor en su cama; y 2) los domingos por la mañana dejarían que los niños se metieran en su cama para hacerse mimos.*

Pregúntate si se sienten cómodos compartiendo el dormitorio. Aunque algunas familias cuyos hijos deben compartir el dormitorio desearían tener una casa más grande, los niños se reconfortan gracias a la presencia de su hermano por la noche. Las familias que tienen la suerte de disponer de una casa muy espaciosa se sorprenderían de los buenos resultados que da que los niños compartan la misma habitación. Podrían convertir la otra en una estancia de juegos o en un trastero.

Conclusiones

Establece una rutina para la hora de acostarse que respete las necesidades de los niños y las tuyas, y no te sientas mal si echas una siestecita.

Hora de comer

P: La hora de comer constituye una batalla constante con mi hija. La comida que ayer le encantaba, hoy la detesta, y no le importa echársela en la cabeza o arrojársela al perro. ¿Cómo puedo alimentar a mi hijo sin perder el juicio?

R: De vez en cuando, casi todos los niños rechazan la comida, y la razón no es sólo que no les guste lo que les estás ofreciendo. Algunos niños se ponen muy nerviosos si no pueden volver a recomponer una galleta rota. Otros cogen rabietas si les das puré de patata en lugar de gelatina. Corresponde a los padres dar a los niños una buena alimentación, pero debes aceptar el hecho de que no puedes hacer que tu hijo coma.

Te aconsejamos...

Prepárate para comensales caóticos. Se «introducen» literalmente en la comida.

■ *Los Goldberg resolvieron vestir a su hijo sólo con el pañal durante las comidas. Cuando acababa de comer, mamá lo sacaba de la sillita y lo llevaba directamente a la bañera, mientras papá y el niño de cinco años limpiaban la cocina.*

Sirve una gran variedad de alimentos, uno detrás de otro, para que tu hijo se distraiga mientras come.

> ■ *Belinda, una madre de cuatro hijos, dejó de dar a sus gemelos un plato a cada uno lleno de alimentos surtidos, pues a los cinco minutos estaba todo en el suelo, y optó por otra estrategia: cuando parecía que los Cheerios estaban a punto de salir volando, se los quitaba y les daba queso. Cuando el entusiasmo por el queso empezaba a disminuir, les traía macedonia; a continuación, pollo cortadito en trozos pequeños. Los curiosos gemelos se pasaban varios minutos examinando la textura, el tacto y el sabor de cada alimento que se les iba ofreciendo.*

Sirve en recipientes pequeños. Los niños encuentran más tentador y manejable el alimento servido en platos pequeños. Dales consejos cuando tengáis un compromiso. Mucha gente prefiere comer varios tentempiés pequeños y sanos durante el día en lugar de tres comidas largas. Algunos dietistas dicen que es una forma más sana de comer.

Intenta ser creativo para hacer que las comidas diarias resulten más atractivas.

> ■ *Terri, una madre muy lista, descubrió que los niños a menudo comían cosas que en otras ocasiones habían rechazado si se las presentaba de forma distinta: pinchos, rosquillas, etc.*

Sustituye por frutas los «asquerosos» vegetales, así también harás felices a los golosos.

> ■ *Después de que el pediatra dijera a Peggy que las frutas proporcionaban los mismos beneficios que las verduras y resultaban más atractivas a los ojos de un niño, empezó a dar moras, piña y frutos secos a sus hijos. A su hija le gustaron tanto que mamá incluso convenció a la abuela para que sustituyera el pastelito que le solía dar por un cucurucho de fresas en la próxima visita.*

■ *Randy, un padre prudente, es famoso por sus habilidades en la cocina. Transforma cualquier resto de comida o de fruta en un apetitoso batido elaborado con leche desnatada, yogur o helado poco graso. Nunca es idéntico a la última vez, pero siempre sabe genial.*

Vigila la cantidad de zumo que ingiere durante el día. Demasiado zumo puede quitarle el apetito.

No olvides que no debes esperar una comida de más de quince o veinte minutos en un niño de dos a cinco años.

Establece algunas reglas básicas sobre modales en la mesa. La normas pueden ser: comer sólo en la mesa, no levantarse de la mesa hasta que se haya terminado, disculparse si se debe abandonar la mesa por alguna razón, llevar los platos al fregadero, lavarse las manos antes y después de las comidas, no eructar, no sorber, etc.

■ *Justo cuando Rachel estaba a punto de llevarse un trozo de comida a la boca, Aarón gritó: «¡Puaj! Esto está asqueroso». Inmediatamente, Rachel escupió la comida, repitió lo mismo que su hermano y se negó a comer. Gail respondió: «Si no queréis, no os lo comáis, pero no digáis cosas feas acerca de mi modo de cocinar, herís mis sentimientos».*

Intenta reprimirte y no recitar todos los beneficios que una comida nueva puede aportar. Cuanto más hables de ella (lo sana que es, lo bien que sabe, etc.) menos ganas tendrán de probarla. Se sienten más cómodos con la monotonía que con los cambios.

Introduce a tus hijos a la comida de gourmet o a comidas de otras culturas, pero incluye uno o dos de sus ingredientes favoritos en los platos más exóticos.

Date cuenta de que probablemente tendrás que servir varias veces una comida antes de que tu hijo se atreva a probarla.

Ofrece opciones limitadas para poder controlar lo que come.

Deja que la pirámide alimenticia te ayude a introducir conceptos básicos sobre buena nutrición en tus hijos. Los niños pequeños entienden mejor la información concreta. Si explicas la pirámide mientras comen cereales, la entenderán mejor, ya que suele estar ilustrada en los envases de cereales.

> ■ *Cuando los hijos de Julia preguntaron si los dulces eran buenos, ella sacó la foto de la pirámide y señaló el área de la cúspide, destinada a este tipo de alimentos y a las grasas, donde se ilustra claramente la pequeña cantidad de estos alimentos que se necesitan a diario para mantenerse sano.*

Ábrete a nuevas formas para que tus hijos se puedan divertir comiendo.

> ■ *Durante una reunión familiar, los niños de Caroline votaron comer pizza para desayunar. Al principio dijo que no, pero le llovieron un sinfín de argumentos para convencerla. Su hijo mayor habló con seguridad: «Mira mamá, tiene tres grupos de alimentos a la vez, es muy sana». Caroline pensó durante un momento, y al final levantó las manos y exclamó: «¡Me habéis convencido! Comeremos pizza para desayunar».*

Ayuda a tus hijos a comprender que la comida sana ayuda a tener un cuerpo sano.

> ■ *Bart y Bonnie arrancaron una carcajada a sus padres cuando les pidieron que flexionaran los músculos para ver lo fuertes que les había vuelto el pollo. También se divertían sonriendo con la boca bien abierta para mostrar su blanca dentadura —bebían mucha leche—. Y de vez en cuando, señalaban su estatura en un cuadro en la pared del baño.*

Introduce una política de tolerancia cero para los lanzadores de comida.

> ■ *Cuando Colin cogió un poco de puré de patata y se lo tiró a su hermana, su padre dijo: «Las patatas son para comer, no para tirar. La cena ha terminado», y le hizo abandonar la mesa.*

Ayuda a tu hijo a anticipar cuándo es la hora de comer con un programa diario de comidas.

Recuerda que el apetito de tu hijo puede fluctuar o incluso desaparecer por completo durante algún tiempo. Los niños pasan por etapas que dependen del crecimiento, el humor, el tiempo u otras transiciones.

A veces, los niños se enganchan a algunos alimentos. Repasa los hábitos alimenticios de tus hijos durante el último mes antes de preocuparte por posibles deficiencias y mala nutrición. Muchos estudios demuestran que los niños pequeños tienden a comer equilibradamente en el transcurso de un largo período de tiempo (p.e., un mes), aunque en el día a día comen con poco apetito.

> ■ *Durante algún tiempo, Drake, de dos años, rehusaba toda clase de alimentos que no fueran plátanos y huevos revueltos. Dado que ambos alimentos eran bastante sanos, mamá decidió tolerarlo y mostrarle la paella para freír cada vez que era hora de comer. Con el tiempo, empezó a preferir otros alimentos.*

Acepta el hecho de que en ocasiones, por mucho que te esfuerces, no vas a ser capaz de hacer las cosas exactamente igual que otra persona.

> ■ *A los niños mayores de Gail les encantaban lo que ellos llamaban manzanas «Grammy». Se trataba de manzanas Granny Smith cortadas y colocadas de forma simétrica, superpuestas formando una flor. Todos los trozos debían tener el mismo grosor y es-*

tar peladas de una forma que sólo la abuela tenía la paciencia de hacerlo. Cuando Gail o su marido lo intentaban, los niños decían: «No, las Grammy no se hacen así, no están en el plato de las Grammy, y las manzanas saben agrias».

Recuerda que el silencio es muy valioso.

■ *Cuando la hija de tres años de Caroline empezó a quejarse de la comida, decidió ignorarla y dirigir su atención hacia otra parte. Había descubierto que si no le cambiaba la comida, al final se la comía poco a poco, y a veces incluso se la terminaba.*

Reconoce que algunos sabores y texturas pueden ser mal toleradas por niños muy sensibles. Estos niños son muy sensibles a la textura, color, aroma y sabor. Incluso los cambios de marca pueden ponerlos nerviosos.

Recuerda que, aunque te parezca que no tiene sentido, los niños cambian de preferencias con el tiempo.

■ *Benny, de tres años, sólo quería cosas que tuvieran un chorro de nata encima, incluso encima de las salchichas.*

Anima a tu hijo a escuchar su cuerpo y a expresar su apetito diciendo: «Tengo hambre», «No tengo hambre» o «Estoy lleno».

Respeta el apetito de tu hijo igual que sus preferencias. Habituarse a comer sólo cuando se tiene hambre puede ayudarle a mantener su peso ideal.

Define lo que la comida significa en tu familia. Para algunas personas, lo importante es la nutrición, mientras que para otras, la interacción social de la familia es lo primordial. Si la hora de las comidas no gusta a ningún miembro de la familia, piensa en cambiar la finalidad de la comida y convertirla en algo que guste a todos.

■ *Kristie, una fabulosa madre que inspiraba seguridad, trazó un plan que funcionó muy bien. Descubrió que la paz llegaba a sus comidas si dejaba que los niños comieran a las cinco y media, momento en que el apetito apretaba. Además, las comidas se convirtieron en el momento ideal para hablar. La familia se puso de acuerdo en que, después de que papá y mamá cenaran (a las siete), los niños se unirían a ellos para hablar y comer un postre.*

Hay muchas formas diferentes de concebir las comidas. Decide si es importante para vosotros que todos comáis lo mismo al mismo tiempo.

■ *Una casa se convirtió en un mini restaurante. Lou, un padre muy tranquilo, aceptó preparar un perrito caliente para su hijo menor, una pizza al microondas para el mayor y guisar una crema de mariscos para los demás. (¿Lo pueden clonar, por favor?)*

■ *Para la vecina de Vicki, las demandas especiales durante las horas de las comidas no eran ni siquiera discutibles. Iban todos juntos de compras. De este modo, todos encontraban algún alimento que les gustaba. Los niños ponían la comida en un envase de fácil apertura en el frigorífico. Si no querían comer lo que se les servía, podían elegir algo del envase.*

■ *Los Tates tenían un estilo propio de servir las comidas. Animaban a los niños (no los forzaban) a que lo probaran todo, incluso al niño de dos años. La norma consistía en que lo que ponían en el plato, debían comérselo. Si no escogían nada, sabían que siempre les quedaba un cuenco de cereales.*

> ── ♥ ──
> **Anímate**
>
> *No eres el único padre que no puede soportar una comida con un niño cansado, detestable y maniático.*

Dale al niño sentido de control permitiéndole tomar parte de los planes acerca de cómo, qué y dónde se va a comer.

■ *Los Keller habían disfrutado tanto haciendo un picnic en el jardín que siguieron haciendo picnics durante todo el invierno, en la misma manta, pero en el suelo de la sala de estar.*

■ *La familia de Caryn convertía las noches de los sábados en noches temáticas. Una semana, toda la comida era de un color. Otra semana, toda la comida era redonda: patatas, guisantes, bolas de carne, coles de Bruselas, bolitas de melón y uvas. Resultaba divertido ver como una parte de la comida acababa en alguna tripa y el resto salía rodando...*

■ *El clan de los Roth se puso de acuerdo en que se permitiría un caramelo al día. Cuando Jacob, de cinco años, pidió un caramelo para desayunar, papá le dijo: «¿Va a ser éste tu dulce de hoy?». Jacob pensó seriamente y respondió: «Creo que me voy a esperar y tomar pastel de chocolate después de cenar».*

Planifica cenas formales de vez en cuando para dar a la familia la oportunidad de practicar los buenos modales en la mesa.

■ *La familia Pedersen descubrieron que centrarse en los modales en la mesa y tener conversaciones educadas un par de veces al mes funcionaba mejor que cuando corregían constantemente a los niños cada día en todas las comidas. Cada viernes por la noche cenaban en el comedor, con velas y servilletas de tela. Los padres utilizaban sus modales más exquisitos, pero de vez en cuando, lo hacían mal a propósito. Papá eructaba y hablaba con la boca llena de comida y mamá se olvidaba de utilizar la servilleta, así los niños se daban cuenta y se divertían regañándolos.*

Echa una ojeada a tus propios hábitos alimenticios.

■ *Una madre de la clase de madres e hijos de Gail, con buena intención, preparaba cada día un desayuno sano para su hija de tres años, pero la niña nunca se sentaba a comer. Se sentaba y se levantaba de la mesa, paseaba por la cocina y de vez en cuando daba un mordisco a la comida. Cuando Gail preguntó a la madre si se sentaba a desayunar, ésta respondió: «No tengo tiempo, tengo que vestirme, cocinar, limpiar y organizarlo todo para que todo el mundo esté preparado para irse». Recuerda que los niños hacen lo que tú haces, no siempre lo que tú dices.*

Divertirse con la comida

A veces, puedes detener una lucha de poder probando algo nuevo. Sorprende a tus hijos:

→ Uvas congeladas sin pepitas.

→ Bocadillos al revés: envuelve el pan de molde con un trozo de jamón o de queso.

→ Sirve helados para desayunar: congela yogur, frutas y zumo en un molde para helados.

→ Ofrece un zumo combinado de verduras y frutas, por ejemplo de piña y zanahoria.

→ Dales frutas y vegetales exóticos con nombres divertidos, como el quingombó.

→ Sirve verduras y frutos secos congelados y crujientes.

→ Dibuja caras sonrientes en la comida con salsa de tomate, mostaza o nata líquida.

→ Cambia la cena por el desayuno: dales tortitas para desayunar y creps para cenar.

Conclusiones

Comprender los hábitos alimentarios de los niños pequeños, establecer normas básicas y pedir a los niños que te ayuden a resolver los problemas puede mantenerte en tu sano juicio durante las comidas. Recuerda, esta fase también es pasajera.

Interrumpir

P: A veces, mis hijos no respetan lo que hago si no está relacionado con ellos. ¡Pueden llegar a ser tan groseros! Si estoy preparando la comida, maquillándome o hablando con un vecino que ha venido a visitarme, hacen cualquier cosa para llamar mi atención. ¡Es tan violento! ¡Y que Dios ampare al pobre desgraciado que intente llamarme por teléfono! En ocasiones, creo que mis hijos tienen previsto dejar de hacer lo que están haciendo para incordiarme cada vez que suena el teléfono.

R: ¡No estás sola! Este tipo conducta tan enojosa es común a toda la población de dos a cinco años, ya que los niños están en una etapa de desarrollo extremadamente egocéntrica. Tienden a concentrarse en sus necesidades y en sus deseos, obviando totalmente lo desconsiderado que resulta su comportamiento a los ojos de los demás. Algunos preescolares también pasan por una época muy posesiva en la que interrumpen, pues quieren la dedicación exclusiva de sus padres. Aunque al principio muchos padres reprimen a sus hijos cuando interrumpen, los hay que prefieren satisfacer sus demandas. Si tu hijo descubre que interrumpiéndote constantemente consigue lo que quiere, puedes estar segura de que continuará con esta táctica.

RESPUESTAS

→ Hazle saber que enseguida le prestarás atención —incluso si estás conversando con otro adulto— cogiéndole de la mano, dándole una palmadita en el hombro o haciéndole mimos.

→ Date tiempo para terminar la charla con tu vecina encargando al niño que haga alguna tarea. Míralo a los ojos y di: «Cariño, estaré contigo tan pronto como cierres la verja». A continuación, ¡termina rápido!

→ Ofrece al niño impaciente la oportunidad de hablar brevemente por teléfono con quien haya llamado. Cambiará su estado de ánimo.

→ Coloca un reloj de arena de tres minutos cerca del teléfono y di: «Cielo, cuando toda la arena esté en el otro lado, colgaré el teléfono y estaré contigo». A continuación, gira el reloj de forma que el niño pueda verlo. ¡Cumple la promesa!

→ Sé creativo. Cuando el teléfono empiece a sonar, «contesta» el teléfono de juguete de tu hijo. Di: «Jenny, es para ti». Después coge el teléfono.

→ Muestra de inmediato tu satisfacción cuando tu hijo coopere al pedirle que espere. Dile: «Te has portado muy bien» o «Gracias».

Te aconsejamos...

Programa un tiempo diario para dedicarlo exclusivamente a tu hijo. Si sabe que más tarde dispondrá de toda tu atención, será menos propenso a interrumpirte en otros momentos durante el día. Valen más cinco minutos de atención exclusiva que una hora de constantes interrupciones.

Habla de las situaciones en las que puede interrumpir, como en el caso de una emergencia. Habla con tu hijo de lo que constituye una emergencia. Hazlo en privado, en un momento de tranquilidad, comentad vuestros deseos y necesidades en el transcurso de una reunión familiar.

Practica diciendo «Disculpa» con tu hijo, y elógialo cuando tenga buenos modales. Pero también hazle saber que repetir «disculpa» una y otra vez también es una forma de interrumpir.

Cread un código secreto que pueda utilizar en lugar de interrumpir bruscamente cuando estés ocupada o hablando con alguien.

> ■ *Los niños de la familia Spencer acordaron con sus padres que podían apretar la mano de sus padres o tocarse la nariz cuando requirieran su atención. Los padres dijeron que les responderían con el mismo gesto en señal de que se habían dado cuenta y de que tan pronto como les fuera posible estarían con ellos.*

Recuerda que esperar a que le prestes atención es muy difícil para un niño pequeño, porque no puede dejar de pensar en lo que le está sucediendo: sed, un muñeco roto, ganas de ir al baño, etc.

Sugiere algo concreto que el niño pueda hacer mientras espera. Algunos estudios demuestran que los niños que tenían menos paciencia esperando la atención de sus padres no paraban de pensar en lo que querían, mientras que los más pacientes dirigían su atención hacia otra actividad.

> ■ *Melanie dijo: «Mientras termino de maquillarme, puedes jugar con tus esponjas en el lavabo o puedes ir a tu dormitorio y hacerme un dibujo con los rotuladores. Cuando termine, jugaré contigo».*

Dile a tu hijo que la gente hace turnos hablando y escuchando. Dile que quieres acabar tu turno de hablar con alguien y que después él podrá hablar contigo mientras le escuchas. Asegúrate de cumplir tu promesa.

Informa a tu hijo de que vas a estar ocupada durante los próximos minutos cuando vayas a empezar una actividad importante. Pregúntale si necesita algo antes de empezar. Después, elo-

>
>
> ### Anímate
>
> *No eres el único padre que se pregunta por qué su hijo juega tan bien solo, ¡hasta que descubre que le espía mientras habla por teléfono!*

gia al niño si no ha interrumpido o si las interrupciones han disminuido.

Anticípate o evita posibles interrupciones. Guarda una película especial o un juguete para usarlo sólo cuando estés hablando por teléfono.

■ *Caroline tiene una caja especial para llamadas telefónicas. Cuando está a punto de coger el teléfono, la saca para que su hijo pueda coger un juguete especial, un juego o un vídeo que sólo puede usar durante la llamada telefónica de mamá.*

Si trabajas en casa, coloca una señal de «Stop» en tu despacho cuando estés trabajando y no quieras que se te interrumpa. Llevar un «sombrero de trabajo» puede incrementar el efecto visual deseado.

Planifica con antelación y recurre a la tecnología. Compra unos auriculares baratos y coloca el supletorio en tu cinturón. De esta forma tendrás la suficiente movilidad, y con las manos libres, para poder jugar mientras esperas una llamada importante.

Haz las llamadas telefónicas cuando los niños se hayan acostado o mientras están al cargo de una cuidadora.

Utiliza el correo electrónico para ponerte en contacto con tus amigos y socios, aunque sean las tres de la madrugada. Al menos, estarás más tranquila.

Intenta limitar el número de llamadas que respondes mientras estás con tu hijo. Hazle saber que él es más importante que la persona que está llamando dejando que el contestador automático responda a la llamada.

■ *Un día, cuando Becky llamó a su mejor amiga, otra madre, la amiga le dijo: «Por favor, Becky, no te lo tomes como algo personal. He estado hablando por teléfono toda la mañana y John ya no puede esperar más. ¿Podemos ir rápido?». Becky no sólo la comprendió, sino que admiró a su amiga por haber puesto las necesidades de su hijo en primer lugar.*

De vez en cuando es importante dejar de hacer lo que se está haciendo y darle a tu hijo el tiempo que necesita. Después puedes seguir con tu tarea.

■ *Natalie descubrió que su hijo de tres años, Kevin, la seguiría molestando mientras intentaba terminar su trabajo. Cuanto más insistía en concluirlo, más persistente era el niño interrumpiendo. La madre descubrió que era preferible satisfacer primero las necesidades del niño. Normalmente, sólo le llevaba unos minutos enfrascarlo en alguna actividad que lo mantuviera ocupado y contento durante algún tiempo. Muchas veces, estaba tan involucrado y concentrado en lo que estaba haciendo que no volvía a molestarla. Por ejemplo, si le ayudaba a montar las vías del tren de juguete, la dejaba sola durante una hora entera.*

Observa las cosas con perspectiva. Cuando tu hijo te interrumpa, hazte dos preguntas: ¿Cuáles son tus necesidades? y ¿cuáles son las necesidades de tu hijo?

■ *Caroline recuerda que aunque tomó la decisión de dejar su trabajo para concentrarse en criar a sus hijos, cuando le interrumpían mientras hacía las tareas domésticas, le molestaban. «Me recordé a mí misma que estaba en casa para disfrutar a los niños y no para ser una criada. Empecé a hacer una lista diaria de las cosas que debía hacer desde una perspectiva distinta, incluyendo cosas como "Hacer plastilina con Nolan" o "Cantar la canción ABC con Sean" e "Ir al parque". Cuando pensaba en cómo me había ido el día, me resultaba más fácil olvidarme de la colada que no había tenido tiempo de hacer, pues me sentía muy satisfecha de lo que había hecho con los niños.»*

Intenta responder a las interrupciones de modo positivo, verbalmente y con un lenguaje gestual. Probablemente, tu hijo se sentirá más aceptado.

■ *Gail estaba limpiando la cocina cuando su hijo, Joshua, empezó a requerirla para jugar de forma inmediata. El niño se mostraba más paciente cuando se detenía un instante y le prestaba atención, lo miraba a los ojos y le decía: «Podré jugar tan pronto como acabe de limpiar». Por otro lado, se dio cuenta de que cuando seguía limpiando y decía: «¡No puedo jugar ahora, estoy ocupada!», el número de interrupciones iba en aumento.*

Estáte alerta a las señales que indican que tu hijo está harto y realmente te necesita antes de que empiece con una serie de violentas interrupciones. ¿Está tumbado en el suelo o colgado de tu pierna? Si es así, quizá haya llegado el momento de dejar a un lado tus necesidades y atender las suyas.

■ *Tonya estaba escribiendo una lista de encargos larguísima cuando la cuidadora le llamó para decirle que tenía una inflamación de garganta. Tonya se enfadó. Tuvo que hacer todos los encargos con Mickie, su hiperactivo hijo de tres años. El primer paso consistió en reducir a la mitad sus expectativas. Las cosas fueron relativamente bien hasta que se detuvieron en la oficina de correos. Ambos estaban cansados y Mickie empezó a tirar de la manga de su madre. En lugar de hacer caso a los signos que advertían el cansancio de su hijo, Tonya siguió de pie en la larga cola. Entonces, sucedió: todo el mundo miraba a Tonya, que estaba en la ventanilla de la oficina... ¡en ropa interior! Mikie había tirado tan fuerte de la ropa de su madre que el vestido había terminado en el suelo. Y dio resultado: consiguió que ella (y todo el mundo) le prestara atención.*

Si prometes a tu hijo un momento de atención, cumple la promesa. Por ejemplo, cuando termines de fregar los cacharros, después de cerrar la ventana, «cuando hables con educación». Recuerda que los niños toman al pie de la letra tus palabras. Antes de prometer que estarás allí en un minuto, asegúrate de que esto es lo que pretendes hacer y que no van a ser diez minutos.

Conclusiones

Para los niños pequeños es muy difícil no ser el centro de atención. Con mucha práctica y paciencia puedes ayudarle a ser más considerado con los demás, enseñándole que a veces es necesario esperar para que te escuchen.

Límites de tolerancia

P: Cuando creo que tengo las cosas bajo control y me estoy tomando un merecido descanso de cinco minutos, uno de mis hijos me lleva al límite de mi sano juicio. ¿Cómo puedo lidiar estas situaciones?

R: Parece que los niños sepan qué teclas hay que pulsar para que les presten atención. A menudo no les importa si se trata de atención positiva o negativa. Además, muchos padres están muy estresados por el trabajo y tienen poco tiempo para pensar y ordenar sus prioridades. Te sentará bien primero tomar aire y después centrarte en restablecer tu autocontrol y tu sano juicio.

Te aconsejamos...

Piensa que puedes hacerlo todo, ¡pero no a la vez! A veces necesitas pedir ayuda para poder hacerlo todo.

■ *Caroline recuerda: «Un día, llevaba tres niños en el coche y tenía cuatro encargos que cumplir antes de la hora de comer. La primera cita duró más de lo previsto y los niños se pusieron ansiosos y*

empezaron a portarse mal. Me di cuenta de que todo se venía aba-
jo. Les dije: "Sólo vamos a hacer una parada más en la tintorería.
Ya sabéis que el dueño os va a preguntar si habéis sido buenos. Si
podemos contestar un sí honrado os compraré un pirulí." Llamé a
mi marido y le pedí que terminara los encargos por mí cuando vol-
viera del trabajo».

Date permiso para no ser perfecta. La familia perfecta es un
producto irreal creado por los medios de comunicación para que
nos torturemos. En lugar de esforzarte por alcanzar lo imposible,
intenta lograr lo que la pediatra Marianne Neifert, autora de *Doc-*
tor Mom's Parenting Guide, considera adecuado.

■ *Tanya solía tener dificultades para relajarse hasta que la casa*
estaba en silencio. No obstante, un día, cuando su hija de tres años
terminó de echar la siesta y le estaba pidiendo que salieran a jugar
fuera, en lugar de decir: «¡Después de hacer la limpieza!», dijo:
«De acuerdo. Basta de limpiar por hoy. ¡Vamos a jugar!».Tanya
recibió una gran sonrisa de su hija. Estuvieron jugando fuera con
todos los platos en el fregadero.

Ilumínate. Intenta conservar el sentido del humor.

Para obtener más obediencia, céntrate sólo en una tarea.

Recupera tu estado emocional habitual antes de afrontar un
problema. A veces va bien reflexionar acerca del mal día que has
tenido en el trabajo o de lo enfadada que estás con aquel vecino. Intenta ver las cosas con perspectiva. Después de todo, ¿qué padre no
estaría mejor con sus hijos después de un masaje en lugar de haber
recibido un plazo de entrega en el trabajo?

Lanza advertencias antes de perder totalmente los nervios.

■ *Helen solía decirles a sus dos chicos: «Ya viene la voz profunda,*
oh... ya lo noto, ya viene la voz profunda... casi está aquí...», an-
tes de empezar a gritarles.

Evita darles otra oportunidad cuando ya no te quedan reservas en la caja de la paciencia. Admite tus propias imperfecciones. Diles que simplemente has perdido la paciencia.

> ■ *«Mira, cariño, me acabo de sentar, estoy echa polvo», dijo Gail a su hijo de cinco años. «Mamá va a descansar un poco y cuando vuelvan a poner publicidad iré a por tu zumo». Esta estrategia no hubiera funcionado con un niño que estuviera lloriqueando. Las cosas mejoran cuando el niño es más mayor.*

Recarga las pilas con las cosas que te gustan. Cuando estés en las nubes, puede que desde allí seas más eficaz con los niños.

> ■ *Un ama de casa madre de cuatro hijos dio a Caroline un consejo muy valioso antes de que naciera su primer bebé: «Nunca desestimes una cita para jugar en casa de otro niño o de una cuidadora; necesitas y mereces tiempo para descansar».*

Realiza actividades que refuercen tu sentido de la competencia, así como aquéllas que simplemente sean divertidas, tales como voluntariado, jugar al bridge, arreglar el jardín, jugar al golf o ir al gimnasio.

Intenta no convertirte en un padre o una madre blandengue; en otras palabras, aparta tus miedos acerca de que tus hijos no te quieren y haz tu trabajo.

> ■ *Pam compartió algo interesante con el grupo de madres que había aprendido en una clase de maternidad: «Amar y establecer límites son las dos partes más importantes de ser padres. Los niños necesitan límites para que los coarten. Recuerda, van a actuar como niños y va a ser habitual que intenten pasarse de los límites. Puedes contar con ello».*

> ■ *Caroline recuerda: «La suegra de mi prima solía decir: "No puedes dejar que los niños planifiquen tu vida; debes demostrarles quién está a cargo de quién". Al final pensé que tenía razón».*

No cedas a todos sus caprichos. A muchos padres les sabe mal no complacer a su hijo; otros, ceden a sus demandas para evitar el bochorno de un berrinche en público.

Anímate

Aunque adores a tu hijo, habrá momentos en los que no te gustará, ni tú a él.

■ *Vivienne hizo un gran esfuerzo para que el humor de los demás no le afectara. «Cuando mi pequeño de cinco años volvía de la escuela después de un mal día, siempre estaba de mal humor. Tuve que aprender a ser consciente de que no era culpa mía. Intenté simpatizar con él, mientras le contaba que fastidiar a su hermano o insultarme no estaba bien. Antes, le hubiera regañado hasta ponerme de mal humor. De aquella forma, parecía que el niño se sentía mejor, pero yo seguía de mal humor.»*

Ama a tu imperfecto hijo por lo que es, no por cómo actúa. Cada niño tiene sus propios puntos fuertes y débiles, igual que tú. Celebra sus puntos fuertes.

Sé consciente de las cosas e intenta ser menos crítica. No resulta nada útil lamentarse. Si es necesario, solicita ayuda.

Busca soluciones; despójate de la culpa y de la lástima. Pregúntate qué es lo que realmente funciona, qué es lo que te gusta de ti misma o cómo puedes aproximarte al punto donde quieres llegar.

Anímate

No eres el único padre que se siente un poco culpable por haber perdido la paciencia con su hijo, cuando al rato lo ves aparecer con un ramo de flores recién cogidas y te da un fuerte abrazo.

Para tener más oportunidades de éxito, planifica. Muchos momentos odiosos se pueden evitar con conversaciones con los niños, clarificando las reglas o practicando el comportamiento que deben tener en un acontecimiento determinado.

Desarrolla algunas tácticas con antelación para saber cómo actuar cuando te esté sacando de quicio. Prueba con un poco de música tranquila, con un buen libro (el niño puede mirar su película favorita en otra habitación), tumbándote durante unos minutos o comiendo una galleta para restablecer tus niveles energéticos. Véase **Enfado** en la página 91 y **Rabietas** en la página 236 para más sugerencias acerca de cómo tranquilizarte.

Tómate tiempo para sentarte a reflexionar y a decidir qué es lo realmente importante en tu vida. Después, haz las cosas de acuerdo con estas prioridades. Esto requiere tomar decisiones importantes, tales como la cantidad de dinero que necesitáis (de forma realista) como familia. Quizá implique cambiar de trabajo o trabajar menos horas para poder estar más con tu familia. Este tipo de cosas no están fuera de tu control, aunque a veces te lo pueda parecer. Recuerda que se trata de tu vida, de la de nadie más.

♥

Anímate

No eres el único padre que, durante un mal día, se pregunta por qué decidió tener un hijo..., hasta que contempla al pequeño durmiendo inocentemente en su camita. ¡Es tan adorable! ¿Cómo puede este pequeño angelito (casi le ves la aureola) haberte causado tantos problemas? No te preocupes; con un sueño reparador, estarás listo para enfrentarte a mañana.

Escribe una lista de las cosas con las que disfrutas de verdad y que te tranquilizan. Piensa en dos o tres cosas que harías si de repente dispusieras de una o dos semanas sin niños, esposo o casa. (Nota: No vale limpiar la casa o hacer la colada. Pensamos en sentarse al sol con un buen libro, ir a un acontecimiento deportivo, tomar un masaje, ir a pescar o hacer yoga.) Una vez hayas identificado qué te gusta hacer, piensa si cabe entre tus planes, una vez a la semana o aunque sea unos minutos al día.

Discúlpate cuando pierdas los nervios. Di: «Siento haberte gritado cuando veníamos hacia casa. No ha sido culpa tuya. He salido del trabajo con un terrible dolor de cabeza y tenía dificultades para escuchar-te. Ahora ya me siento mejor. Vamos a hacer aquel puzzle que que-rías que montáramos juntos. ¿Te apetece?».

Conclusiones

¡Fuera el estrés y la culpabilidad! Identifica tus prioridades y reconoce sinceramente lo que necesitas para sentirte realizada. Te sentirás más preparada para hacer tu trabajo cuando dejes claro quién es el padre.

Lloriquear

P: Mi hija ha empezado a lloriquear cada vez que quiere algo. Si no se lo doy, el lloriqueo se convierte en una rabieta. Sólo el timbre de su voz me pone nerviosa. ¿Qué puedo hacer para poner fin a esta conducta?

R: Muchos niños pequeños pasan por una fase de lloriqueos. A veces, lloriquear es la única forma que tiene de expresar sus sentimientos cuando está cansada, frustrada, hambrienta o enferma. Otras veces, quizá esté requiriendo tu atención o pidiendo que soluciones lo que le ocurre. El tono del lloriqueo puede resultar muy molesto, como una tortura, para el más paciente de los padres. La clave está en saberlo detener y no dejar que se convierta en un comportamiento aún más molesto.

RESPUESTAS

→ No le des lo que pide. Así el niño aprenderá que no se consiguen las cosas lloriqueando.

→ Utiliza una afirmación en primera persona para expresar tus sentimientos. Di: «No quiero oír esta voz, me hace daño en el oído». A continuación, tapándote las orejas, abandona la habitación.

→ Prueba con un poco de sentido del humor y lloriquea tú también. El niño captará el mensaje y empezará a utilizar su voz normal.

→ Respira profundamente y reflexiona sobre si el lloriqueo se debe a las excesivas demandas que le has hecho a causa de tu mal humor. Si es así, intenta restablecer los buenos sentimientos y discúlpate.

→ Abraza fuerte a tu hijo o hazle algunos mimos (e ignora el lloriqueo). Esta técnica no funciona con todos los niños, pero para algunos es suficiente, pues les proporcionas la atención que requerían.

→ Trata a tu hijo como si estuviera hablando en una lengua extranjera, y si conoces alguna, piensa en responderle en otro idioma. Tu hijo se preguntará qué estás diciendo y dejará de lloriquear.

Te aconsejamos...

Comprende los sentimientos de tu hijo sin atacar su carácter.

■ *Cuando Daniel era pequeño, detestaba que su padre le atacara el carácter y le amenazara: «Eres un chico mayor, será mejor que dejes de lloriquear ahora mismo o te daré algo que te hará llorar de verdad». Por esta razón, Daniel siempre elige con mucho cuidado lo que le va a decir a su hija: «Samantha, ya es suficiente. Ya sé que estás muy cansada, pero no me gusta que lloriquees y simplemente no voy a escucharte».*

Di a tu hijo que hable con voz de niño mayor.

■ *Mamá dijo a Catlin: «No te entiendo cuando lloriqueas. Apuesto a que sabes poner voz de niña mayor y hablar conmigo». Mamá tomó aire profundamente e hizo que su voz sonara más profunda. Parecía que Catlin se divertía viéndola.*

Elogia a tu hijo cuando hable en una voz apropiada.

■ *«Voy a darte un vaso de zumo por haberme hablado de una forma tan educada», dijo mamá a Cody.*

Cuando tu hijo se quede atrapado en un círculo de lloriqueos, sé constante y rechaza darle lo que pide. No siempre resulta sencillo, pero es importante para detener sus malos hábitos. Sé fuerte, tus hijos te pondrán a prueba hasta límites insospechables. En un mal día, te puedes sentir como un disco rayado...

Di a tu hijo que vas a ignorarlo cuando lloriquee. Regañarle por lloriquear puede resultar una de las formas de atención que está esperando. Pon una expresión neutral en tu rostro, evita el contacto visual directo y dirige tu atención hacia otra parte.

Distrae al niño dirigiendo su atención hacia otra parte. Mientras vas hacia la ventana, simula que hay un pajarito en un árbol y habla con el niño con voz de pájaro: «Dana, ven a ver mi nido. Tengo dos bebés pajarito. ¿Los ves?».

Cuando te ponga nerviosa, admítelo. Dile a tu hijo que no puedes estar en la misma habitación que él mientras está lloriqueando. Sal de la estancia o dale un descanso a tu hijo. Véase **Tomarse un descanso** en la página 284 y **Límites de tolerancia** en la página 138.

Intenta relajarte cuando el niño lloriquee en público. Dile que os vais a ir un rato, hasta que recupere el control de su voz.

Recurre al humor para que tu hijo recupere el tono habitual.

■ *Cuando Nolan entró en la cocina lloriqueando porque quería otra galleta, su cara de preocupación divirtió a Caroline.*

♥

Anímate

No eres el único padre que encuentra casi imposible ignorar algo que le está volviendo loco.

«Oh, no-o-o-o, otra vez tú-ú-ú-ú. Acabo de empezar a fregar los platos y hay tanto-o-o-o-s». Nolan la miró perplejo durante unos segundos. Después, se puso en jarras, y señalando con el dedo dijo: «Mamá, ya sabes que no te entiendo cuando lloriqueas».

Graba a tu hijo cuando lloriquee para que oiga el efecto que hace. Esto, a menudo, sorprende a los niños y a veces les hace reír. También puedes grabar a tu hijo cuando habla de forma correcta, aunque no es tan divertido.

Practicad formas de decir las cosas sin lloriquear. Prueba con los juegos de simulación, con muñecas o marionetas, o explica cuentos para dar tu punto de vista. Véase **Juegos de imitación** en las páginas 96 a 98; más ideas al respecto.

■ *Mientras Manny estaba al teléfono, su hija de tres años, Christa, le interrumpió lloriqueando porque quería una galleta. Al día siguiente, Manny habló a solas con su hija. Comentaron el incidente del día anterior mientras reunían muñecas para ir de picnic. Manny dijo: «¿Sabes?, ayer no te oía cuando me pedías lloriqueando que querías una galleta. Me habría gustado que me lo preguntarás de este modo: "Disculpa papá, ¿me puedes dar una galleta, por favor?"». Cuando Christa obedeció, Manny la elogió.*

Piensa que el lloriqueo se acelerará si el niño no consigue lo que quiere. No cesará hasta que se dé cuenta de que no va a conseguir lo que quiere.

Si no puedes con ellos, únete a ellos. Declara un día entero de lloriqueos.

■ *Gus y Jan probaron con una idea sugerida por el educador de padres y escritor Fred Gosman. Dijeron a los niños que iban a organizar un Domingo de Lloriqueos. Gus y Jan les mostraron el tono que debían utilizar. Cualquier conversación en un tono normal estaba prohibida. Aunque los padres lo pasaron muy bien, los niños*

*pronto se hartaron. Desesperadamente, dijeron: «Por favor, basta
de lloriqueos». Tuvo que transcurrir mucho tiempo para que hubiera más lloriqueos en aquella familia.*

Ayuda a tu hijo a expresarse sin lloriqueos. Aportad ideas en
una reunión familiar.

> ■ *Chelsea se inventó una señal no verbal que sólo conocían ella y su
> tímida hija. En lugar de interrumpir a Chelsea con su típico llo-
> riqueo, Melissa se dirigía a mamá y señalaba con el dedo dos veces
> para llamar su atención.*

Repasa a diario las necesidades de tu hijo, de esta forma evitarás que utilice un comportamiento molesto para llamar tu atención.

Intenta descubrir el problema subyacente si el niño está
lloriqueando. Puede que esté cansado, hambriento, enfermo, etc.
Algunos niños gimen cuando están muy cansados; sólo debes ponerlo a dormir.

Observa sinceramente tu propio comportamiento. ¿Sirves de
ejemplo cuando hablas y minimizas tus quejas? Recuerda que los
niños tienden a comportarse como tú.

**Desarrolla el grado de paciencia que necesitas para estar
tranquila** tomándote tu tiempo para tus propias necesidades. El
buen humor fomenta la tolerancia. Puedes estar segura de que incluso un niño de dos años que lloriquea por todo va a superar esta
etapa cuando sus habilidades orales evolucionen.

Conclusiones

Evita los lloriqueos persistentes con claros mensajes para que
capte que no le vas a dar lo que pide. No te olvides de que los niños
sólo continuan haciendo las cosas que les funcionan.

Luchas de poder

P: Mi hijo todavía no tiene cinco años y casi todo lo que hacemos se convierte en una lucha de poder. Cuando le pillo intentando alcanzar el jarrón de las rosquillas antes de cenar y le digo: «No, falta poco para cenar. Las rosquillas te quitarán el apetito», él contesta: «Pero si no tienen grasa...». «No importa», le digo. «Cuando vino Alex nos dejaste comer rosquillas justo antes de cenar». Tuve que decir: «Se trataba de una ocasión especial». Preguntó: «¿Por qué era una ocasión especial?». Y suma y sigue. Quise minimizar las luchas de poder, pero me sentí como si estuviera luchando contra un fiscal en miniatura. ¿Por dónde debo empezar?

R: Muchas situaciones cotidianas relativas a la rivalidad entre hermanos, la hora de la comida, la hora de acostarse, utilizar el baño, recoger los juguetes, lavarse el pelo y cepillarse los dientes constituyen luchas de poder en potencia. Como madre, debes saber elegir tus luchas de poder. ¿Se trata de un tema que debes corregir de inmediato? No olvides que las palabras que utilices para expresar tus deseos pueden provocar diferencias en las respuestas de tu hijo. Si siente que estás de su parte, la tensión, la cólera e incluso los celos pueden desaparecer. Que entiendas sus sentimientos, también los negativos, ayuda a tu hijo a sentirse comprendido. Esto por sí solo puede ser lo suficientemente reconfortante como para prevenir una lucha de poder. No obstante, los padres deben saber cuándo tienen que hacer de jueces frente a los fiscales y aplicar duramente la ley.

Te aconsejamos...

Cuando tu hijo te grite, no le devuelvas el grito. Sólo echarías más leña al fuego.

Describe exactamente lo que ves... ¡Nada más!

■ *Cuando Stephanie entró en el desordenado dormitorio de los niños, empezó a «echar humo». Gritó a su hija Emma: «¡No puedo creer lo que has hecho! Eres una cochina. Recoge todos los envoltorios de caramelos ahora mismo o te arrepentirás». En lugar de hacerlo, Emma dijo: «Ahora no, empieza mi programa». Stephanie estaba furiosa. Suspiró y se dio cuenta de que lo había hecho mal. Salió un momento de la habitación, recapacitó, volvió y tranquilamente dijo: «Emma, ya veo que todos los envoltorios de caramelos están en el suelo. ¿Quién sabe dónde está la basura?». Emma contestó: «En el cubo de la basura». Y corrió a tirarlos.*

Di tan pocas palabras como puedas, de esta forma obtendrás mejores resultados.

Utiliza frases en primera persona para describir cómo te sientes.

■ *«Me enfadé mucho cuando vi el desorden.»*

Dile lo que debe hacer.

■ *«Los envoltorios se tiran en el cubo de la basura.»*

Escribe notas, símbolos o incluso rimas para transmitir tu mensaje. Léelas con los niños: Te sorprenderás de cómo recuerdan las palabras aunque no sepan leer.

■ *«El caramelo está muy bueno, primero a limpiar, lo comerás luego.» «Si no quieres hacerme enfadar, los envoltorios debes tirar.»*

Evita las luchas de poder diciendo: «Sí, tan pronto como...» en lugar del «No» habitual.

Guía a tu hijo si crees que no está realizando la tarea de forma adecuada. Pero estáte dispuesta a rebajar tus expectativas. Fíjate en el proceso; es más importante que el resultado final.

Cuenta hasta tres o hasta diez. Es un buen modo para transmitir a tu hijo tu deseo de que haga algo. No siempre funciona, pero en ocasiones resulta de ayuda. Es más eficaz si ya lo has probado otra vez seguido de una consecuencia.

Avisar antes de un cambio minimizará las luchas de poder.

Intenta no formular preguntas dicotómicas si después no vas a aceptar un «no» por respuesta. Si lo haces, provocarás una batalla.

Permite a tu hijo tener en su mundo imaginario lo que no puede tener en el real.

■ *Para evitar las habituales lágrimas y rabietas cuando era hora de irse del parque, un día Nancy probó un nuevo método. Tranquilamente, dijo a su hija: «Janey, apuesto a que podrías pasarte todo el día en el parque». Janey asintió sonriente. «Cariño, ya veo que si tuvieras tiempo construirías muchos castillos de arena... cientos de ellos, en el cajón de arena». Le cogió la mano mientras iban hacia el coche sin pelearse, y prosiguió: «¡Eres una gran artista!». (Parece fácil cuando una estrategia funciona.)*

Dale la oportunidad de enmendar lo que haya hecho mal.

■ *Cuando Nolan apareció gritando frustrado porque no podía construir la torre del castillo más alta, Caroline le tranquilizó y le dijo: «Yo te esperaré en esta mesa. Cuando te calmes y me hables sin gritar ni decir palabrotas, vendré contigo y terminaremos el castillo». Tan pronto como Nolan volvió tímidamente, Caroline lo saludó cariñosamente, sin mencionar su conducta anterior para nada».*

Busca una forma de evitar el inicio de una lucha de poder.

■ *Una madre (fuera de sí) y su marido idearon una manera de ayudarse mutuamente cuando uno de ellos perdía el control con los niños. Cuando el padre se daba cuenta de que los niños estaban acabando con la paciencia de mamá y que se estaba gestando una pelea, inspiraba ruidosamente para avisarla. La madre captaba el mensaje y salía de la habitación dejando la batalla en manos de su marido. Cuando quien se metía en una lucha de poder era el padre, la madre utilizaba la misma técnica para salvarlo.*

■ *Laurie, viendo que estaba perdiendo los estribos, intentó serenarse y dijo a su hija: «Ahora no puedo hablar contigo. Estoy saturada y necesito un descanso. Me voy a echar unos minutos... ¡sola!».*

Gritar órdenes y amenazas, apodar a los niños y echarles la culpa suele añadir más leña al fuego y anula todo intento de evitar una lucha de poder. Recapitula, recapacita y procura analizar objetivamente la lucha de poder.

No olvides que cuando un niño está muy enfadado es capaz de lanzar sus peores insultos. Es necesario limitar sus acciones, pero debes permitir que exprese sus sentimientos e intentar comprenderlos. Ayúdalo a detener la batalla que se está gestando.

Retoma el tema en un momento más tranquilo, en lugar de tratarlo en caliente. No lidiar la batalla cuando se desencadena es la mejor forma de evitarla. Aférrate a la idea de que la verdadera lección se aprende con el tiempo.

Habla de la lucha de poder más tarde, en una charla previamente planificada o en una reunión familiar. De este modo podéis revisar la pelea y aportar soluciones. Recuerda que aprender cosas buenas de lo malo es un proceso que requiere tiempo.

Permite que imagine cómo debería abordar la cuestión de forma correcta la próxima vez. Esto le ayudará a sentir que sus sentimientos e ideas tienen importancia. No obstante, no olvides que tú, como progenitor, tienes la responsabilidad última de concebir y reforzar las normas.

Recuerda que el comportamiento de un niño a menudo tiene la finalidad de llamar tu atención. No importa lo mucho que le regañes, grites, amenaces o increpes; si el niño necesita tu atención, para él, cualquier método resulta adecuado. El comportamiento persistirá aunque la atención que reciba sea negativa.

Replantéate las cosas si ves que estás prestando más atención negativa que positiva. Haz un esfuerzo para invertir las proporciones de atención negativa y positiva que recibe tu hijo. Averigua cuáles son los comportamientos que quieres que se perpetúen y los que quieres evitar.

Sé consciente del carácter de tu hijo y del tuyo. ¿Vuestros estilos de hacer las cosas se complementan o tienden a colisionar?

■ *En una conferencia, la doctora Ann McCartney, psicóloga infantil, pidió a los padres que consideraran cómo se adaptaba su temperamento al de sus hijos.*

Anímate

No eres el único padre que pierde el control y se ve envuelto en una espiral de lucha sin ganador con su hijo.

«¿Creéis que vuestro carácter os predispone a ser más (o menos) tolerantes con determinados comportamientos o características? Sed conscientes de vuestros puntos débiles derivados de vuestra biografía personal y del impacto que tienen en vuestras expectativas.»

Piensa en tu dedicación emocional a los temas propios de la infancia. Por ejemplo, si para ti es muy importante que tu hijo use bien el orinal a una determinada edad, sé consciente de que él puede interpretar tu entusiasmo como presión. Esto puede encender la chispa de una lucha de poder.

Recuerda que los niños pasan por diferentes etapas de desarrollo en diversas áreas como el lenguaje, la coordinación motriz y la capacidad para razonar. Muchos temas que hoy suponen un problema, simplemente desaparecerán por sí mismos con el tiempo.

Si has estado utilizando una determinada estrategia (gritar, sobornar, explicar) que parece no haber dado resultado, es hora de probar algo nuevo.

Conclusiones

Recuerda que en una lucha de poder no hay ganador. Dentro de la dificultad que conlleva un momento en el cual ninguno de los dos actúa de forma racional, puede ayudar mostrar comprensión, en caliente, hacia la perspectiva del niño, en lugar de dejar que la situación se vuelva cada vez más insoportable.

Mañanas «locas»

P: Las mañanas parecen guerras en mi casa. Todo se convierte en una batalla. Intento tranquilizarme, pero nadie colabora... ¡Socorro!

R: Las mañanas son difíciles porque las necesidades de los padres (ser puntuales, organizados e ir bien arreglados) entran en conflicto con las necesidades de los niños (vivir el momento, ser curiosos y divertirse). Además, muchos niños pequeños tienen dificultades para adaptarse a los períodos de cambio. Cambiar de una cosa a otra es difícil, incluso si la actividad siguiente es tan placentera como ir a por un helado. Lee nuestras propuestas e intenta ponerlas en práctica.

RESPUESTAS

→ Valida los sentimientos de tu hijo. Los niños colaboran más si se sienten comprendidos. «Jared, ya veo que estás muy enfadado porque nos tenemos que ir en mitad de tu programa de televisión favorito. Vamos a grabar el resto y lo podrás ver cuando volvamos».

→ Describe lo que hay que hacer con una petición firme y con una sola palabra. Di: «¡Dientes!» en lugar de: «¿Cuántas veces debo deciros que os lavéis los dientes?».

> ➔ Viste a tu hijo en el baño. Así evitarás que se distraiga con los juguetes, los hermanos o la televisión.
>
> ➔ Pon música rítmica como parte de la rutina de las mañanas o utiliza música suave si deseas que tu hijo vaya despacio.
>
> ➔ La noche anterior, deja que tu hijo seleccione uno de sus juguetes preferidos. Por la mañana, cuando esté listo, dale el juguete para que juegue con él en el coche.
>
> ➔ Planifica un cuento, una charla o su canción favorita para que las mañanas resulten menos estresantes. No es fácil, pero vale la pena el esfuerzo.

Te aconsejamos...

Describe lo que deseas que se haga con explicaciones mínimas.

> ■ *Cuando Anna, una madre trabajadora, dio a su hijo una larga y detallada explicación sobre las razones por las cuales no podía llegar tarde a una importante reunión con su jefe, obtuvo como respuesta: «No me importa, para mí no es importante». La siguiente vez, mamá simplemente dijo: «El desayuno está listo. ¡A comer!».*

No pierdas el sentido del humor para obtener la colaboración de los niños. Sé específica.

> ■ *Gail estaba contenta. Como por arte de magia, con una voz tonta y divertida consiguió la colaboración de sus hijos. Asimilaban mejor instrucciones específicas del tipo: «Sacad la cabeza por la camiseta, como tortugas» que darles prisas: «Por favor, vestiros ahora mismo, es tarde».*

Estimula la colaboración de tu hijo con los sentidos de la vista, el tacto y el oído. Establece contacto visual y rodéale con el brazo antes de hablar. El objetivo consiste en que te escuche a la primera.

Prueba con la técnica del cuando-entonces.

■ *Elise obtenía colaboración inmediata diciendo: «Cuando termines de desayunar, entonces podrás ver la televisión».*

Utiliza la fantasía para ganarte la colaboración de tus pequeños. Relájate..., diviértete... Lo que a ti te pueda parecer una estupidez, podría dar resultado.

■ *Vera recuerda: «Fue divertido lo que los niños hicieron con sus botas parlanchinas: "Por favor, pon tus bonitos dedos dentro de mi barriga... ¡Oh, qué bien...!"».*

Ofrece una sorpresa tan pronto como haga las cosas. No hace falta que sea algo excepcional. Basta etiquetarlo como «sorpresa» para que resulte especial.

■ *«Cuando os pongáis los abrigos, buscaremos una sorpresa en el coche», dijo una madre creativa. A continuación, recogió un montón de hojas otoñales y dijo: «¡Oh! ¿No son preciosas? Vamos a llevárnoslas y a enseñárselas a la profesora».*

Evita situaciones conflictivas formulando preguntas de respuesta negativa imposible.

■ *Bruno, que lo programaba todo con rectitud, dijo a su hijo de dos años: «Es hora de vestirse». Sabía que si le pedía que se vistiera la respuesta sería NO.*

Agiliza las mañanas. Ofrécele al niño dos posibilidades. Las preguntas abiertas a menudo no obtienen respuesta o un «no lo sé».

■ *Elsa preguntó a su hija: «¿Qué pantalones quieres ponerte, los azules o los rojos?». Descubrió que de esta forma funcionaba mejor que preguntando: «¿Cómo quieres vestirte hoy?».*

Ayúdalo a vestirse de vez en cuando, aunque sepas que es perfectamente capaz de vestirse solo. La prisa no es la mejor amiga de las lecciones de independencia.

■ *Una mañana en que las cosas no avanzaban, Jerry le dijo a su hijo: «Yo te pondré el calcetín derecho y tu te pones el izquierdo. Esto es lo que yo llamo cooperación».*

Abandona la estancia durante unos minutos cuando se esté gestando una batalla campal.

■ *Algunas mañanas, los niños de Caroline simplemente se negaban a vestirse. Aprendió a ausentarse y hacer otra cosa, como por ejemplo los bocadillos del mediodía. Cuando volvía, daba un juguete a Nolan para distraerlo mientras lo vestía. Normalmente ya se había olvidado de la rabieta que acababa de protagonizar y colaboraba. Algunas veces, la poca memoria de los niños resulta encantadora.*

Prueba a hacer las cosas en tres pasos, en especial en situaciones difíciles: primero, comprende los sentimientos de tu hijo; a continuación, explica lo que no puede cambiar; y por último, inventa algo positivo para que el niño lo tenga cuando haya cumplido la instrucción.

■ *Laura dijo a sus hijos: «Sé que estáis tristes y enfadados porque tenemos que interrumpir vuestro programa de televisión favorito, pero mamá no puede llegar tarde. Os agradezco que me ayudéis a llegar puntual. Tengo una cosa especial para comer de camino a la escuela».*

Madruga. Salir de la cama en un invierno frío y oscuro es lo peor que hay. Pero si te levantas veinte minutos antes que los niños, notarás una gran diferencia.

Decide un sitio para guardar las cosas que usáis por la mañana.

■ *Caroline recuerda: «No importaba si lo hacíamos la noche anterior o por la mañana, nunca estaban por la labor cuando debían ponerse los abrigos, los zapatos o coger el material escolar. Al final, incluso tuvimos que colocar la comida del mediodía junto a la puerta».*

Sé consciente de que dar prisas puede que te haga llegar puntual, aunque en ocasiones tendrás que pagar un precio muy elevado por ello.

■ *Renee compartió la siguiente historia en la clase de madres e hijos de Gail: «Una mañana, cuando mi anciana vecina intentó hablar con mi hijo y conmigo, el niño me avergonzó interrumpiendo su saludo: "Mi mamá dice que tenemos mucha prisa; no tengo tiempo para ser amable"».*

■ *Dave descubrió que utilizar un cronómetro ayudaba a su hijo a cooperar. «Cuando suene el cronómetro apagarás el televisor. Luego, te pondrás los zapatos y la chaqueta verde, ¿de acuerdo?»*

Utiliza herramientas visuales y auditivas para ayudar a los pequeños a recordar lo que tienen que hacer.

■ *Seth, de cinco años, pintó un mural con lo que tenía que hacer antes de ir a la escuela (lavarse los dientes, ponerse los zapatos y el abrigo, coger la cartera, etc.) y lo colgó junto a la puerta. Se sentía orgulloso de poder arreglarse él solo, sin que nadie tuviese que recordarle lo que debía hacer.*

Anímate

No eres el único padre que deja los planes importantes para el último momento y después encuentra dificultades para explicárselo a sus hijos, especialmente si debe entrar puntual al trabajo porque tiene una presentación.

■ *Stephanie descubrió un modo de comunicación para que las mañanas fuesen más agradables y ahorrarse los gritos, que dicho sea de paso nunca funcionaban. La noche anterior grababa un mensaje en un cassette: «Allie, apuesto a que te has acordado de que hoy debes devolver el libro a la biblioteca». La niña, de cuatro años, estaba deseando pulsar el botón para escuchar a su mamá.*

Establece prioridades.

■ *Gail, en lugar de perder tiempo y energía gritando a los niños que se dieran prisa, primero se arreglaba y después vestía a los niños. De este modo daba la sensación de que los niños no tenían que esperar tanto a mamá y había menos jaleo a la hora de salir.*

Haced las cosas todos juntos, como un equipo.

■ *Magda descubrió que las cosas eran más fáciles cuando se lavaba la cara y los dientes con sus hijos. Cantar canciones tontas sobre lavarse los dientes también ayudaba.*

Intercambia los papeles con tu cónyuge de vez en cuando. Puede resultar emocionalmente agotador para un padre ser siempre responsable de arreglar a los niños por las mañanas.

Anímate

No eres la única madre que descubre que su esposo tiene más paciencia y es más eficaz que ella cuando se trata de que todo el mundo salga de casa. No te enfades, dile un cumplido y probablemente lo repetirá.

Prueba con pequeños trucos.

■ *Cuando ya nada daba resultado, Gail vestía al niño con una sudadera y un pantalón de chándal la noche anterior y lo metía en la cama. ¡Voilà! Ya estaba vestido para el día siguiente.*

■ *Stacy adelantó todos los relojes de la casa diez minutos. Cuando entraba en el coche y veía el reloj, se sentía tranquila, pues había ganado diez minutos.*

Haz un esfuerzo. Algunos días empiezan mal sin razón alguna.

■ *Después de una mañana verdaderamente loca, Gigi estaba enfadada consigo misma, pues se dio cuenta de cómo se debían de haber sentido sus hijos de camino a la escuela. A la mañana siguiente, hizo un esfuerzo, y fueron cantando y jugando durante todo el camino. Fue divertido.*

Desvirtúa los efectos de las mañanas locas con una llamada a casa durante el día.

■ *Después de una mañana especialmente histérica, Caroline llamó a su casa y dejó un mensaje con una tontería en el contestador automático cuando sabía que se habían ido al parque. Cuando cruzaron el umbral de la puerta corrieron a mirar si la luz roja parpadeaba. Escucharon el mensaje una y otra vez. La cuidadora dijo que les había divertido mucho.*

Conclusiones

Los adultos deben ser puntuales. Los niños odian que se les dé prisa. Pero con un poco de imaginación, no hace falta agobiarlos. Una pizca de preparación y creatividad puede ser una buena ayuda para empezar el día con buen pie.

Mentir

P: Mi esposa y yo no queremos permitir a nuestras hijas que mientan, pero no nos parece bien castigarlas cada vez que dicen algo que no es cierto. ¿Cómo podemos hacer que digan la verdad?

R: Las lecciones de honestidad se enseñan mejor cuando les allanas el camino para decir la verdad en lugar de estar esperando pillarlos con una mentira para castigarlos. No olvides que la percepción infantil desdibuja la diferencia entre realidad y fantasía, y adorna todo lo que dice. A menudo, un niño hace (o es) en la fantasía lo que no puede hacer (o ser) en la realidad. La memoria de un niño no es perfecta. A veces, se puede confundir u olvidarse de lo que ha pasado. Muchos preescolares piensan que negando lo que han hecho, el daño desaparece y pueden así evitar las consecuencias y volver a ser «buenos». Aunque las mentiras deben ser corregidas, es importante que os deis cuenta de que un niño no miente en el sentido adulto de la palabra: premeditado (y a veces malicioso).

RESPUESTAS

→ Enfréntate a las mentiras de los niños tranquilamente, sin atacar su carácter. Por ejemplo, si es evidente que tu hijo se ha comido una golosina, aunque él lo niegue, di: «No me gusta que comas golosinas sin mi permiso».

➜ Di al niño: «Jack, es importante que le digas a mamá o a papá la verdad. De esta forma podremos ayudarte a resolver el problema».

➜ Facilítale el hecho de decir la verdad evitando acusaciones y enfrentamientos violentos. Si lo que buscas es una confesión, no te va a ayudar decir: «¡Mira lo que has hecho! Has vuelto a tirar el jarrón, ¿verdad?». Tendrás más éxito con: «Algo le ha pasado al jarrón. Me pregunto cómo ha podido ir a parar al suelo».

Te aconsejamos...

Corrige la mentira de tu hijo reconstruyendo los hechos de forma tranquila, sin acusaciones.

■ *Ya en la caja del supermercado, Patrick cogió un paquete de gominolas y se lo metió en el bolsillo del pantalón. Aunque Pam, su madre, se dio cuenta enseguida, evitó hacer una lectura negativa de los hechos. Simplemente, dijo: «Estas gominolas no son tuyas». Patrick se defendió: «Oh, ¿estas gominolas? Las cogí de casa». Pam insistió: «Patrick, las gominolas son del supermercado; no las hemos comprado. Por favor, ponlas de nuevo en la estantería». A continuación, le cogió la mano y le ayudó a colocarlas en su sitio.*

Cómo piensa un niño de dos a cinco años

La percepción del mundo que tiene un niño pequeño se refiere directamente a sus necesidades, deseos y experiencias. Se centra más en lo que puede ver que en lo que puede deducir. Y, por mucho que te empeñes en explicarle algunas cosas, no las comprenderá.

Los siguientes conceptos ilustran facetas de la inmadurez mental de los niños:

➜ **Creen que las cosas sólo les suceden a ellos.** Un niño puede pensar que empieza a llover para que pueda estrenar su paraguas nuevo. Otro puede creer que el león del zoológico ruge porque quiere comérselo.

→ **En general, suelen tomarse las cosas al pie de la letra.** Un niño de cuatro años puede estar horas buscando los «ojos» en la espalda de su mamá...

→ **Empiezan a mostrar signos de empatía.** Un niño de dos años puede dar a su madre el biberón si la ve llorar.

→ **Usan la imaginación para satisfacer sus propias necesidades.** A veces, un niño puede culpar a su amigo imaginario de su propia mala conducta. De esta forma, su mente cree que él es «bueno».

→ **No comprenden muy bien las palabras abstractas y las que cuantifican unidades de tiempo,** tales como minutos, horas, días, semanas, ayer, mañana, pronto, tarde, etc. Un niño pudo comprender que su papá volverá de viaje dentro de dos días cuando mamá le dice que papá estará en casa cuando hayan dormido dos veces (es decir, una actividad concreta a la que el niño puede referirse).

→ **Suelen responder con sinceridad, pero a una pregunta que no es exactamente lo que querías saber.** Cuando todo el mundo se sentó a la mesa para cenar, papá preguntó a su hijo: «¿Te has lavado las manos?». El niño respondió: «Sí, papá». No era una mentira, lo había hecho el día anterior.

→ **Atribuyen sentimientos a los objetos inanimados.** Un preescolar se puede preocupar porque los zapatos les quedan pequeños a los muñecos.

→ **Tienen dificultades para distinguir la realidad de la ficción.** Una hermana menor puede asustarse y creer que su hermano se ha convertido en un oso si se pone un disfraz.

→ **Muchas veces creen que todo lo que ven en televisión es verdad.** Un niño cree que Superman vuela de verdad y que Papá Noel entra y sale de las casas por la chimenea.

→ **Creen que los sueños han sucedido de verdad.** Los monstruos y otras criaturas temibles parecen reales a los ojos de un preescolar.

→ **Se sienten culpables cuando alguien se hace daño, aunque no tengan la culpa.** Cuando a mamá le empezó a doler la espalda, un preescolar pensó que el dolor lo causó el golpe que le había dado de camino a la escuela. Otro niño pensó que su mal comportamiento era la causa del divorcio de sus padres.

Un niño de dos a tres años puede decir una mentira y ser incapaz de comprender que sus padres saben que no está diciendo la verdad. Un niño de esta edad a menudo no es capaz de captar la perspectiva que pueden tener los demás. Véanse los recuadros en las páginas 163 a 165; más información sobre cómo piensa un niño de dos a cinco años.

■ *Cuando Stevie tenía dos años y medio, tiró por accidente una jarra de leche en la mesa durante el desayuno. Después pensó durante unos segundos. Mamá, papá y su hermana mayor, Missy, estaban en la mesa. De repente Stevie se sentó y dijo: «¡Yo no lo he hecho! ¡Ha sido Missy!». Para Stevie, el hecho de haberlo negado significaba que aquello nunca había sucedido. Este tipo de reacción es propia de un niño de esta edad. Además, era incapaz de comprender que sus padres lo habían visto y sabían perfectamente quién lo había hecho.*

Reprime la tentación de hacer preguntas de las que conoces perfectamente la respuesta. Piensa que la mayoría de los niños, al igual que los adultos, detestan que se les interrogue, especialmente si se hace con aires de superioridad.

Anímate

No eres el único padre que pega un grito como «¿Me tomas por tonto?» o se ríe a carcajadas de las ridículas historias que cuenta su hijo.

¿Es realmente una mentira?

Lo que pueda parecer una mentira puede ser producto de la imaginación del niño o una percepción del mundo normal para su edad. Escúchalo con atención e intenta determinar si tu hijo habla de sus creencias o dice mentiras.

■ *Tina estaba enfadada porque había recibido una llamada de la maestra de su hija. Ambas habían intercambiado opiniones acerca de la mala conducta de Amber y a Tina le había provocado mucha ansiedad. No obstante, cuando Amber llegó a casa, Tina respiró profundamente e intentó mantener la compostura. Se dio cuenta de que el bombardeo de preguntas que le formulaba normalmente (¿Ha pasado algo malo hoy? ¿Te has metido en algún lío?) sólo servía para que la niña mintiera. Tina escogió una opción que funcionó mucho mejor. Empezó la conversación diciendo: «Amber, tu maestra me ha dicho que pegaste a Sam en el recreo. Estarías muy enfadada para hacerlo. Hablemos de ello».*

Evita formular preguntas en caliente si quieres obtener respuestas honestas. Aplaza la conversación para una Reunión Familiar o para una charla privada planeada con antelación con tu hijo. Véase la página 27; explicación acerca de cómo llevar a cabo una reunión familiar.

■ *Para Sal no era habitual encontrarse una bolsa de patatas vacía en la despensa. No es de extrañar que nunca obtuviera respuestas adecuadas cuando gritaba: «¿Quién se ha comido una bolsa de patatas entera antes de comer?». Al final, decidió organizar una reunión familiar para hablar sobre el tema apaciblemente y poder escuchar todos los puntos de vista. Sal abrió la reunión expresando sus sentimientos: «Chicos, estoy disgustada porque no me habéis dicho que teníais apetito en lugar de comer tentempiés sin mi autorización. Vamos a establecer algunas normas sobre los piscolabis en esta casa. Todos vamos a tener un turno para hablar antes de que nos pongamos de acuerdo y tracemos un plan».*

La forma de decir las cosas puede empujar a un niño a mentir. Amenazar a los niños con posibles castigos le da poco margen para decir la verdad.

> ■ *La única respuesta que Raúl pudo sonsacarles a los chicos cuando dijo: «Muy bien, alguien se acaba de meter en un buen lío. ¿Quién ha esparcido la pintura azul por la pared de la sala de estar?» fue un montón de caras de culpabilidad y muchos dedos señalando distintos culpables.*

Identifica y elogia las verdades que diga tu hijo, especialmente cuando la tentación de decir una mentira sea considerable.

> ■ *Cuando Carl encontró el jarrón roto en la sala de estar, preguntó a Jason, su hijo de cuatro años, si sabía lo que había ocurrido. El niño admitió que sin querer había dado un golpe a la mesita de café y había tirado el jarrón. Carl le respondió: «Sé que ha sido duro reconocer que lo hiciste tú. Es admirable la forma en la que me has dicho la verdad. Vamos a buscar una solución para remplazar el jarrón de mamá».*

Piensa que es normal que un niño de dos a cinco años explique «cuentos largos». No se puede decir que esté mintiendo si no hay un intento de inculpar a alguien.

> ■ *Eddie escuchó a su creativa hija susurrando a su amiga: «¿Sabes qué hizo mi padre ayer? Me trajo cien osos de peluche sólo para mí. ¿Y sabes qué? Va a construir una nueva habitación junto a la casa para que puedan vivir en ella».*

Negar la presencia de un amigo imaginario no ayuda a distinguir la realidad de la fantasía, pues el niño percibe a este amigo como real.

> ■ *Christina, de cuatro años, a menudo iba acompañada de su amiga imaginaria, Megan, y se avergonzaba de su mal comporta-*

miento. Mamá dijo: «Me pregunto si Megan se avergüenza cuando tú te portas mal. En todas las personas hay cosas buenas y cosas malas. Quizá a veces Megan hace cosas bien y Christina las hace mal pero culpa a Megan. ¿Cuál crees que debe ser la consecuencia cuando Megan hace las cosas mal?». Esto abrió la puerta a una charla acerca de los actos de Christina y sus consecuencias adecuadas.

A medida que tu hijo crece y se le van presentando oportunidades, puedes introducir de forma afable y gradual las diferencias entre realidad y fantasía. Puede que las fantasías de tu hijo le parezcan muy reales y crea de verdad que algo que ha sucedido en su mundo imaginario es cierto.

Ten en cuenta que la consciencia de un niño pequeño se desarrolla de forma paulatina. Hasta que no esté totalmente desarrollada no puedes esperar que diga siempre la verdad o que recuerde las normas cuando no estás con él.

■ *En presencia de su madre, Jeremiah, de dos años y medio, parecía recordar la norma de no tocar el nuevo televisor de marca. Pero cuando Evelyn lo perdió de vista un momento para contestar al teléfono, se dio cuenta de que había cambiado el canal. Cuando preguntó a Jeremiah por qué lo había hecho, éste le susurró al oído: «No, no he sido yo mamá... no, no».*

■ *Sylvia llamó a su padre, lo hizo sentar en el suelo y le tapó los ojos con la mano. Con la otra mano cogió una tiza y pintó la pared. Parecía creer que si no la veía pensaría que no había sido ella, y negó haberlo hecho.*

Conoce los sentimientos de tu hijo y le ayudarás a distinguir entre la fantasía y la realidad.

■ *Cuando Emma volvió a casa después del cumpleaños de Michael, gritó: «¡Mamá, mamá, en lugar de una bolsa de caramelos, nos han dado un cachorro a cada uno!».* Su comprensiva madre respondió: *«Cariño, ya veo cuánto te gustaría tener un perrito».*

Observa el lenguaje corporal de tu hijo para obtener pistas acerca de si es consciente de que está mintiendo.

■ *El doctor Burton White, famoso psicólogo infantil, nos da este consejo: «Si observas que el niño tiene la boca torcida, como una media sonrisa, la mente del niño ha madurado y comprende que se está portando mal y que está mintiendo». Normalmente esto ocurre a los tres años.*

Algunos niños mienten porque temen que la verdad enoje a sus padres y quieren evitar el castigo.

■ *Cuando la Sra. Klein devolvió los deberes a sus niños en el parvulario, Jason se sintió muy frustrado. Tenía la hoja llena de correcciones rojas que señalaban cada error. Pensó que sus padres se iban a enfadar mucho y por eso hizo una bola con la hoja y se la metió en el bolsillo. Cuando llegó a casa decidió mentir. «Hoy no hemos hecho deberes. Hemos jugado todo el día». Más tarde, aquella misma noche, mientras mamá hacía la colada descubrió el incriminante papel. Con mucho cuidado, pensó cómo podía resolver el problema de la mentira. Llamó a Jason, lo rodeó con el brazo y le dijo: «Cariño, quiero que sepas que he encontrado tu hoja de deberes. Me he dado cuenta de que has hecho un gran trabajo en la primera parte. ¿Sabes?, cuando yo tenía tu edad, a menudo la maestra me escribía correcciones en rojo como éstas en mis deberes. A mi mamá le gustaba enseñarme a corregirlas. Vamos a repasar tus correcciones juntos, ¿de acuerdo?».*

Modela la responsabilidad de tus hijos responsabilizándote de tus propios errores y fracasos y corrigiéndote cuando sea necesario. Tómate tiempo para explicarles lo que aprendiste de tus errores.

Cuando permites y conoces los sentimientos negativos de tus hijos (no su conducta negativa), te verán como una aliada y les será más sencillo decir la verdad. Además, tendrán el beneficio de sentirse comprendidos.

Recuerda que tu hijo no se ha convertido en un mentiroso patológico por haber dicho algunas mentiras.

Sé consciente de que mentir excesivamente puede ser la consecuencia de haber sido sometido a muchos castigos o a mucha presión para complacer a los adultos que tienen expectativas poco apropiadas.

Evita los castigos que no sólo no funcionan, sino que también tienden a invitarlo a mentir. Céntrate en solucionar el problema ayudando a tu hijo a cambiar su conducta.

> ■ *El hijo de Moira siempre se olvidaba de traer la sudadera del parvulario. Cada día le hacía la misma pregunta: «Jake, ¿has traído la sudadera?». Claro que ya sabía la respuesta. Un día, Jake bajó la cabeza y farfulló: «La maestra se la ha dado a otro niño». Moira controló las ganas que tenía de gritar: «Eso es mentira, como ayer. No vas a ver la televisión esta tarde, ni la vas a ver más hasta que traigas la sudadera». Pero prefirió decir: «Necesitas la sudadera. ¿Qué te parece si colocamos una nota en la cartera para que te acuerdes de traerla mañana?». Jake pensó un momento y después dijo: «Mamá, vamos a atar un cordel en mi dedo para que me ayude a recordar. Bert, de Barrio Sésamo, lo hacía cuando se olvidaba de comprar comida».*

Concéntrate en encontrar soluciones en lugar de culpar.

> ■ *Después de haber tomado clases de ser padre, Kathy aprendió a evitar decirle a su hija: «Me dijiste que ordenarías los juguetes y todavía están aquí, no me lo puedo creer... ¿qué has estado haciendo? Ahora vamos a llegar tarde por tu culpa». Intentó otra mane-*

ra con la que obtuvo mucha más cooperación: estableció contacto visual con su hija y dijo: «Me he dado cuenta de que los juguetes aún están desordenados y nos queda poco tiempo antes de irnos. Tengo una idea. Tú pones las películas de vídeo en la estantería y yo pondré los muñecos articulados en la cesta».

Recuerda, los niños, a menudo, se toman lo que dices de forma literal. Incluso un pequeño cambio en lo que prometiste a un niño le puede parecer una mentira.

■ *Ray prometió a su hija una visita a la tienda de juguetes al salir de clase. Tan pronto como giró a la izquierda en lugar de a la derecha en el semáforo, Patsy gritó: «¡Espera! Te has confundido de camino. Dijiste que íbamos a la tienda de juguetes». Ray contestó: «Vamos a ir. Sólo nos pararemos en la tintorería por el camino». Patsy replicó: «¡Dijiste que iríamos a la tienda después de clase, mentiste!».*

♥

Anímate

No eres el único padre que promete a sus hijos, durante el desayuno, que va a jugar a hoquei con ellos antes de acostarse..., para luego encontrarse agotado después de un duro día de trabajo. Evita sentirte culpable cuando los niños digan que eres un mentiroso. Es una excelente oportunidad para decirles que sientes mucho haberlos disgustado (una lección: los padres no son perfectos), reprograma la actividad y cumple la promesa.

Piénsalo bien antes de permitir que el niño se escape de decir la verdad. Debe ser responsable de sus actos. Hazle saber que podéis trazar un plan para que las cosas salgan bien.

Comparte con tus hijos momentos en los que te ha sido difícil decir la verdad. Explica cómo decidiste aceptar las consecuencias siendo honrada y diciendo la verdad.

Conclusiones

Un niño tiene muchas razones para mentir, pero tu ejemplo positivo y las reacciones razonadas y comprensivas pueden ayudarlo a darse cuenta de que es preferible obrar con honradez.

Miedos nocturnos

P: A menudo mi hijo se levanta asustado a media noche. Nos cuenta cosas del monstruo que vive en el baño y del que se esconde en su cama. ¿Cómo puedo convencerlo de que está a salvo?

R: Muchos miedos son habituales y normales en los preescolares e incluso en niños más mayores. Habla de estos miedos con tu pequeño y hazle saber que lo comprendes. La mayoría de los niños de entre dos y cinco años todavía no saben diferenciar entre la realidad y lo imaginario. Así pues, no debes sobreactuar para hacer reír a tu hijo; no lo comprenderá. Ayúdale a enfrentarse al miedo de una forma que para él tenga algún sentido.

RESPUESTAS

→ Enciende las luces.

→ Tranquilízalo diciendo: «Estoy aquí, y papá también». Repítelo varias veces si es necesario.

→ Míralo a los ojos y escúchalo atentamente.

→ Responde a sus miedos en un tono suave y sereno.

→ Cuando abandones el dormitorio, dale su peluche o su muñeca preferida para que se sienta acompañado.

Te aconsejamos...

Conoce el miedo de tu hijo: Para él, el sentimiento de miedo es real, independientemente de lo bobo o absurdo que te pueda parecer. Dile: «Ya veo que estás muy asustado». De este modo, tu hijo se sentirá seguro, pues sabrá que lo comprendes.

Aunque muchos niños no se sienten cómodos hablando de una pesadilla, los hay que lo hacen con suma tranquilidad. Durante el día puedes darle ideas para que te explique el sueño. Eres la que mejor conoce a tu hijo.

> ■ *Con frecuencia, el hijo de Julia entraba en su habitación a media noche diciendo que había tenido una pesadilla. Tras intentar en vano que hablara de ella, Julia descubrió lo que realmente funcionaría con su pequeño Ned. Le reconfortaba que lo acompañara de nuevo a su cama con un beso, un fuerte abrazo y mucho cariño. Cuando Julia le preguntó si ya se sentía mejor acerca de la pesadilla, Ned le contestó que era mejor olvidarlo, pero le pidió que le contara otro cuento.*

Si el niño quiere hablar del sueño, puedes sugerirle que pruebe con polvos mágicos en el sueño, haciendo desaparecer cuanto desee. Esto le ayudará a evadirse de una situación pavorosa (un monstruo que le persigue, etc.). Los niños tienen mucha imaginación, pero puedes canalizarla dando algunas directrices al niño antes de que se acueste. Numerosos estudios demuestran que esta técnica es muy eficaz.

Después de tranquilizar a tu hijo con palabras, hazle algunas caricias para que se relaje.

> ■ *Mark sabía que su hijo Chase se sentía mejor si, después de una pesadilla, lo abrazaba, le rascaba la espalda y lo arropaba.*

Encuentra soluciones concretas que proporcionen a tu hijo un sentido de autocontrol.

■ *Rita descubrió que su hijo se sentía mucho mejor si podía tener la linterna de papá en la cama.*

■ *Laurie tenía miedo de las extrañas criaturas que podían morar debajo de su cama. Antes de acostarse, su madre pasaba el aspirador para eliminar todos aquellos monstruos.*

■ *A veces, Gail se cambiaba la almohada con la de su hijo, para que el niño pudiera tener algo que oliera a su madre.*

■ *A Derek le asustaba la oscuridad. Sus padres pegaron una tira adhesiva navideña de color azul celeste en el techo de su cuarto. El resplandor de la tira lo tranquilizaba durante la noche.*

Desciende hasta el nivel de comprensión del niño, en lugar de intentar que él ascienda hasta el tuyo.

■ *Cliff dijo a su hija: «¿Has dicho que al monstruo le asusta el ruido? Haremos mucho ruido para que se vaya».*

■ *Denise pidió ayuda a su hijo para etiquetar una botella de «agua mágica» que utilizarían para ahuyentar todos los miedos.*

Si sientes la necesidad de ayudar a tu hijo a distinguir lo que es real y lo que no lo es, intenta reconfortarlo sin validar la presencia de los monstruos.

■ *Ellen dijo: «He rastreado toda la esquina y no he visto ningún monstruo, sólo sombras. Pero si tienes miedo, puedes dormir con las luces encendidas».*

Anima al niño a elegir una mascota que le haga compañía en la cama. Algo especial, como una manta o un

Anímate

No eres el único padre que ha hecho ir a su hijo al lavabo a media noche para comprobar que no había ningún monstruo, sin darse cuenta de que lo único que consigue es intensificar sus miedos.

peluche, da excelentes resultados. Incluso una linterna o la foto de papá o de mamá suele tranquilizar a los niños.

■ *Cuando Colleen tuvo su tercer hijo, era más mayor y había aprendido un montón de cosas. Le animó a utilizar sencillamente un trozo de tela suave. Le pareció menos vergonzoso que el camisón de satén con el que se tranquilizaba el hijo de su amiga, incluso en público.*

Id juntos de compras a buscar una mascota especial si no tenéis ninguna.

Utiliza juegos de imitación, libros y reuniones familiares para ayudarlo a reorientar los temas más recurrentes que provocan miedos nocturnos y a involucrar a los niños en la búsqueda de soluciones (véase el recuadro de las páginas 96 a 98; más información acerca de los **Juegos de imitación**).

■ *El hijo de Caroline se calmó muchísimo escuchando las historias de los monstruos que mamá tenía debajo de la cama cuando era pequeña, o por lo menos eso fue lo que pensó Caroline. Luego se dio cuenta de que había sido una estupidez, porque los monstruos de su hijo estaban en el baño, no debajo de la cama.*

> ——— ❤ ———
>
> ## Anímate
>
> *No eres el único padre que, en una noche en la que necesita desesperadamente un sueño reparador, permite que su hijo se meta en la cama con ellos. Y cuando el niño se arrima a su dormida esposa se va con su almohada al sitio más lejano de toda la casa.*

Haz excepciones a las normas generales en caso de miedos nocturnos. Si el niño insiste en dormir en vuestra cama, un saco de dormir en el suelo puede funcionar.

A menudo os sorprenderán solucionando el problema con sus experiencias o con lo que han aprendido de otras culturas acerca de ciertas creencias y rituales.

■ *La madre de Mona se enteró en una conferencia de que los nativos americanos tenían muñecos cazadores de sueños. Enseguida confeccionó una réplica y la colgó en la cabecera de la cama de su hija, para que filtrara todos los sueños.*

■ *En una excursión a un típico jardín japonés, Nick pudo ver cómo se le iluminaban los ojos a su hijo cuando el curandero explicó que los espíritus malignos sólo viajan en línea recta. «Papá, podría cruzar el puente en zigzag para que el fantasma que me asusta cada noche no pueda seguirme».*

Si el problema se repite constantemente o le asusta en exceso, consulta a tu pediatra.

■ *El hijo de Caroline experimentó el fenómeno médico llamado «terror nocturno», que algunos médicos atribuyen a cambios en la estructura cerebral. Durante un episodio de terror nocturno, el niño gritó y empezó a temblar incontroladamente. No reconocía a su madre y daba la sensación de no estar totalmente despierto. Aunque no era capaz de serenarse y estaba mejor si se le dejaba solo en su cama, para Caroline y su marido fue muy doloroso verlo de aquel modo y no poder hacer nada. Caroline se relajó cuando le dijeron que los niños no recuerdan estos episodios y que siempre los superan.*

Conclusiones

Una explicación honrada diciendo que no existen los fantasmas casi nunca funciona, porque el niño está muy asustado. Conocer los sentimientos de los niños, abrir las líneas de comunicación y ofrecerles la máxima comodidad resulta lo más apropiado.

Modales

P: Mi hija no es tímida, pero cuando le presento gente nueva, nunca les dice «hola». De hecho, esto sucede cuando nos encontramos con amigos míos por la calle. Me pregunto si debería insistir para que tratara a los adultos con respeto.

R: Todos desearíamos que los niños aprendieran a saludar a los adultos de forma respetuosa. Si no quieres forzar a tu hijo a decir «hola», tienes la oportunidad de enseñarle buenos modales de forma ininterrumpida. Las estrategias de disciplina positiva que modelan el comportamiento adecuado, jugar a hacer saludos educados y hablar en nombre de un niño tímido o poco colaborador enseñarán al niño lo que se debe hacer.

Te aconsejamos...

Recuerda que aprender a tener buenos modales es un proceso que necesita tiempo y práctica.

Trabaja sólo uno o dos temas a la vez con los niños. Hay un gran abanico de temas entre los que escoger: cómo saludar a otros niños, cómo decir adiós, decir gracias, utilizar la servilleta, los modales en un restaurante, modales relacionados con recibir y entregar regalos... Véase «**Dame**» en la página 69, **Hora de comer** en la página 122 y **Valores** en la página 290 para obtener más información acerca de los buenos modales.

Trata a los niños con respeto, incluso al más pequeño. Establece contacto visual, pon atención cuando un niño habla y trata sus pertenencias con cuidado y respeto.

Prepara a tu hijo explicándole sin criticar cuál es la conducta que esperas que tenga. Es un error dar por sentado que un niño conoce las normas.

Evita el mal comportamiento explicando a los niños qué es lo que deben hacer en determinadas situaciones. Por ejemplo, en un momento en que estés ocupada, diles que hagan un dibujo, que miren un libro, etc.

Planifica una forma aceptable para que puedan requerir tu atención si realmente te necesitan. Véase la sección **Interrumpir** en la página 131 para obtener más ideas.

Enseña a tus hijos a utilizar palabras educadas y expresiones tales como «Por favor», «Gracias» y «Disculpa». Verás que, si las oyen a menudo, las dirán automáticamente.

Elogia a tus hijos cuando tengan buenos modales.

Para enseñar buenos modales a tu hijo, el arma más poderosa consiste en predicar con el ejemplo. Los niños tienden a hacer lo que tú haces, no lo que tú dices. Es aún más difícil enseñar a los niños a ser considerados si de vez en cuando papá o mamá no lo son.

Repetir, jugar a imitar, utilizar títeres y contar cuentos pueden complementar las lecciones sobre educación de tu preescolar de una manera divertida. Por ejemplo, si permites que los niños hablen por teléfono, enséñales la forma adecuada de hacerlo.

Véanse las páginas 96 a 98; más información acerca de los **Juegos de imitación.**

> ■ *Siempre que la suegra de Gail llamaba, quería hablar un rato con su nieto. Aunque Aarón, de dos años y medio, enseguida cogía el teléfono, a menudo se lo colocaba al revés o creía que poniéndolo como si fuera un periscopio, la abuela podría ver lo que le estaba contando. Muchas veces se distraía y dejaba a la pobre abuela «colgada» al otro extremo del hilo telefónico. Por eso, madre e hijo decidieron practicar cómo se debía hablar por teléfono. Gail enseñó a Aarón a decir adiós antes de colgar.*

Anima a tu hijo a demostrar que tiene buenos modales cuando salís de casa. Véase **Hora de comer** en la página 122; más información sobre modales en la mesa.

> ■ *Donna no esperaba que sus hijos tuvieran unos modales perfectos en casa. El hogar era el lugar de relajación y donde se divertían corrigiéndose los unos a los otros. No obstante, toda la familia se puso de acuerdo en que debían intentar tener buenos modales en público. Supo que las cosas estaban funcionando cuando un amigo que había invitado al niño a comer les dijo lo educado que había sido.*

Si te dicen un cumplido de tu hijo transmíteselo al pequeño.

> ■ *«La mamá de Kurt me dijo que le encantaba que fueras a jugar a su casa. Cree que eres muy educado, sobre todo cuando ayudas a recoger los juguetes sin que nadie te lo haya pedido.»*

Habla en nombre de tu hijo si es muy tímido o se está comportando de un modo desafiante. De hecho, un niño que se resiste a hablar y se ve obligado a hacerlo, nunca lo hará bien. En tal caso, es preferible modelar el comportamiento que deseas.

> ■ *El hijo de tres años de Caroline derribó literalmente a su hermana menor que estaba gateando. Iba corriendo con los brazos en*

cruz y decía: «¡Mira, mamá, soy un avión!». El primer instinto de Caroline fue detener a su hijo y hacer que se disculpara. Pero decidió ahorrarse una pelea. Optó por coger a la pequeña y decirle, de forma que su hermano lo oyera: «¿Estás bien? Cariño, tu hermano lo siente mucho. Ya sabe que no debe jugar de forma salvaje cuando hay otras personas alrededor».

■ *Debra descubrió que era mucho más sencillo decir simplemente «Gracias» a la azafata en nombre de su hijo que presionarlo para que lo dijera él.*

Más vale prevenir: Tus hijos siempre notan si haces algo que les habías pedido que no hicieran, como por ejemplo no hablar de alguien a sus espaldas.

Enseña a tus hijos a respetar el hecho de que cada familia tiene su estilo de hacer las cosas. Decidid cuáles son los modales más importantes en vuestra familia.

■ *Lucy se dio cuenta de que cuando Tony, el hijo de cuatro años de los vecinos, iba a su casa, no paraba de decirle a su hijo: «Sam, yo voy a elegir lo que vamos a hacer... tengo que ser el primero... recuerda que soy el líder porque soy el invitado». Su hijo no comprendía la cortesía de «el invitado siempre primero» y se echaba a llorar. Lucy decidió sentarse con los niños y explicar que, en casa de Tony, los invitados siempre iban primero, pero que en su casa se hacía todo por turnos.*

Piensa en formas adecuadas de corregir los modales de los niños que están de visita en tu casa (sobre todo en presencia de su madre, ya que puede ser violento). Puedes dejarlo pasar y hablar de ello con tu hijo cuando el

Anímate

No eres el único padre que ha hablado de algún vecino para después darse cuenta de que el niño se lo va diciendo a todo el mundo. Después de todo, somos humanos.

otro niño se haya marchado o puedes tener una charla directa con los dos para hablar de las normas de tu casa y lo que esperas de ellos.

Habla con tus amigos y parientes acerca de las formas de dirigirse a ellos que más les gusten. Decidid si palabras como «tía», «Señor», «Señorita» o «doctor» son apropiadas. Explica a tu hijo que utilizar ciertos títulos denota respeto o afecto.

No olvides que el niño es muy egocéntrico y desinhibido. Un niño necesita ayudar para saber cuándo lo cortés debe anteponerse a la honradez. Recuerda que aprender a ser discretos lleva tiempo.

> ■ *Un día, en un ascensor, Ginny, de tres años y medio, quería llamar la atención de su madre. Por desgracia, no lo dijo susurrando, sino que pegó un grito: «¡Mamá, este hombre está muy gordo!». Carol se sonrojó de vergüenza. La verdad es que el hombre estaba muy gordo y Carol no podía pensar en nada adecuado para decirle. El camino hasta su planta se hacía interminable. Durante la hora de acostarse, aquella misma noche, Carol y Ginny hablaron acerca del incidente con el hombre gordo. Carol le explicó que algunas palabras pueden herir los sentimientos de las personas, como por ejemplo, «gordo». Le dijo al niño que su abuela solía decir: «Lo sabes..., pero no lo digas ni lo demuestres» para explicarle que algunas cosas era mejor no decirlas en público.*

Antes de regañar a tu hijo en público, piensa en las opciones que tienes. Piensa que las reacciones que tengas hacia tu hijo pueden crear un alboroto peor del que ya había.

> ■ *Mary era muy estricta con el modo en el que su hijo se comportaba en la iglesia. Insistía en que se sentaran sin hablar. No obstante, todo el mundo le miraba cuando regañaba al niño. Por eso, urdieron un plan: cuando el niño empezara a requerir la atención de la madre tirándole de la manga, podría tumbarse en el banco y*

chuparse el dedo mientras Mary le acariciaba la espalda. Mary descubrió que ser más flexible y menos exigente significaba menos interrupciones y un niño más feliz.

Recuerda que tu hijo necesita tiempo para sentirse cómodo en compañía de personas que no ve a menudo. Piénsalo bien antes de descuidar sus sentimientos y preocuparte por sus modales.

■ *Caroline recuerda que solía obligar a su hijo a besar a su hermano cuando lo pedía. Un día tuvo un intenso recuerdo de su infancia. Su padre solía llevarlas a ella y a su hermana a visitar a su tía abuela. Aunque era una ancianita entrañable, recuerda que no podía soportar que le besara, pues tenía un gran lunar con tres pelos blancos. Después de haber reflexionado sobre su propia experiencia, Caroline se dio cuenta de que era una falta de respeto hacia su hijo insistir en que besara a su tío. En lugar de seguir insistiendo, animó al tío Noel a tener paciencia y decir: «Nolan, me encantaría que me abrazaras».*

Elogia a tu hijo cuando se comporte bien. Véase la página 49; más información sobre cómo elogiar a un niño.

Conclusiones

Los buenos modales nunca pasan de moda. La gente siempre aprecia la cortesía y el respeto. Al mismo tiempo, tu hijo ganará seguridad si sabe actuar en diversas situaciones.

Morder

P: Me quedé estupefacta cuando mi hijo de dos años mordió en el brazo a su mejor amigo. ¿Acaso estaré criando a un matón?

R: Morder es un comportamiento habitual de muchos niños de dos y tres años. Algunos muerden por frustración o simplemente para proteger lo que consideran que es suyo. Otros lo hacen cuando se sienten amenazados, agobiados o inferiores en términos de fuerza o de capacidad verbal. Pero no debes preocuparte, pues este fenómeno no tiene trascendencia alguna, aunque en el momento en que sucede resulte extremadamente incómodo. Cuando un niño muerde a otro no es por culpa de sus padres, aunque ellos se sienten culpables y avergonzados, e imaginan que todo el mundo habla a sus espaldas sobre lo mal que están educando a su hijo.

RESPUESTAS

→ Orienta el comportamiento de forma inmediata y firme, sentando la regla: «Prohibido morder».

→ Centra toda tu atención en la víctima: «Esto duele, ¿verdad? Vamos a lavarlo juntos».

→ Si el «mordedor» todavía está encolerizado, llévalo a donde pueda tranquilizarse.

→ Abrázalo firmemente por la espalda. Esta postura te permite susurrarle cosas para calmarlo y evita el peligro de recibir una mordedura o una patada.

→ Dile: «Después hablaremos de esto», en lugar de bombardearlo con preguntas tales como: «¿Por qué le mordiste?», en caliente. Un niño enfadado nunca te contará por qué ha actuado de una forma determinada.

→ Trata de mantener el control de la situación y habla con fuerza y firmeza, pero evitando gritar.

Te aconsejamos...

Si ves que un niño que tiene la costumbre de morder se siente herido o frustrado, estáte cerca y prepárate para intervenir.

Mima a la víctima, no al agresor.

Invita al agresor a prestarte ayuda tranquilizando a la víctima. Aunque parezca una estupidez, a veces las cosas más tontas pueden ser eficaces para cambiar el humor del niño.

■ *Cuando Louis, de tres años, mordió a Nancy, su hermana menor, ella se echó a llorar. La madre pensó con rapidez y dijo: «Cielo, creo que puedes ayudar a Nancy a sentirse mejor. ¿Qué te parece si cantamos una canción?». Louis replicó: «A ella le encanta "El patio de mi casa"». «¡Qué gran idea! Vamos a cantársela juntos mientras curo su dedito.» De todas formas, la madre admitió que hubiera reaccionado de un modo totalmente distinto en un mal día.*

■ *Barry, un padre muy sensato, dijo a su hijo, que acababa de morder a Tommy: «Danny, ven conmigo y ayúdame a poner un poco de hielo en el brazo de tu amiguito».*

Recuerda que la víctima de la mordedura no es necesariamente un enemigo o la causa del enfado. Es probable que sólo sea quien estaba más cerca.

Proporciona el ambiente adecuado para poder serenar una situación de mordedura fuera de control. Por ejemplo, sentarse en una silla, ir a su habitación solo o darle un caluroso abrazo (véase **Enfado**, página 91, y **Rabietas**, página 236; cómo conseguir que tu hijo adquiera un mayor autocontrol).

Establece una consecuencia apropiada en una reunión familiar y aplícala cada vez que muerda a alguien (véase página 27; más información sobre **Reuniones familiares**, y página 24; más cosas sobre cómo escoger las **Consecuencias adecuadas**).

■ *El doctor Burton White, prestigioso psicólogo infantil, descubrió que retener a los niños durante un corto lapso de tiempo después de morder daba buenos resultados. Comparaba esta técnica con la que se utiliza con los cachorros de perro; los niños muy activos odian que se les retenga. Su investigación demostró que en tres o cuatro días el afán mordedor desaparecía por completo.*

No esperes respuesta alguna (o espera una mentira muy bien preparada) si insistes en hacer preguntas sobre la causa de la mordedura.

■ *Durante la reunión de padres, la madre de Johnny recibió un montón de elogios acerca de lo bueno que era su hijo en el parvulario. No obstante, la profesora le dijo que quería hablar con ella a solas sobre lo que ocurrió el día en que Johnny mordió a su mejor amigo. La maestra preguntó a Johnny qué había ocurrido y el niño primero pensó y luego dijo: «¿Sabe qué, señorita Williams? Yo estaba bostezando; tenía la boca muy abierta. De repente, me caí justo encima de Andrew, que gateaba por el suelo. ¡Mi boca golpeó contra su cabeza y se cerró!».*

Dile a tu hijo que morder hiere a la víctima cada vez que sucede. Piensa que muchos niños de dos o tres años aún no están preparados para ponerse en el lugar de otra persona o para comprender lo que otra persona puede sentir. Enseñar empatía es un proceso largo y gradual.

Hazle saber que morder no es una buena manera de llamar tu atención.

■ *Fred le recordó a su hija: «Cuando papá está hablando con alguien y tú necesitas algo, por favor cógeme la mano y di: "Disculpa, papá". Si me muerdes el brazo, me haces daño y además no es una manera educada de requerir mi atención».*

Ayuda a tu hijo a comprender que morder no es un juego y que duele de verdad.

Aprende a reconocer los signos que indican que el niño está a punto de morder y prepárate para intervenir de inmediato.

■ *Gail se dio cuenta en clase de que Jason tenía la costumbre de ruborizarse e «hincharse», como un toro de lidia, antes de morder. Cuando ladeaba la cabeza de una forma determinada, seguro que estaba a punto de lanzar su ataque. Gail aprendió pronto a intercep-*

Anímate

No eres el único padre que ha experimentado la tentación de demostrar lo que siente a un niño mordedor haciendo lo mismo con él. No olvides que la mayoría de los preescolares no saben asociar su propio dolor con el que puedan infundir a los demás.

Anímate

No eres el único padre que ha dicho a su hijo: «Pequeñín de papá, eres tan lindo que te comería» para... ¡recibir a cambio un rotundo y doloroso mordisco en el brazo! ¿Acaso nos toman al pie de la letra nuestros hijos? ¡Dale vueltas y tal vez algún día llegues a alguna conclusión!

*tar las mordeduras. A veces, conseguía distraerlo desviando su
atención hacia otra actividad física.*

Proporciona a tu hijo algo que pueda morder. Los niños más
mayores también pasan por etapas de dentición. Compra algo que
pueda morder y que tenga buen sabor, como por ejemplo, aros de
gelatina, paños helados, trozos de manzana pelada, pan integral
congelado, zanahorias o regaliz.

Ayuda a tu hijo a expresar sus sentimientos de una forma
no agresiva. La sección **Pegar y herir a otros niños** de la página
209 te puede proporcionar ideas para que tu hijo canalice las agresiones en comportamientos aceptables.

■ *Cuando le dijo que era hora de apagar el televisor, la hija de
Bob le dio un mordisco en el brazo. Bob, sin perder la calma, pero
con firmeza dijo: «Esto duele. No te permito morder. Usa palabras
para decirle a papá que te desagrada no poder ver el final de tu programa preferido».*

Recuerda que morder asusta tanto al agresor como a la víctima. Se trata más de un instinto animal que de una respuesta consciente ante una situación. Los niños necesitan que se les enseñe a re-
conducir este instinto, no que se les condene por tener esta tentación.

Abraza al niño que ha mordido a otra persona. Esto restable-
cerá el sentido de seguridad en un niño que ha perdido momentáneamente el control o que no se ha dado ni cuenta de lo que ha hecho de forma impulsiva. Algunos niños rechazan el abrazo.

Trata de reunir enseguida a la víctima y al agresor, y elogia
el comportamiento cooperativo cuando se dé. Si la víctima fuera tu
hijo, intenta comprender que un incidente de este tipo no significa necesariamente que siempre es el objeto de las ofensas ajenas, y
si es el agresor, comunica a los padres de la víctima que vigilarás a
tu hijo para evitar que se produzcan incidentes de este tipo en el fu-

turo. Si los niños se pelean mucho, es mejor separarlos durante una temporada, pero sin castigar o etiquetar al agresor.

Morder es una respuesta a una estimulación excesiva o a la ansiedad. Respeta el espacio de tu hijo y su umbral de estrés.

Abstente de pedir a un niño que tiene la costumbre de morder que juegue con otro niño si intuyes que no le apetece. Sugiéreles juegos similares para que jueguen juntos.

Cuidado: si tu hijo oye hablar constantemente sobre su manía de morder o si se le etiqueta con un apodo negativo («el mordedor»), conseguirás que se sienta realizado mordiendo. Prestar una excesiva atención a la conducta indeseable puede potenciarla.

> ■ *Cuando Nolan era pequeño, a menudo se frustraba porque su hermano le fastidiaba. Al no tener suficiente vocabulario para «vengarse», un día le mordió. Después de aquel episodio, cada vez que Nolan se acercaba a Sean, éste empezaba a gritar: «¡Oh, no, no, no, me va a morder!». La mayoría de las veces no habría ocurrido, pero cuando Nolan oía lo que decía su hermano se le llenaban los ojos de malicia y abría la boca, como si le resultara muy divertido hacerlo.*

Si tu hijo muerde a menudo, cuando tenga cuatro años podrías pedir consejo a un profesional para que te ayude a evaluar y reorientar los temas que puedan constituir la causa de este tipo de trastorno.

Conclusiones

Un niño pequeño que de vez en cuando muerde, evolucionará hacia una etapa superior y dejará de hacerlo. Tranquilízate: no está destinado a ser como un toro o a tener problemas de disciplina constantes y de por vida.

Muerte

P: El abuelo de mi hijo acaba de fallecer. ¿Cómo podría ayudarlo a superarlo?

R: Los niños pequeños suelen curiosear y formular muchas preguntas cuando un animal doméstico, un pariente o un vecino se muere. Las respuestas que reciban de los padres pueden provocarles ansiedad o por el contrario mejorar su comprensión sobre un tema tan abstracto como la muerte. Cuando respondas a sus preguntas, no olvides que los niños piensan de forma distinta a los adultos. En general, suelen pensar de forma muy concreta y creer únicamente aquello que pueden ver con sus propios ojos. Aunque sus percepciones se basan en sus propias experiencias y por lo tanto son limitadas, los comentarios que hacen pueden se increíblemente simples, a la vez que sumamente profundos e incluso reconfortantes para los padres.

Te aconsejamos...

Practica: Aparca el tabú que impide hablar de la muerte. De este modo, la familia se sentirá menos incómoda cuando surja el tema y cuando alguien cercano fallezca.

■ *Después de mirar el clásico de dibujos animados,* Bambi, *Bill inició una conversación con su hija de cinco años: «Me he puesto tan triste cuando Bambi ha perdido a su mamá...».*

■ *Sonia abrazó a su hijo y le dijo: «Siento mucho que tu canario se haya muerto esta mañana. ¿Estás triste? ¿Cómo te gustaría despedirte de él?».*

■ *Antes de leer a Shawna un cuento de buenas noches, Ron le dijo: «Ya sé que me has oído hablar con el doctor. La abuela está muy enferma. Hablemos de ello».*

Ten en cuenta que tu hijo ve las cosas a través de la mirada de un niño. Céntrate en lo que le preocupa y escucha lo que tiene que decir. De este modo, sabrás cómo consolarlo.

■ *El abuelo de Carla, una niña de cuatro años, había perecido recientemente y ella había asistido al funeral. Sus padres le habían hablado de la muerte y del viaje al cielo, y la pequeña les dijo que lo comprendía. Pero al cabo de dos semanas, la niña estaba extraña, tanto en casa como en la escuela. Se mostraba triste y encerrada en sí misma. Al final, los padres descubrieron qué era lo que tanto le preocupaba. Al parecer, le daba la sensación de que el abuelo había salido de viaje sin su abrigo y sin comida. Era invierno y Carla tenía miedo de que tuviera hambre y frío. Su madre le animó: «Sabes, cariño, cuando alguien se muere ya nunca más tiene frío o hambre». Zanjada la cuestión, Carla no tardó en recuperarse y volvió a mostrar su perdida personalidad.*

■ *Jeremy siempre estaba contento, pero de repente empezó a cerrarse en sí mismo, a no hacer nada. Nadie comprendía por qué. Con algunas preguntas y un poco de paciencia, mamá y papá aclararon la cuestión. Jeremy había visto cómo su vecino que estaba muy enfermo adelgazaba día a día, hasta que un día falleció. Cuando el padre de Jeremy se puso a dieta y empezó a perder peso, el niño pensó que era una señal de que también él iba a morir. Le convencieron de que no era así y volvió a ser el niño feliz de antes.*

Conoce los sentimientos de tu hijo y hazle sugerencias para que los supere.

■ *Charlie le dijo a su hija Jenna: «Ya veo que estás triste porque nuestro perro, Riley, ya no está aquí para jugar con nosotros. Todos lo echamos mucho de menos y vamos a estar tristes durante mucho tiempo. A veces, cuando vemos a Zach jugando con su perro nos sentimos aún peor porque nunca más podremos hacerlo con Riley». Y prosiguió: «Tengo una idea: vamos a ver el vídeo que grabó el abuelo. Salís los dos corriendo juntos. Nos ayudará a recordar lo felices que nos hacía». Jenna sonrió y dijo: «¡Veámoslo ahora!».*

■ *En el funeral de la abuela, Bob le dijo a su hija menor: «El funeral está durando mucho. Ya veo que estás ansiosa y no comprendes por qué todo el mundo llora. ¿Te sientes confundida? Toma, juega con esta muñeca. Pronto terminará, volveremos a casa y hablaremos un poco más de lo que tanto entristece a todo el mundo».*

Di la verdad, pero no seas «brutalmente» honrada cuando charléis sobre la muerte de un ser querido.

■ *Cuando Pamela era pequeña atropellaron a su gato. Su padre abrió la puerta del garaje y el animalito salió y cruzó la calle. Al principio, sus padres no se atrevían a decirle la verdad. Por fin, tras una absurda búsqueda, decidieron decirle que había muerto. Aunque para ellos resultase difícil y doloroso decir la verdad, ser sinceros desde el principio habría ayudado mucho más a Pam.*

Responde a las preguntas una a una, de forma concreta, breve y simple.

■ *Cuando un incidente similar ocurrió en su familia, Pamela decidió contarles la verdad a sus hijos: «Lo siento mucho, pero al pobre Mittens lo ha atropellado un coche». Le preguntaron dónde había ocurrido —«Cerca de casa», respondió— y que dónde estaba en aquellos momentos, y contestó que dado que estaba herido, papá lo había llevado a toda prisa al veterinario, pero que acababa de llamar diciendo que había muerto.*

Pregunta a tu hijo qué piensa cuando te formule preguntas muy complicadas.

■ *Cuando el pequeño Luke, de cuatro años, preguntó: «¿Cómo es el alma de la abuela?», su padre respondió: «Qué pregunta más interesante. ¿Cómo crees que es?». Luke pensó un minuto y dijo: «¡Ya lo sé! Dios debió de hacer las almas invisibles, pues nunca he visto ninguna». Su padre contestó: «Está muy bien, Luke».*

Acepta las ideas de tu hijo; seguro que con frecuencia te sorprenden.

■ *Cuando Donny, de cuatro años, encontró a su madre sollozando por la reciente muerte de su padre, recuperó la compostura y dijo: «Aunque creo que el abuelo es feliz en el cielo, a veces me pongo triste porque lo echo de menos y no puedo verlo». De pronto, empezó a correr y salió de la habitación. Entró corriendo y gritando: «Claro que puedes mamá, aquí hay una foto».*

Date cuenta: a veces los padres están tan preocupados por los problemas que acaban malinterpretando la situación. El doctor Stanley Turecki, psiquiatra infantil, lo denominó «efecto microscopio». En una conferencia contó el siguiente ejemplo:

■ *Una mañana, después de clase, la mamá de Eric, de cinco años, vio que su pez de colores se había muerto. Empezó a preocuparse mucho por la reacción de su hijo y fue a la biblioteca a buscar un libro de autoayuda sobre cómo afrontar situaciones de pérdida. A continuación, fue a recoger a su hijo y le explicó lo sucedido. Papá y mamá sugirieron una pequeña ceremonia para enterrar al pececito en una caja en el jardín. Al día siguiente, Eric parecía que seguía preocupado y los padres sufrían porque creían que el niño no había conseguido superar la situación. Llevaron a Eric al doctor Turecki y le pidieron que hablara con Eric de lo sucedido. El niño contó al médico que sus padres habían insistido mucho, pero que lo único que deseaba era tirar el pez al inodoro y comprar otro.*

Recurre a la religión o a creencias espirituales para ofrecer seguridad y bienestar a tu pequeño.

■ *Había una familia que estaba intentando que su hijo comprendiera el significado de una enfermedad terminal. Habían hablado a menudo de que el alma de Timmy se iría al cielo cuando muriera, pero su hermana pequeña no entendía la relación entre el cuerpo y el alma. Papá pensó en una buena analogía para explicar su punto de vista. Se puso un guante que le quedaba muy apretado y dijo: «El alma es una funda perfecta para el cuerpo, al igual que el guante lo es para mi mano». A continuación, movió un poco los dedos y dijo: «Cuando estamos vivos, el alma está dentro del cuerpo y trabajan juntos». Luego, se quitó el guante y añadió: «Cuando fallecemos, el alma sale del cuerpo y se va al cielo. El cuerpo ya no es necesario y permanece en la Tierra».*

Date cuenta de que tus acciones y reacciones frente a la muerte son un modelo a seguir para tu hijo (véase la página 27).

Observa y charla con tu hijo del ciclo de vida de la naturaleza y planifica actividades prácticas que refuercen su aprendizaje, como por ejemplo, plantar semillas, barrer las hojas del suelo o visitar a los cachorros de animales en el zoológico.

■ *Cuando el tío Noel falleció, Caroline y su hijo plantaron semillas de margarita. A la primavera siguiente, al brotar, las flores les trajeron gratos recuerdos.*

Habla de la edad de vuestras mascotas y de sus etapas en la vida (nacimiento, crecimiento, envejecimiento y muerte).

Expresa abiertamente tus sentimientos en consideración a tu hijo. La inflexibilidad es una mala consejera.

■ *Una noche que Caroline creía que Sean estaba en la cama se dio cuenta de repente de que el niño estaba de pie en la puerta mirándola con cara de preocupación. «Sean», explicó, «mamá se siente mal porque el tío Noel no estará nunca más entre nosotros. ¿Podrías darme un fuerte abrazo?».*

Anímate

No eres el único padre que se siente culpable de haberse echado a llorar delante de su hijo aunque ya hayan pasado varias semanas o meses desde el fallecimiento de un ser querido.

Acepta el dolor como un proceso que necesita tiempo para seguir su curso.

No menosprecies la ayuda que tus hijos pueden proporcionarte en estos momentos de dolor.

■ *Toda la familia se encontraba en el cementerio para celebrar el entierro de la madre de Gail. Cuando la caja estaba a punto de ser enterrada, el hijo de cuatro años de Gail le tiró de la manga: «¿Por qué la abuela está en un cofre del tesoro?». La particular visión del niño sorprendió a Gail. Incluso le hizo sonreír y más tarde le contó que la abuela había sido tan maravillosa que era como el tesoro de la familia.*

Averigua el impacto que la muerte puede causar en tu hijo. Los cambios repentinos del comportamiento son buenos indicadores.

■ *Barb estaba preocupada por la primera experiencia escolar de su hija, pues estaba muy enojada. Tras conversar largo y tendido con ella, se dio cuenta de que en realidad no era la escuela lo que provocaba semejante cólera. La niña, entre lágrimas, explicó por qué no quería ir. Tenía mucho miedo de que mamá muriera como le había sucedido a un anciano vecino y simplemente quería estar cerca de ella.*

Comprende lo doloroso que puede resultar para un niño darse cuenta de que todo el mundo debe morir un día u otro. Intenta que vea sus miedos en perspectiva, sin mentirle.

> ■ *Bred, de cinco años, estaba constantemente preocupado por la muerte de su padre. Al final, éste dio con la solución. No le negó que todas las personas fallecen algún día, y su honradez le infundió confianza y seguridad. Le dijo: «He visitado al doctor Johnson. Me hizo un chequeo completo. El corazón, el hígado, los ojos, etc., y todo está sano. Creo que voy a vivir muchos años».*

Encuentra el momento para charlar con tu hijo sobre la muerte. Piensa que los niños leen tu lenguaje corporal e intuyen cuando algo va mal. Tu silencio puede resultar más aterrador para tu hijo que hablar del tema. Incluso puede hacer que se inculpe de lo sucedido.

> ■ *Helen decidió que protegería a su hija Amanda, de cuatro años, de la trágica noticia del atropello de la tía Belle. Aunque no se pronunció ni una sola palabra acerca del tema, la niña preguntó: «¿Qué te pasa? No me estás escuchando». Amanda podía leer en los silencios de su madre que algo marchaba mal. Incluso preguntó si estaba enfadada con ella, pensando que ella era la causa de aquel silencio y de aquella tensión. Finalmente, Helen se dio cuenta de que era mejor decirle la verdad.*

Conclusiones

Los niños pequeños no se sienten tan abatidos como los adultos ante el fenómeno de la muerte. Escucha atentamente sus preguntas y respóndeles de forma compasiva y honrada. Debes ponerte a su nivel de comprensión.

Orinal

P: La hija de dos años de mi amiga sabe utilizar perfectamente el orinal, pero mi hijo, de la misma edad, no muestra ningún interés por aprender. ¿Debo darme cuenta de alguna señal para saber que está preparado o debemos esperar?

R: Saber utilizar el orinal ha sido una cuestión controvertida en la sociedad occidental durante mucho tiempo. Es un hecho que uno no puede obligar a su hijo a utilizar el orinal, dándole una orden y dejándolo solo. Sin embargo, incluso si crees que el mejor método consiste en esperar a que tu hijo esté preparado, no será bueno para tus nervios. Tus amigos y parientes, bienintencionadamente, te animarán a entrenar al pequeño tal y como lo hicieron ellos. O quizá te sientas presionada a solucionar este tema antes del nacimiento de otro hijo o antes de que tu hijo acuda al parvulario, ya que no aceptan a los niños que llevan pañales. Este tema implica competitividad, sentimientos de culpa, lástima y vergüenza, y puede originar innecesarias batallas de poder con tu hijo. Intenta tener paciencia dejando que tu hijo lidere la situación y se anticipe a los hechos.

Te aconsejamos...

Muchos expertos recomiendan esperar hasta que el niño tenga por lo menos dos años y medio para iniciarlo en esta actividad.

Presta atención a las señales que te indican que está listo antes de entrenarlo.

Habla de antemano con tu hijo acerca de cómo los niños y niñas mayores utilizan el inodoro en lugar de los pañales.

Presta atención a las pistas de tu hijo para saber cuándo está preparado. El período de entrenamiento en el orinal será más sencillo y más breve si el niño está motivado y tiene ganas de ir sin pañales.

Qué indica que sabe utilizar el orinal

→ A tu hijo no le gusta notar el pañal mojado o sucio.

→ Tu hijo anuncia cuándo tiene ganas de ir al baño.

→ Tu hijo se mantiene seco durante horas sin pañal o se despierta seco después de la siesta.

→ Tu hijo tiene ganas de ir al baño más o menos a la misma hora cada día.

→ Tu hijo siente curiosidad para saber cómo utilizan el baño los demás.

→ Tu hijo se sube y se baja los pantalones sin tu ayuda.

No olvides que existe un amplio intervalo de edad durante el cual se espera que los niños alcancen un gran dominio de las situaciones. Los expertos mencionan un intervalo de entre los dos y los cinco años como edad normal para empezar con el orinal. Los niños tienen diferentes grados de preparación física y mental, incluyendo el control de los músculos y la consciencia de su propio cuerpo.

Invita a tu hijo a asistir como espectador mientras tú o tu esposo utilizáis el baño y describe todo lo que haces. También puedes dejarle observar cómo lo hacen sus hermanos mayores, parientes o amigos (con su permiso).

■ *Un niño pequeño estaba frustrado porque no era suficientemente alto y no llegaba al inodoro. Colocándose encima de los zapatos de su padre quedaba lo bastante alto para poder hacer pipí en la taza, como papá.*

Buscad un reductor de inodoro si veis que el niño teme caerse dentro. Suelen asustarse cuando se salpican el culete y esto puede echar a perder todo el proceso de aprendizaje.

Vestido para la ocasión. Deja que se vista con pantalón de chándal en lugar de vestirlo con un pantalón con cinturón, cremalleras, hebillas o petos. Será mucho más fácil para ti y para tu hijo quitarse y ponerse la ropa del chándal con rapidez.

Cuando haga calor, saca a tu hijo desnudo al jardín con el orinal. Así, se podrá entrenar sin temer manchar el suelo, los muebles o la alfombra.

Deja que tu hijo jale de la cadena si quiere hacerlo. Algunos niños consideran que sus excrementos son una parte valiosa de ellos mismos y necesitan tiempo para sentirse cómodos jalando de la cadena. Otros se sienten tan orgullosos de lo que han hecho que no quieren tirar de la cadena hasta que papá lo haya visto..., ¡lo que constituye un verdadero problema si trabaja hasta tarde!

Ayuda a tu hijo a limpiarlo todo después de un «accidente», como si fuera un chico mayor. Haz que se sitúe de pie junto al baño, cerca del lavabo, y utiliza el papel higiénico para limpiarlo, en lugar de tumbarlo como a un bebé.

Elogia a tu hijo. Presta atención a sus progresos, como por ejemplo avisarte cuando tenga ganas de ir al baño, subirse y bajarse los pantalones sin tu ayuda, tirar el papel dentro de la taza, jalar la cadena y lavarse las manos.

Sienta a tu hijo al revés si no dispones de un reductor de inodoro. Esto le impedirá caerse.

Utiliza la técnica del refuerzo positivo. Registra los progresos e incluye premios. Para algunas familias, los murales y los adhesivos resultan muy motivadores, siempre que no sean demasiado complicados.

> ■ *Darla nos contó la experiencia de su amiga Bonnie, que empezó a enseñar a su hija Anna a una edad bastante temprana. Como sabía que a Anna le volvían loca los cromos, compró toneladas de cromos con los personajes de dibujos animados favoritos de la niña. Después de comer, Bonnie describió orgulloso el sistema que había ideado: «Anna conseguirá un cromo si se sienta en el orinal, dos si hace pipí y tres si hace popó». Para sorpresa de sus amigos preguntó: «¿Cuántos cromos creéis que debo darle si sólo tiene gases?». Aturdida, Darla dejó la decisión para su bienintencionado, aunque a veces un poco impulsivo, amigo.*

Intenta ser sutil; el sentido del humor te ayudará.

> ■ *Rex confeccionó pequeñas dianas flotantes para que su hijo apuntara hacia ellas. ¡Funcionó! Incluso un poco de jabón líquido en el inodoro sirve de diana y divierte a los niños.*

Proporciónale seguridad dejando que decida cuándo quiere sacarse los pañales. Pídele que ponga tantos adhesivos como pañales crea que vaya a utilizar antes de ponerse pantalones de niño mayor. Cuelga pantalones o ropa interior debajo de los adhesivos para que vea lo que se va a poner cuando se terminen los pañales. Ponlo a la vista y recuérdale a menudo lo que va a suceder. Esta idea no funciona con todos los niños, pero dará resultado con un niño que esté casi a punto para ir sin pañales.

Anticípate a los accidentes, y cuando sucedan dile a tu hijo que no pasa nada. Recuerda que las coladas van a ser muy voluminosas durante algún tiempo.

> ■ *Caroline recuerda: «Mi primer instinto cuando Nolan vino hacia mí lleno de caca fue gritar, "¡Otra vez!", pero mientras le miraba a los ojos me contuve. Respiré profundamente y le dije: "Lo estás haciendo muy bien, cariño; todo el mundo tiene accidentes. Muy pronto llegarás al orinal a tiempo". Noté que respiraba tranquilo y la expresión de preocupación desaparecía de su rostro. Unos días después, se acercó a mí, caminando como si hubiera estado montando un caballo durante horas, y con una mirada segura dijo: "Mamá, recuerda que dijiste que todo el mundo tiene accidentes y que no pasaba nada". Después de aquello, cómo podía enfadarme».*

No lo castigues cuando tenga un accidente, ni lo dejes con la ropa mojada para que aprenda la lección; carece de utilidad y puede resultarle traumático.

Recuerda que muchos niños se enfrascan tanto en el juego que ignoran la urgencia de ir al baño, especialmente si están al aire libre, lejos del cuarto de baño. Un despertador que les avise cada cierto período de tiempo puede ayudarles. «¡Es hora de ir al baño!» A algunas familias les resulta útil tener a mano más de un orinal y colocarlos en diversas estancias, en cada planta de la casa o incluso en el exterior.

Si tu hijo se resiste a aprender a utilizar el baño, déjalo en paz. Evita las peleas. Muchos expertos creen que castigar a un niño que no quiere que le enseñen a usar el baño empeora las cosas.

Sé consciente de que aprender a ir al baño, para algunos niños, conlleva ciertas etapas y requiere paciencia por parte de los padres. Muchos niños aprenden a contenerse el pipí antes que a utilizar el orinal, mientras que otros siguen un proceso inverso.

■ *Rose recuerda como su hermano Stuart, de casi cinco años, utilizaba el inodoro sólo para orinar. Cuando tenía un retortijón, se escabullía a su esquina preferida. Si alguien le preguntaba: «¿Quieres ir al baño?», gritaba: «Fuera de aquí, ¡iros!», mientras su rostro cambiaba de color. Desenfadadamente, pero oliendo a mil demonios, reaparecía como si nada hubiese ocurrido, llevando un bulto en salva sea la parte. Cuando sus padres decidieron no sacar las cosas de sitio y no llamarle mucho la atención, Stuart empezó a utilizar el baño. Los padres respondieron sólo con respuestas positivas y lo elogiaban cuando tenía éxito.*

Primero se va a contener de día y después de noche, pero entre ambos éxitos pueden transcurrir meses o incluso años. (Nota: los expertos dicen que mojar la cama no debe considerarse un problema hasta los seis años. Para más información manda un mensaje de correo electrónico a ParentsResource@hotmail.com o visita la web www.pocketparent.com.)

Las niñas suelen aprender antes que los niños, aunque no siempre.

Sé consciente de que la regresión es normal durante períodos de estrés, tales como mudanzas, enfermedades, muertes, divorcios o la llegada de un hermanito. Tu comprensión y tu compasión ayudarán a tu hijo a volver a hacer las cosas bien antes de lo que imaginas.

Vuelve a quitarle los pañales si el niño sufre una regresión. Tener que quitarle temporalmente la ropa interior de «niña mayor» a tu hija no significa que seas un fracaso como madre. Después de todo, probablemente

Anímate

No eres la única madre que desea estrangular a la afortunada madre que le confía: «Simplemente no sé qué es luchar para quitarle los pañales. Un día mi hija dijo que no quería más pañales y asunto zanjado».

te resulte más sencillo cambiar pañales que limpiar todos los accidentes que tenga.

Piensa en los pros y los contras de los *pull-ups*, un tipo de pañal braguita que empieza a ponerse de moda. A algunas familias les parece un invento excepcional. Son bastante caros. Puede que te preguntes si tu hijo está recibiendo mensajes contradictorios: «Si son pantalones de "niño mayor", ¿por qué se puede hacer pipí? ¿Le avisan de que ha tenido un accidente o le mantienen tan seco que no nota que se ha hecho pipí?».

■ *Uno de los vecinos de Caroline puso* pull-ups *a su hijo, que sabía ir al baño solo. Sin embargo, Caroline decidió no utilizarlos porque eran muy difíciles de limpiar. «Nunca olvidaré la imagen de estar en un lavabo público intentando, con mucho pulso, descoser la parte agujereada para evitar que todo oliera mal. Después de esta odisea, me di cuenta de que todavía tenía que quitarle a Sean los zapatos, los calcetines y los pantalones antes de poder ponerle otro* pull-up. *¡Qué desastre! Un pañal convencional habría sido más fácil.»*

Conclusiones

Deja de preocuparte. No importa lo que hagas, tu hijo utilizará el orinal a su debido tiempo, mucho antes de que «lo lleve al altar».

Palabrotas

P: La abuela casi se desmaya cuando Jamie le gritó al abuelo: «Eres un estúpido, ¡cabeza de chorlito!». ¡Quedé horrorizada! ¿Qué puedo hacer para dominar su vocabulario?

R: Los niños pequeños experimentan continuamente con nuevas palabras y son plenamente conscientes de la reacción de los adultos. Un niño de dos años repetirá como un loro lo que oiga en la televisión, a sus amigos o a ti en un mal momento. Entre los tres y los cinco años puede empezar a decir palabrotas para expresar sus enfados, desafiar la autoridad de un adulto, atraer tu atención o hacer estupideces con los amigos. Cuando sepas por qué usa ciertas palabras, podrás decidir el mejor modo de corregirlas.

RESPUESTAS

→ Respira profundamente antes de hablar; así utilizarás tu tono de voz habitual.

→ Tómate unos segundos antes de responder a un insulto.

→ Di a tu hijo que este vocabulario es inaceptable.

→ Sugiérele palabras alternativas que pueda utilizar.

→ Mima a la víctima: «Tu hermana te ha herido los sentimientos, ¿verdad?».

Te aconsejamos...

Evita gritar cuando tu hijo esté muy enfadado y empiece a soltar sus insultos más hirientes. Opta por no participar en esta batalla. De este modo, evitarás la pelea. Simplemente, puedes decir: «Creo que debes calmarte» y seguir con tus tareas, pero sin olvidar que en algún momento tenéis que hablar de ello.

Utiliza afirmaciones en primera persona para reforzar tu objeción al uso de este tipo de palabras (véase página 26; explicación de **Afirmaciones en primera persona**).

■ *Caroline dijo a los chicos: «Callaos, esto no se dice. Me enfado cuando oigo estas palabras. No os permitiré que me habléis de esta forma. Decid: "Disculpa, necesito hablar contigo"».*

No reacciones frente a las palabrotas. Si los niños no consiguen hacerte enfadar, probablemente se cansen de decirlas.

Ignora los tacos ocasionales; piensa en ellos como una forma inocente de vocabulario infantil.

Llama su atención abandonando la habitación cuando el niño diga una palabrota. También puedes explicárselo.

■ *Leann contó a sus hijos que no quería oír palabrotas y que por esta razón se marchaba a su habitación. Acto seguido, les dijo que la avisaran cuando estuvieran dispuestos a hablar correctamente, pues entonces les escucharía.*

Responde a los insultos con sentido del humor para que se suavice el clima de cólera.

■ *Rachel, de cuatro años, estaba enfadada porque no había podido ir a casa de sus amigos durante la sobremesa. Se dirigió a Gail, que estaba escurriendo los macarrones, y le gritó: «¡Eres una bru-*

ja!». Gail respondió: «Pues sí, he preparado un potaje de sangre y ojos de rana... ¿Quieres ayudarme, querida? ¡Ja, ja, ja, ja, ja!». Rachel no pudo evitar una carcajada.

Elogia a tu hijo cuando veas que evita decir palabrotas en una situación propicia para soltar un taco.

■ *Carol dijo a Meg: «Me gustó cómo le dijiste a Jessica que no te empujara. Hiciste un buen trabajo».*

Establece algunas reglas, tales como «prohibido insultar» o «prohibido hablar mal», y recuérdaselas al niño siempre que tengas la oportunidad de hacerlo.

■ *Cuando Joey empezó a hablar mal a su hermano, su papá le dijo: «Prueba a decirle a tu hermano que te toca jugar a ti con el muñeco en lugar de insultarle», y al pequeño: «Dile a tu hermano que no te gusta que te insulten y que estas cosas no se dicen en casa».*

Fíjate en lo que puede estar influyendo en el vocabulario de tu hijo.

■ *Una tarde, Caroline se sentó con su hijo de cinco años a ver la programación infantil de la televisión. Se asombró del abuso que hacían de los insultos y de las palabrotas que utilizaban. Sin perder la calma le dijo que en su familia no hablaban de aquel modo, porque aquel tipo de lenguaje podía herir los sentimientos de los demás.*

> **♥**
>
> **Anímate**
>
> *No eres el único padre que se avergüenza del mal comportamiento en público de su hijo. Es más fácil ignorar el mal comportamiento en casa que cuando todas las miradas están puestas en ti.*

Descubre, en una situación límite, lo poderosas que resultan las mentiras piadosas para un niño pequeño. Pide al niño que se disculpe en otro momento.

■ *Jack y Sue estaban saliendo de la tienda con su hijo de tres años, que normalmente se portaba muy bien. Le habían comprado una piruleta. Entonces sucedió: ya en la caja, Alec cogió un paquete de sus golosinas favoritas. Sue lo vio y dijo: «Pon esto en su sitio». El niño se puso en jarras y con una actitud amenazante gritó: «No me digas lo que debo hacer, ¡puta!». De repente, todas las miradas se dirigieron hacia los padres, que habrían deseado que se los tragara la tierra. Sue respiró profundamente y dirigiéndose a su marido dijo: Vámonos a casa, tu sobrino está imposible».*

Consiente ligeras infracciones de las normas de vez en cuando; sé muy específico.

■ *El hijo de cinco años de Caroline dijo: «¡Que se joda mi profesora!». Horrorizada, Caroline dijo: «¡Sean! No se habla así». «Pero mamá, me he portado bien todo el día en la escuela, ¿no lo puedo decir de vez en cuando?», replicó el niño. A lo que Caroline respondió: «Te diré lo que vamos a hacer, puedes decirle todo lo que quiera a los peces de colores de tu habitación, pero a mí no. Cuando hayas terminado, vienes y hablamos sobre lo que tanto te enoja».*

■ *Cuando Zack, de tres años, le dijo a su padre «cabeza de caca», Len le contestó: «Caca es una palabra del baño. Las palabras del baño sólo se pueden decir en el baño, no en la cocina, ni en el salón, ni en ninguna otra parte. Ve al baño y dilo».*

Recuerda que palabras como caca, cara de culo, estúpido, imbécil y la «palabra con J» tienen todas el mismo nivel para los niños. Tu responsabilidad delante de los insultos es explicarles cómo pueden herir a los demás.

Planifica una reunión familiar para hablar del vocabulario y el comportamiento aceptables que deben utilizar, en lugar de recurrir a los insultos en los momentos de cólera.

■ *Los Cohen decidieron inventarse una tontería que utilizarían cuando estuvieran furiosos. Los niños lo decían en público y sólo mamá sabía cuál era su significado.*

■ *Después de sentirse avergonzada muchas veces por las expresiones que utilizaba su hijo en público, Gail tramó un plan infalible. Contó a sus hijos que podían decir palabrotas, pero que tenían que hacerlo «por dentro», sin mover los labios. Muchas veces, durante años, alguno de ellos, enfadado, le decía: «¡Si supieras lo que estoy diciendo de ti por dentro... la, la, la, la!».*

Discúlpate si se te escapa algún taco en presencia de los niños.

■ *«Uy, perdón, no debería haber dicho esto», dijo Caroline. «Sé más cosas para decir que éstas.»*

Conclusiones

Tranquilízate, la mayoría de los niños no saben lo que están diciendo cuando dicen palabras malsonantes, no conocen su verdadero significado; prueban con palabras «poderosas» para comprobar cuál es tu reacción. Si no exageras la respuesta, dicho comportamiento desaparecerá antes de lo que imaginas.

Pegar y herir a otros niños

P: Mi hijo se ha vuelto muy agresivo —pega, da coces o araña a todo el que se interpone en su camino. ¿Qué puedo hacer para solucionar la situación mientras va perdiendo amigos?

R: Casi todos los niños pequeños, en un momento u otro recurren al comportamiento agresivo por varias razones. Cuando se vuelven hostiles, la intervención de un adulto es esencial, pero es importante entender que la mayoría de los actos hostiles son básicamente un reflejo en esta etapa del desarrollo. Incluso los niños que parece que sepan muchas cosas a menudo recurren a la agresividad para conseguir lo que quieren. Los niños que tienen un carácter muy fuerte requieren más supervisión para que aprendan a controlar sus impulsos.

RESPUESTAS

→ Detén el comportamiento inadecuado de inmediato, pero de forma amable: coge de la mano a los niños y pídeles —al agresor y a la víctima— que respiren profundamente.

→ Intenta descubrir lo que pasó con una rápida observación. Los interrogatorios a menudo obtienen respuestas conflictivas o no obtienen respuestas.

→ Agáchate para poder mirarlo a los ojos. En ocasiones, las palabras no son necesarias.

→ Descubre los sentimientos que provocaron la agresión y a continuación recuerda la regla que se ha infringido. «Kevin, ya veo que estás muy enfadado porque Max ha roto tu linterna, pero pellizcar y dar patadas no está bien».

→ Cuanto menos hables, más predispuesto estará el niño a escucharte. Di: «Pegar no está bien. Ya hablaremos más tarde».

→ Reinstaura la paz. Haz que los niños jueguen a una actividad supervisada por un adulto, como por ejemplo, preparar un tentempié o leer un libro juntos.

Te aconsejamos...

Señala la mala conducta. Di: «Basta de pegar» o «Usa palabras, no las manos, cuando estés enfadado».

Hazle saber que no existe ninguna buena razón para pegar, dar coces, arañar o empujar.

Evita preguntar a tu hijo por qué ha hecho daño a alguien. No será capaz de explicar por qué está enfadado y se enojará aún más si cabe.

■ *A Serena le parecía más útil conversar con sus hijos cuando decía cosas como éstas: «Muy bien, chicos, ya veo que estáis todos muy enfadados. No es fácil jugar tranquilamente en casa en un día de lluvia». Preguntas tales como ¿Por qué cogiste la muñeca? ¿Qué os pasa? ¿Quién empezó? cortan inmediatamente la comunicación.*

Explica que los comportamientos agresivos hieren a los demás.

■ *A Gail le gustaba usar los días en los que no había ninguna pelea para continuar enseñando a su hija a diferenciar lo que está bien de lo que está mal. Le preguntó: «¿Recuerdas cuando Dereck se enfadó la última vez que estuvimos de visita en su casa? Te empujó y te diste un golpe con la esquina de la mesa. ¿Recuerdas cómo te dolió? Ésta es la razón por la que no está permitido pegar ni empujar en nuestra casa».*

Pide al agresor que haga las cosas de otra forma. Reparar es mejor que disculparse. Puede significar reconstruir los bloques que ha tirado o curar la pierna herida de la víctima.

Señala las consecuencias que resultan de la mala conducta.

■ *Linda dijo a su hija de tres años: «Ya veo que para ti es duro esperar en la cola para usar el trineo. ¿Te has dado cuenta de que a tus amigos no les gusta que los empujes? No querrán jugar más contigo si lo haces, pues temen que los lastimes. Ya sé que te gusta mucho que tus amigos vengan a jugar».*

Proporciona a un niño fuera de control la estructura que necesita para tranquilizarse. Puedes sentarlo en una silla, hacer que se vaya solo a su habitación o hacerle mimos. Véase **Tomarse un descanso** en la página 289, **Enfado** en la página 91 y **Rabietas** en la página 236; más formas de que tu hijo restablezca el autocontrol cuando lo ha perdido.

Anticípate a las situaciones que sepas que provocan respuestas agresivas en tu hijo y trata de evitarlas.

■ *Rob dijo a sus hijos: «Vuestros primos están a punto de llegar. Recordad que los juguetes son para todos». Su hijo, con cara de preocupación, respondió: «Pero papá, no quiero compartir el tren nuevo que me regaló el abuelo». Rob replicó: «Entiendo cómo te sientes.*

Te diré lo que vamos a hacer. Lo pondremos debajo de mi cama hasta que todos se hayan ido».

Estáte preparada para intervenir y corregir las tendencias agresivas de tu hijo hasta que las supere. Es responsabilidad tuya mantener a salvo a sus amigos y hermanos.

Ayuda a tu hijo a expresar sus sentimientos de forma verbal, proporcionándole vocabulario y sabiendo reconocer cuándo está enfadado.

■ *Gail dijo a su hija: «¡Vaya!, pareces enfadada. ¿Sabes qué?, dile a Lauren cómo te sientes. Dile que no te gusta que te echen del cajón de arena».*

Proporciona a tu hijo el tiempo y el lugar adecuados para que exprese sus sentimientos. Curiosamente, los niños comprenden mejor el concepto de esperar el turno (hablar y escuchar) cuando el proceso se explica de forma clara.

■ *Caroline aprovechó una idea de la escuela de su hijo para utilizarla en casa. Durante una reunión familiar explicó a sus hijos lo que iba a hacer cuando les oyera gritar y pelearse. Instituyó una silla de la cocina como la «silla para hablar» y otra como la «silla para escuchar». A continuación, les contó su plan: «Uno de vosotros se sentará en la silla para hablar y el otro en la silla para escuchar. Después intercambiaremos las sillas. De esta forma, cada uno tendrá la oportunidad de escuchar a los demás sin interrupciones». Los niños se divertían practicando la idea de utilizar sillas e incluso se aseguraron de que Caroline y su esposo tuvieran su turno.*

Aprovecha las reuniones familiares para hablar de las conductas agresivas y de cómo solventarlas la próxima vez que ocurran. Pide a tus hijos que repitan lo que han aprendido antes de dar por finalizada la sesión. Véase la página 27; más información sobre las **Reuniones familiares.**

Pide a tu hijo que aporte ideas alternativas a posibles agresiones.

■ *«Ya sabes que pegar y dar patadas no son las únicas formas de expresar lo se siente», dijo Mel a su hijo. «¿De qué otra forma pudo haber detenido Batman al hombre malo sin dañarle? Me pregunto qué palabras podía haber utilizado.»*

Pide a tu hijo que enseñe a su animal de peluche o a su muñeca a comportarse de forma correcta y a establecer las consecuencias adecuadas para la mala conducta. La práctica de establecer normas es muy útil para muchos niños.

■ *Jesse no podía imaginar a quién estaba hablando su hijo hasta que entró en su dormitorio y lo encontró señalando a su perro de peluche. Le decía: «Sadie, no saltes encima de la gente porque duele. Vas a estar en el rincón durante dos minutos».*

Los abrazos no sólo son adecuados para la víctima, sino que también tranquilizan a los agresores que están totalmente fuera de control. Abrazarlos les hace sentir que todavía los quieres, aunque no te guste su comportamiento. Es posible que algunos niños rechacen el abrazo.

Alternativas de defensa ante un bofetón

→ Tu hijo debe saber lo que puede y lo que no puede hacer cuando alguien le pega o le hiere. Aquí tienes algunas sugerencias para que tu hijo pueda frenar a un amigo agresivo sin pegarle. Explícaselo en un momento de tranquilidad para que preste la máxima atención a lo que le estás contando.

→ Decirle que deponga su actitud.

> → Decirle que no te gusta que te peguen.
>
> → Decirle que tienes ganas de pegarle, pero que no lo vas a hacer porque eres capaz de utilizar el lenguaje.
>
> → Marcharse de su lado.
>
> → Pedir ayuda a la maestra o a un padre.
>
> → Dejar de jugar con él durante un rato.

Proporciona a tu hijo cosas que poder tirar, pegar, darles patadas o puñetazos. Dile que puede darle golpes a una pelota atada a una cuerda o a una almohada, o simular que es un luchador de Kung Fu dando patadas al aire.

No olvides que los niños tienden a seleccionar todo lo que oyen. Así pues, ten cuidado con lo que dices, pues puede ocurrir que tus explicaciones sirvan para animar aún más si cabe la mala conducta que pretendías combatir.

■ *Ryan y Candy fueron muy concretos cuando dijeron a Zach lo que esperaban de él cuando lo dejaban con una cuidadora. Una noche, antes de partir, Candy dijo: «Zach, recuerda que no puedes saltar en el sofá ni tirar de la cola al gato como hiciste cuando vino la abuela. Ni puedes estropear nada». La expresión de Zach lo decía todo. Dijo a sus padres: «Gracias por recordármelo» e hizo exactamente lo que no podía hacer tan pronto como cruzaron el umbral de la puerta.*

Céntrate en las cosas que hace bien y no en lo que no debe hacer.

■ *Habría sido mejor que Candy dijera algo que había hecho bien la última vez que lo dejaron bajo el cuidado de alguien: «Zach, me gustó mucho cómo te sentaste en el sofá y acariciaste al gato cuando te dejamos viendo la tele con la abuela».*

Piensa en la disciplina..., ¿qué enseñas a través de tus actos? ¿Estás enviando mensajes claros y concisos?

Reserva tiempo para hablar con tu esposo si tu hijo se porta como un salvaje y las técnicas de disciplina no parecen resultar eficaces. Concretad juntos el tipo de conducta que queréis evitar, así como dónde y cuándo se produce. A continuación, trazad un plan para enfrentaros a ella.

Anímate

No eres el único padre que tiene la tentación de devolver la bofetada a su hijo para demostrarle que duele. No lo hagas, piénsalo dos veces. Le estarías enseñando que es normal que una persona mayor pegue a alguien de menor edad.

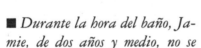 *Durante la hora del baño, Jamie, de dos años y medio, no se mostraba muy cooperativo. Daba patadas, gritaba y se quejaba casi cada noche. Las cosas llegaron a tal extremo que ni papá ni mamá querían bañarlo, de manera que tuvieron que establecer turnos semanales. Esto les permitía estar más serenos y tener las ideas lo bastante claras para ayudar a Jamie. Cuando mamá dijo que comprendía a Jamie —«Ya sé cómo te sientes, no te gusta que te laven el pelo. Lo voy a hacer muy rápido, y tan pronto como terminemos podrás jugar con tus esponjas»—, Jamie empezó a cooperar un poco más.*

Conclusiones

Aunque no puedes hacer que tu hijo deje de sentirse mal, frustrado, amenazado, herido o enfadado, le puedes enseñar técnicas para expresar estos sentimientos de un modo que no hiera a los demás.

Pelearse delante de los niños

P: Me sentí muy apenada después de una pequeña discusión que mi esposo y yo tuvimos delante de los niños. A decir verdad, nos excedimos —gritamos y nos insultamos—. ¿Debo estar preocupada por el efecto negativo que haya podido causar en nuestros hijos?

R: Una relación de pareja en la que nunca hay desavenencias es una relación sin comunicación. Es sencillamente natural tener mal humor, puntos de vista divergentes y enojos en la familia. Es imposible vivir pensando que tus hijos están siempre analizando tus movimientos. Lo más importante después de una discusión delante de los niños es pediros disculpas mutuamente en su presencia, intentando solucionar los puntos de conflicto. A veces es más fácil decirlo que hacerlo. Lo que realmente influye en los hijos no es la discusión ocasional, sino el comportamiento general del matrimonio. Si os peleáis a diario, considerad la posibilidad de solicitar ayuda profesional.

Te aconsejamos...

Date cuenta de la importancia de mantener una relación educada con tu cónyuge, o ex, y buscad formas de que así sea.

Contribuirá a disminuir las discusiones en presencia de los niños.

Sé consciente de lo que digas acerca de tu ex delante de los niños. Para la autoestima de los niños es bueno tener una buena imagen del padre y de la madre.

Reglas para «pelearse educadamente»

Cuando el pronto del momento se os haya pasado, es hora de establecer algunas reglas y probarlas cuando notéis que se está gestando una pelea. Puede que no sea fácil recordarlas todas, pero es importante, y vale la pena, intentarlo:

→ Definid el tipo de lenguaje que tú y tu esposo consideráis inadecuado y evitad utilizarlo.

→ Haced turnos hablando y escuchando.

→ Pedid un aplazamiento de la discusión si alguno de los dos está perdiendo el control delante de los hijos.

→ Reprime los reproches.

→ Inventa métodos, como por ejemplo señas, para recordaros mútuamente que debéis ceñiros a estas reglas.

Pon el problema sobre la mesa, utilizando un lenguaje neutral, sin atacar el carácter de tu cónyuge. Las críticas no son valiosas.

Dile a tu cónyuge lo que quieres. Sé específica. Explícale tus sentimientos, empezando las frases de la forma siguiente: «Quiero» o «Me siento» en lugar de utilizar palabras que lo pongan a la defensiva, como por ejemplo: «¿Por qué no...?, «Siempre»... o «Nunca»...

Cíñete a un tema actual. Pide a tu cónyuge que aporte sugerencias para solucionarlo.

Trata de moderar el lenguaje delante de los niños. Resiste la tentación de insultarlo. Luego no querrás que tu hijo te imite. Requiere práctica y quizá te resulte imposible hacerlo si tienes un mal día. Pero no dejes de intentarlo.

> ■ *Caroline había trabajado duro con su hijo de tres años para conseguir que expresara sus enfado de una forma que no hiriera los sentimientos de nadie. Muchas veces lo ponía en una silla en la cocina y decía: «Tiempo muerto hasta que te calmes». Aparentemente, esta técnica funcionaba mejor de lo que había imaginado. En medio de una pelea entre Caroline y su esposo, Steven se puso entre ellos y dijo: «¡Basta ya! ¡No os insultéis! Mamá, es mejor que vayas a sentarte en la silla del tiempo muerto ahora mismo».*

Demuestra que te respetas comportándote de forma sosegada pero asertiva durante una pelea.

> ■ *Cuando la esposa de Jay se puso fuera de control, él le dijo tranquilamente: «No permito que me hables con esta falta de respeto. No voy a escuchar a nadie que me insulte».*

No lastimes a tu cónyuge. Céntrate en la solución del problema. No des a tu hijo la impresión de que los problemas siempre son culpa de alguien. Di: «Ya te oigo, pero no estoy de acuerdo. ¿Cómo podemos solucionar esto?». Este tipo de lenguaje ayuda a los niños a comprender el valor de la negociación. Al mismo tiempo, tendrán la sensación de que no están a merced de lo que les pase.

Reprime las amenazas como: «Si vuelves a hacer esto, no te hablaré nunca más». No es fácil en caliente.

Anímate

No eres el único padre que grita lo que está pensando delante de los niños.

Sé consciente de que los niños pueden tomar al pie de la letra lo que dices.

Cuando estés muy enfadada con tu esposo, tómate un respiro. Pero no olvides decirle a tu hijo que vas a volver en unos segundos (véase **Enfado** en la página 91).

Si estás al límite, considera la posibilidad de escribiros notas en lugar de enfrascaros en una batalla verbal. De este modo, sabréis cuál es vuestro punto de vista sin interrupciones y sin involucrar a los niños.

No olvides decirles a los niños que la pelea se ha terminado. Los problemas sin resolver pueden resultar traumáticos para ellos.

Programa un tiempo juntos con tu esposo fuera de casa, si es posible, para hablar sobre ciertas cosas en privado.

Piénsalo dos veces antes de negar que algo va mal cuando tu hijo te pregunte. Muchas veces, los niños captan el ambiente negativo aunque se les diga que todo va bien. Algunos padres, con buena intención, intentan esconder el conflicto a sus hijos para no disgustarlos. Las peleas pueden ayudar a los niños a aprender cómo funcionan las relaciones y que todo el mundo puede cooperar en la resolución de los problemas. Para muchos niños, la seguridad básica puede ser el resultado de saber que, aunque no siempre estén de acuerdo, todo va a salir bien entre sus padres.

Haz explicaciones fáciles. Los niños se sienten lastimados por tu cólera si no se les explica la verdadera causa del conflicto.

■ *Janice le dijo a su hija de cuatro años, Allie: «Me pregunto si nos has oído discutir esta mañana. No nos poníamos de acuerdo porque no recordábamos a quién le tocaba llevar la ropa a la tintorería. Primero, los dos hemos dicho que estábamos demasiado ocupados, pero después lo hemos solucionado».*

■ *Paul, padre divorciado, descubrió lo útil que era decir a los niños de vez en cuando: «Aunque papá y mamá ya no vivan juntos,
no es por algo que hayáis hecho vosotros. Los dos os queremos mucho
y siempre estaremos a vuestro lado. Afortunadamente, ya no vais a
tener que soportar más peleas».*

Dile a tu hijo que todos los sentimientos son buenos, pero que
esto no significa que todos los comportamientos sean buenos. A
continuación, demuéstrale lo que quieres decir animándolo a expresar sus sentimientos. Deja que tus hijos te oigan decir que has
tenido un mal día. Deja que vean cómo tranquilizas a tu pareja
cuando ha tenido un mal día. Así, los niños aprenderán que el hogar es un sitio seguro.

Disminuye las peleas. Es importante que te des cuenta de que
tu cónyuge no debe hacer las cosas del mismo modo que tú, aunque es bueno que estéis unidos en los temas principales. Desde pequeños, los niños agradecen poder aprender a adaptarse a diferentes estilos de hacer las cosas.

■ *Bonnie y Mike se pusieron de acuerdo en que los niños se acosta-
rían a las ocho, pero se permitieron ligeras diferencias en el proceso.
A Bonnie le gustaba sentarse en la cama y leerles un cuento de buenas noches. En cambio Mike, que tenía problemas de espalda, pre-
fería sentarse en una silla con respaldo e inventar una historia.
Curiosamente, los niños protestaban si Mike les leía un cuento o si
Bonnie intentaba inventar una historia.*

Prepárate, los niños os pueden enfrentar.

■ *Cuando Joan dijo a su hijo de dos años que no podía comer dulces
antes de cenar, el niño le contestó que papá le dejaba comer siempre lo
que quería. El primer impulso de la madre fue criticar a su esposo,
pero se mordió la lengua. Su marido entró en la habitación y dijo:
«Buen intento Markie, pero ambos sabemos que esto no es verdad. Ya
sé que te gustaría que te dejáramos comer dulces todo el día».*

Reserva tiempo para estar con tu esposo. Os merecéis más atención que la que os podéis prestar durante vuestro ajetreado día. Ambos os beneficiaréis de unas cuantas horas solos para disfrutar de la compañía del otro sin tener que compartir su atención con nadie, y también enseñaréis a vuestros hijos que la relación marital es íntima y valiosa.

Buscad momentos tranquilos para poder hablar de vuestros estilos de hacer las cosas. ¿Es tranquila y reservada tu pareja, mientras que tú lo sueltas todo en caliente y después te arrepientes? Las diferencias de estilo pueden llevaros a malentendidos continuos, y lo peor del caso es que vuestros hijos se darán cuenta de ello.

> ■ *Sally odiaba la forma en la que su esposo se paseaba cada vez que ella preparaba a los niños para una excursión. Siempre intentaba que salieran antes de que Sally se hubiera asegurado de que todo estaba en orden. Un día, Sally le preguntó cómo lo hacían en su casa, cuando él era pequeño. Confesó que su padre era siempre el primero en salir cuando hacían una excursión. Su padre se sentaba en el coche, haciendo sonar furiosamente la bocina, mientras su madre corría de un lado para otro tratando desesperadamente de que todo el mundo estuviera listo sin ninguna ayuda. El esposo de Sally prometió intentar ser un poco más colaborador en el futuro.*

Recuerda que no estás predestinada a repetir el pasado. Puedes aprender a controlar la forma en la que te comportas en presencia de los niños y puedes cambiar lo que aprendiste de pequeña.

> ■ *Cuando era pequeña, Mia viajaba por Europa cada verano con sus hermanas y sus padres, apretujados en un coche muy pequeño y con las maletas en la baca. Recordaba perfectamente el dolor de estómago que le provocaban las discusiones de sus padres cuando discrepaban acerca de la interpretación del mapa. La madre de Mia gritaba diciendo que era incapaz de leer un mapa, mientras el padre se quejaba de las señales de tráfico extranjeras. De mayor, Mia hacía lo mismo, pero después de unas cuantas peleas con su esposo*

cuando se perdían, decidió evitar este tipo de escenas a sus hijos. Ahora, antes de salir de viaje, Mia estudia el mapa con antelación y charla con su marido sobre la ruta que deben tomar.

Conclusiones

Aunque es normal que tengáis algunas peleas delante de los niños, para ellos puede constituir una oportunidad de comprobar que, incluso cuando los sentimientos se expresan abiertamente, las familias pueden resolver los problemas y restaurar los sentimientos de amor.

Primeros días de clase

P: Temo que mi hija no quiera separarse de mí el primer día de clase, mientras todos los demás están tranquilos y las madres se van casi sin decir adiós. ¿Qué puedo hacer para ayudarlo a adaptarse?

R: Es normal que los primeros días de clase supongan un período de adaptación para padres e hijos. En ocasiones, los niños experimentan intensos sentimientos de ira, timidez y a veces de miedo. Los padres también experimentan sentimientos de ansiedad por la separación, se avergüenzan, se sienten enfadados, culpables, etc. Cuando las cosas no marchan como habrías deseado, intenta darte un poco de tiempo.

Te aconsejamos...

Visita el parvulario con el niño antes de que empiece la escuela. Señala algunas de las cosas que pueden interesarle o emocionarlo. Revisa los juguetes, los libros, la caja de los disfraces, etc.

■ *«Oh, mira Josh», dijo Gail, «ésta va a ser tu clase. ¿Quieres verla? Vamos a ver dónde puedes lavarte las manos y beber un poco de agua. ¡Y espera a ver todo lo que hay en el patio!».*

Asegura a tu hijo que si te necesita te pueden llamar, y muéstrale dónde está el teléfono de la escuela.

Comunícate con la profesora antes de que empiece la escuela.

■ *Gail y su hija escribieron una nota para la maestra. Cuando la profesora respondió, Rachel colgó la carta en la nevera con orgullo.*

■ *En una escuela, tres mamás se dividieron la clase de parvulario (de veintiún alumnos) en tres grupos. A continuación, cada mamá organizó una fiesta en su casa e invitó a la maestra, para que se conocieran. Algunos niños proponen estrategias para conocer a sus compañeros y a los maestros.*

■ *Sean y Caroline llamaron a la maestra de Sean por teléfono para saludarla unos días antes de que empezara el curso.*

Trata de que trabe alguna amistad antes de empezar el curso. Pregunta en la escuela si hay niños en clase que vivan cerca de vosotros.

Deja que tu hijo conozca varios sitios (la oficina, el supermercado, el gimnasio) a los que vas mientras está en la escuela. Se sentirá más seguro si sabe lo que haces cuando estáis separados.

♥

Anímate

No eres el único padre que se pone más nervioso que su hijo el primer día de colegio.

Conoce y respeta los sentimientos del primer día de clase de tu hijo, pero actúa con firmeza: tienes que irte. Dile que vais a hacer algo especial después de clase.

■ *Gail dijo: «Rachel, ya veo que estás triste porque mamá debe irse. Yo también te echaré de menos. Me encantaría que me dieras un fuerte abrazo antes de hacerlo. Al salir de la escuela, iremos a comer juntas.*

Intenta no demostrar tus sentimientos contradictorios, si es que los tienes. Actúa con seguridad, sé fuerte. Procura que parezca que no das importancia a lo que está pasando y no hables con otros padres de la ansiedad que te provoca separarte de tu hijo en presencia del niño.

Si puedes, deja a los niños pequeños con una cuidadora los primeros días. El mayor, que es el que va a la escuela por primera vez, se sentirá más seguro si le dedicas toda tu atención en este día tan especial para él. Para algunos niños pequeños, ver a su mamá con el hermanito pequeño alejarse juntos aún hace más dura la separación.

Pide a la maestra si puedes estar en el aula hasta que el niño se haya tranquilizado y esté listo para la separación, y tú también.

Con la aprobación de la maestra, permite que tu hijo lleve a clase un recuerdo del hogar (una fotografía, una moneda «de la suerte» o una nota especial de tu parte para que se la ponga en el bolsillo).

Establece una rutina matinal y anima a tu hijo a ayudarte a vestirse y prepararse (véase **Mañanas «locas»** en la página 155; cómo sobrellevar las mañanas sin perder los nervios).

Piensa en la importancia de sentarte con tu hijo y desayunar juntos. Es más fácil decirlo que hacerlo. La hora de comer puede resultar una excelente vía de comunicación.

Establece una hora razonable para acostarse e intenta ceñirte a ella (no siempre es fácil cuando los hermanos mayores se quedan despiertos o cuando está a punto de empezar tu programa de televisión favorito).

Usa **«los momentos más tranquilos»** para hablar sobre las actividades de la escuela que le gusten a tu hijo. Los niños están más receptivos por la noche o durante la hora del baño.

> ■ *Después de la escuela, Felicia decía a su hijo, segura de que se lo había pasado bien: «Cuéntame lo que has hecho en clase hoy». La respuesta de su hijo era invariablemente la misma: «Nada». Felicia pronto comprendió que no le gustaba que le bombardeara con preguntas, así es que aprendió a morderse la lengua y limitarse a disfrutar del tiempo que pasaban juntos. Mientras jugaban, el niño le iba contando cosas, sin habérselo pedido.*

> ■ *El hijo mediano de Caroline, que había aprendido esta frase de su hermano, empezó a decir: «No tienes por qué saberlo», seguido de un gesto malicioso. No obstante, cuando ya estaba en la cama, le encantaba contar lo que había hecho durante el día.*

Comparte el calendario con tu hijo o compra uno sólo para él. De este modo sabrá lo que le espera al día siguiente. La predicción y la rutina ayudan a tu hijo a sentirse más seguro y a controlarse.

Habla de la salida de la escuela. Debe saber cuándo se le irá a recoger (después del recreo, después de la merienda, etc.) y quién lo hará (tú, la cuidadora, otra madre, etc.). La rutina da seguridad a los preescolares.

Explícale a la cuidadora o a la persona que lo lleve y recoja de la escuela las normas del centro acerca de cuándo y cómo dejar y recoger a los alumnos.

Busca otras alternativas si llegas a la conclusión de que compartir el coche con otras madres para ahorrar no da resultado. Haz las cosas como a ti te vaya mejor.

Ve a clase con tu hijo el primer día y enséñale dónde va a sentarse, dónde está el perchero, el baño, etc.

Pide a la profesora un informe de los progresos de tu hijo a la hora de separarse de ti.

Comparte las historias de tu infancia con tu hijo. Así, cuando las recuerde y las relacione con las suyas se sentirá comprendido y seguro de que todo va a salir bien.

■ *Gail contó a sus hijos cómo se había sentido los primeros días de clase y el miedo que tenía de que la dejaran allí para siempre. Dijo: «Cuando mi mamá me llevaba al colegio siempre me decía que vendría a recogerme, y siempre venía, pero, al igual que vosotros, durante algunas semanas seguí teniendo miedo de que no volviera.*

Escucha y observa lo que te dicen los niños a través de su forma de jugar (imitaciones de cosas que suceden en la escuela, de cómo los llevas a la escuela y del regreso a casa). Es útil jugar a que los niños sean la maestra o los padres de vez en cuando. Las muñecas, los títeres y el material de dibujo también sirven de desahogo a los niños, que se liberan de sus preocupaciones.

■ *Caroline descubrió que un simple juego de cartas que representaba actividades escolares, como la hora de contar cuentos o el recreo, ayudaba a sus hijos a saber lo que debían esperar de la escuela.*

Conclusiones

Cada niño evoluciona a su manera. Por cada padre avergonzado de su hijo histérico, hay una madre preocupada porque cree haberse separado del niño antes de tiempo.

Quehaceres domésticos

P: Necesito ayuda con la casa. ¿Puedo esperar que mi hijo pequeño se responsabilice de algunos quehaceres domésticos o debo dejar de intentarlo y resignarme a hacerlo todo yo?

R: Existen estudios que demuestran que hace cincuenta años casi todos los niños ayudaban en casa —¡y gratis!—. Hoy en día, muchos padres, así como también sus hijos, tienen prioridades distintas. Están demasiado ocupados y estresados. También es cierto que muchas familias se pueden permitir el lujo de contratar a una persona para que les ayude en casa. No obstante, el pediatra T. Berry Brazelton insiste en que tener asignadas tareas del hogar hace que los niños se sientan importantes. Aunque al principio te supondrá trabajo extra, a largo plazo el niño se beneficiará con esta práctica y se sentirá útil en la familia cuando realice sus tareas.

Te aconsejamos...

Recuerda que tener demasiadas tareas asignadas puede agobiar a un niño pequeño. Involucra a toda la familia a la hora de elegir los quehaceres que cada uno va a realizar y de establecer las consecuencias que va a tener el hecho de hacerlos o de no hacerlos. Hazlo en una reunión familiar (véase página 27; más información sobre las **Reuniones familiares**).

Recuerda a tu hijo que todos en vuestra familia tenéis trabajos importantes que hacer.

Ayuda a tu hijo a seguir las actividades con ideas visuales, tales como cuadros o listas, dibujos, adhesivos, etc., para registrar las tareas que ya se han realizado.

■ *En una reunión familiar, los Miller, una familia de seis miembros, decidieron hacer una tabla semanal con dibujos que incluso un niño de tres años podría entender.*

■ *Los Peter utilizaban una jaula de trabajos para tareas adicionales que no formaran parte de los quehaceres habituales de los niños. En una reunión familiar acordaron que una consecuencia adecuada por no haber hecho una tarea asignada era sacar un papelito de la jaula de trabajos. El «culpable» tendría que hacer lo que indicara el papelito antes de poder unirse al resto de la familia para ver la televisión o jugar. Las tareas adicionales eran muy sencillas (sacar el polvo de una estantería, etc.) y requerían toda la atención.*

Tareas adecuadas para niños de dos a cinco años

→ Traer el correo y los periódicos

→ Poner las servilletas en la mesa

→ Cambiar el agua del perro

→ Sacar el polvo

→ Recoger la ropa sucia y meterla en el tambor

→ Ayudar a doblar la ropa

→ Llevar el cesto de la ropa limpia a las habitaciones

→ Limpiar los cristales y los espejos con un paño y un pulverizador con agua (es muy divertido con niños)

■ *Una regla habitual en casa, que los chicos de los Wilson olvidaban a menudo, consistía en bajar la tapa del inodoro después de haberlo utilizado. La madre animó a todos los miembros de la familia a sugerir ideas para solucionarlo. El mayor enseguida respondió: «¡Ya lo tengo! Los chicos y papá utilizaremos el baño azul. No nos importa si está desordenado o sucio. Tú puedes ir al baño de la planta superior». La madre respondió: «No es una opción válida para nuestra casa. Dejar el baño desordenado y mojado no es correcto». El padre pensó en un letrero que había visto en un lavabo público: «Si nosotros podemos "apuntar", tú también puedes hacerlo». El niño de cinco años dijo que sería más prudente que la familia hiciera pequeñas bolitas de papel (biodegradables) que flotaran en el agua. Todos estuvieron de acuerdo en que, aunque tuvieran prisa, limpiarían y secarían el baño siempre que lo utilizaran.*

Sé honesta con tu hijo y admite que no todo lo que debemos hacer es divertido. Pon énfasis en lo contenta y orgullosa que te sientes después de haber realizado una tarea como es debido.

Prográmate el tiempo para poder enseñar al niño a realizar las tareas. La mayoría de ellos no saben cómo se hacen.

Dale algunas orientaciones. Los niños pequeños tienen dificultades para recordar más de tres directrices a la vez.

Conviértete en un padre o una madre práctica. Divide las tareas en etapas para que tu hijo las entienda con facilidad y se muestre dispuesto a cooperar.

■ *Un lunes, Gail llamó a su hija de cuatro años: «Cariño, mira como pongo la mesa para la cena». El martes le dijo: «Apuesto a que recuerdas dónde guardamos los platos. Vamos a ver cuántos necesitamos». Rachel pensó y contó con sus deditos: «Aarón, mamá, Rachel y papá». Cogió cuatro platos de plástico que Gail había colocado en un armario bajo y la madre terminó el trabajo con el res-*

to de la vajilla y las servilletas. El miércoles, tan pronto como Gail llamó a Rachel, la niña salió disparada hacia la cocina. Sin tener que decírselo, contó los platos y los cubiertos que necesitaban, y empezó a poner la mesa con entusiasmo. Gail elogió el esfuerzo diciéndole: «Te has acordado de cuántos necesitábamos». Al final de la semana, Rachel bordaba la tarea. El viernes por la noche, cuando papá puso la llave en la cerradura, corrió a compartir sus logros con él: «Papá, papá, ¿sabes qué? He puesto la mesa yo solita».

Tómate tiempo para elogiar un trabajo bien hecho. Procura que el elogio sea específico y céntrate exactamente en lo que el niño hizo bien. De este modo, le ayudarás a potenciar su motivación interna para repetir las mismas etapas.

■ *Jerry dijo a sus dos hijos: «Sin vosotros, la mesa no hubiera estado preparada antes de que llegaran las pizzas. Habéis recordado el lado correcto en el que había que colocar los tenedores y poner las servilletas. Gracias por vuestra ayuda».*

Muchos niños cooperan mejor si todo el mundo está ocupado al mismo tiempo. Creen que trabajar en equipo resulta más fácil y más divertido que hacerlo solos.

■ *A Janet no le funcionaban los ultimátums a la hora de recoger los juguetes. Pero cuando se ofreció para ayudarla a recogerlos y después dejar que ella la ayudara en casa, las cosas fueron mucho mejor.*

Aprecia el poder de la rutina. Establece un día de limpieza semanal. Cuando se haya establecido una rutina, respaldará la norma. Así, los padres se evitarán tener que recordarlo constantemente (a veces regañando).

■ *Una familia de cuatro miembros acordó realizar las tareas de limpieza semanales los sábados por la mañana. Yendo juntos de una estancia a otra, cada uno llevando a cabo su tarea asignada, la familia limpiaba toda la casa.*

Define objetivos y plazos para ayudar a que las tareas sean más eficaces.

■ *En ocasiones, los hijos de Gail se motivaban mucho con el hecho de tener un límite temporal para la realización de sus quehaceres domésticos. La madre decía: «Apuesto a que no podéis poner los platos en el fregadero antes de que yo cierre la mesa de la cocina» o «Apuesto a que no podéis meter la ropa sucia en el cesto antes de que suene el timbre». Cuando funcionaba, todo resultaba muy sencillo.*

■ *La familia de Caroline se había hecho famosa por su fiesta anual de Bolos. Entretenían a más de quince familias con una cena y juegos, y la televisión era un pasatiempo extraordinario, especialmente porque había muchos niños que querían acción. Cada año estaban mejor organizados. Hacían listas que debían ser completadas antes de que empezara la fiesta. Se aseguraban que todo estuviera listo. Una de las tareas del marido de Caroline consistía en colocar una televisión en cada estancia (¡incluso en el baño!). A los niños les gustaba preparar la casa para los más pequeños, sobre todo esconder sus juguetes favoritos para que nadie pudiera cogerlos.*

♥

Anímate

No eres el único padre que se pregunta por qué el mismo niño de tres años que sabe cómo funciona el vídeo tiene dificultades para tirar de la cadena del inodoro. Una visita a la clase de tu hijo te dará una idea de las cosas que los niños son capaces de hacer cuando están fuera de casa.

Sé consecuente. Cuando asignes una tarea al niño, dile que deberá hacerla siempre. Si no eres consecuente disminuirás la importancia de las tareas en la mente del niño y la motivación para llevarlas a cabo.

Respeta las habilidades de tu hijo. Resiste la tentación de hacer las cosas en su lugar. Esto requiere mucha paciencia, pero el resultado es realmente gratificante: un niño con más autoconfianza y más capacitado.

Sé firme pero amable con tus directrices. No lo sermonees.

■ *Cuando Lynn se dio cuenta de que el plato de su hija estaba to-davía en la cocina después de la cena, dijo: «Brittany, ¿cuál era nuestro acuerdo acerca de los platos sucios? ¿Lo recuerdas?». La niña respondió: «Me había olvidado», y salió corriendo hacia la cocina para recogerlo.*

Reconoce y elogia el esfuerzo de tu hijo en lugar de criticar la calidad de su trabajo. Lucha para conseguir la realización de la tarea, no la perfección.

■ *«Gracias por devolver de nuevo la enciclopedia a la estantería», dijo Penny. Decidió omitir el hecho de que los tomos no estaban por orden alfabético y que algunos estaban del revés.*

Practicad con una tarea nueva utilizando muñecas o juegos de imitación. ¿Qué mejor manera de aprender que jugando? (véase el recuadro de las páginas 96 a 98; más información sobre los **Juegos de imitación**).

A los niños les entusiasma poder usar sus propias herramientas siempre que sea posible. De esta forma, las tareas resultan mucho más atractivas.

■ *Cuando Sean vio una pala infantil en el escaparate de la tienda dijo: «Mamá, mamá, si me compras esta pala prometo ayudar a papá a quitar la nieve». Se la compró y el niño cumplió su palabra. Cada sábado de invierno, si nevaba, el niño quitaba la nieve con entusiasmo al lado de su padre, ¡incluso antes de pedir que fueran en trineo!*

Ten en cuenta la estatura de tu hijo y su grado de desarrollo cuando organices las tareas domésticas y procura que todo esté a su alcance.

■ *Ed casi no podía abrir la puerta a causa del montón de abrigos, gorros y guantes que bloqueaban el paso. Aquella misma noche, después de cenar, convocó una reunión familiar para tratar el asunto. «Me he sentido como una apisonadora cuando trataba de entrar; estaba todo por el suelo. ¿Cómo os las arregláis para que en la escuela vuestras cosas siempre estén colgadas?» «Verás, papá», dijo Sarah, de cuatro años, «la señorita Murphy dice que los niños deben colgar su abrigo en las perchas amarillas y las niñas en las verdes». Ed dijo: «Pues esto es precisamente lo que tenemos que hacer. Vamos a comprar; cada uno de vosotros elegirá una percha especial y la colocaremos donde podáis alcanzarla. ¿Estáis de acuerdo?». Los niños asintieron.*

Recuerda que asignar tareas contribuye al desarrollo gradual de una ética positiva y del sentido de la responsabilidad, así como del orgullo y la pertenencia.

■ *Un día, Lanie regresó a casa del trabajo más pronto que de costumbre y encontró a su asistenta doméstica diciéndole a David, de tres años, que la ayudara a doblar la ropa. La madre se sorprendió mucho cuando oyó a su hijo decir: «Déjame doblar la camiseta de papá». Y aún se sorprendió más de lo bien que lo hacía.*

Decide si te sientes cómoda o no dando una paga por tarea realizada. Algunas familias asignan una paga semanal a los niños como agradecimiento por haber realizado un buen trabajo en casa; otras lo hacen por tarea, y muchas prefieren no asignar paga alguna. Ya sea con ocasión de las tareas o no, si das dinero a tu hijo, aprenderá a administrarse.

■ *Cuando Sean tenía cinco años, Caroline estaba harta de que siempre le pidiera que le comprara cosas. Decidió trazar un plan. Sean recibiría una paga semanal cada sábado si realizaba todos los quehaceres asignados durante toda la semana. Como muestra de agradecimiento, se podría comprar todo lo que quisiera a medida que fuera teniendo el dinero suficiente. La primera semana apenas tuvo tiempo de ver todo lo que quería en el centro comercial. Seleccionó dos cosas que eran las que más le gustaban: una pelota y un soldado de juguete. Por desgracia, costaban dos dólares cada uno. «Oh, creo que no tengo suficiente dinero» lamentó. «Voy a comprar sólo la pelota. Vale dos dólares, ¿verdad?» A continuación, reflexionó y dijo: «Oh no, va a costarme toda mi paga... Prefiero comprar algo más barato, así todavía me quedará dinero». Caroline se puso muy contenta de ver lo perspicaz que se volvía el niño con su propio dinero.*

Conclusiones

Enseñando a tu hijo a realizar algunos quehaceres del hogar le enseñas conceptos tan importantes como la cooperación, que le servirán a lo largo de toda su vida. Asimismo, asignar tareas también es útil para reforzar la autoestima del niño y sentar una base para que aprenda las obligaciones y compromisos respecto a la comunidad en general.

Rabietas

P: No sé qué hacer con las rabietas de mi hijo. ¿Se trata de un problema perenne o simplemente de una fase pasajera?

R: La mayoría de los niños de dos a cinco años cogen berrinches en diferentes grados. Forma parte de una fase normal del desarrollo. Algunas rabietas se pueden prever con reflexión y preparación, pero otras son inevitables. Debes aprender a distinguir entre los dos tipos de rabietas: una cosa es luchar contra la imposibilidad del niño de hacer una cosa determinada debido a su corta edad, y la otra es una batalla por no dejarle hacer lo que desea. Piensa que cuando los niños están cansados, hambrientos, están pasando por una transición o sobreestimulados se sienten frustrados e incapaces y se echan a llorar (éste sería el primer tipo); el segundo tipo de rabieta se da cuando el niño intenta conseguir lo que desea a base de gritos, patadas, llantos, etc. Las rabietas pueden ocasionar en padres e hijos sentimientos de cólera, confusión, frustración o vergüenza.

RESPUESTAS

→ Ignora el berrinche. A veces, si no le haces caso, se disipa.

→ Susúrrale palabras al oído hasta que sienta mejor. Dile: «Papá está aquí contigo... papá está aquí...». Dale palmaditas en la espalda mientras hablas.

➔ A veces, el humor, con un toque de psicología invertida da resultado. «Cariño, sobre todo no sonrías, haz lo que quieras pero no sonrías... Oh... me parece que se te escapa una sonrisa... ¡sí, ya veo una gran sonrisa!»

➔ Lleva a tu hijo a la «habitación de las rabietas». Se trata de un cuarto designado en una reunión familiar para este fin. Con una voz tranquila le puedes decir: «Podrás salir cuando te tranquilices».

➔ Expresa empatía cuando tu hijo no obtenga lo que desee. Di: «Ya sé que te vuelves loco cuando no se te da lo que quieres. A veces, yo también me enfado cuando no puedo conseguir lo que quiero».

➔ Sal a la calle con tu hijo cada vez que coja un berrinche en público, incluso si no resulta nada apropiado salir. Si aplicas consecuencias adecuadas a sus actos, tu hijo se dará cuenta de que cumples lo que dices.

Te aconsejamos...

Corrige la rabieta de tu hijo de acuerdo con su personalidad, que es única, y con su carácter. Lo que para un niño puede funcionar bien, aplicado a otro lo puede llevar a un estado peor.

Mantén la calma. Si mantienes la calma, el niño siente que todo su mundo está controlado. Véase **Enfado** en la página 91, para más estrategias entre padres e hijos.

Toca a tu hijo si ves que le reconforta. Intenta cogerle de forma que se sienta seguro, acariciarle la espalda, abrazarle, mecerle o tocarle el pelo.

Sal de escena. Esto funciona con muchos niños. Vale la pena intentarlo.

Algunos niños se asustan si se les deja solos. Quédate cerca de este tipo de niños. En un mal día, un par de tapones para los oídos son ideales...

Deja que llore hasta que recupere el control sobre sí mismo si ves que es una forma adecuada para su personalidad y carácter.

Lleva al niño a un sitio donde se sienta cómodo y seguro.

> ■ *Cuando Beth tuvo un berrinche, su padre le dijo que había llegado el momento de apagar la televisión. A continuación, la cogió en brazos y le dijo: «Papá te va a sentar en tu silla favorita para que te tranquilices».*

Redirecciona la tensión de tu hijo corriendo, saltando o bailando al ritmo de cualquier música que le guste para detener la rabieta antes de que se vuelva insoportable.

Intenta poner punto y final a una rabieta que parece que se está extinguiendo y redirecciónala.

> ■ *Un día, en el parque, Melanie le dijo a su pequeño, que estaba en plena rabieta: «Es hora de parar, ahora. Vamos a respirar profundamente para que te sientas mejor. Después, podemos ir a casa y comer».*

Ayuda a tu hijo a facilitarle las transiciones hacia la calma cuando esté enfadado. Sugiérele cosas que pueda hacer que le hagan sentir seguro.

> ■ *Stan le dijo a su hijo de tres años, tranquilamente: «Estaré en la cocina haciendo crepes. Cuando quieras venir a ayudarme, serás bien recibido».*

Establece algunos límites para las rabietas con tu hijo.

> ■ *Durante la reunión familiar que celebraban semanalmente, Jesse dijo con tranquilidad: «Jason, puedes llorar, lanzarte al suelo y patalear, pero no puedes pellizcar, arañar, dar patadas, puñetazos ni gritar a pleno pulmón. La próxima vez que cojas una rabieta,*

recuerda nuestra regla: "no se puede hacer daño a las personas ni estropear las cosas".»

■ *Cuando el hijo de Debbie cogió una rabieta tremenda en el supermercado, la madre le preguntó al gerente del establecimiento si hacía el favor de guardarle el carro medio lleno mientras sacaba al niño fuera del local. El aire fresco calmó al niño y ambos pudieron terminar las compras. Muchas veces es necesario salir al exterior para que los niños recuperen la compostura.*

Intenta prevenir los berrinches contándoles a tus hijos lo que pueden esperar de una determinada situación con tiempo suficiente.

■ *Ron habló mucho con su hija sobre lo que iban a hacer. «Katie, ir al circo es el regalo especial de cumpleaños que mamá y papá te hemos hecho. No vamos a comprar nada en la tienda de recuerdos, pero si ves alguna cosa que deseas profundamente, lo puedes escribir en tu lista de deseos para Navidad, que va a ser muy pronto.»*

Utiliza la fantasía para satisfacer el deseo de un niño, que no puedas hacerlo realidad.

■ *Durante un largo y caluroso viaje sin paradas para descansar, el hijo de Caroline empezó a pedir insistentemente una bebida. Caroline vio claramente que se avecinaba una gran rabieta y le dijo: «Todos tenemos sed. Desearía llenar el coche de cerveza y bebérnosla a grandes sorbos». «¡Oh, no!», fue la respuesta de los niños, pero continuaron con entusiasmo: «¡Vamos a llenar el coche de helado y cerezas!».*

Frena las demandas de tus hijos, que desean todo lo que ven, ofreciéndoles opciones limitadas.

Recuerda, tu hijo pasa por una etapa en la que entran en conflicto la necesidad de dependencia con el deseo de independencia.

Los preescolares normalmente tienen períodos de atención muy cortos, son egocéntricos por naturaleza y se controlan por impulsos. Sé consciente de las expectativas que tiene un niño de esta edad.

Sé consciente del tipo de situaciones que desencadenan una rabieta en tu hijo. Estudia los patrones que las desencadenan para que puedas prevenir los berrinches evitando ciertos escenarios.

Acepta a tu hijo tal como es; sé realista acerca de las cosas que puede soportar sin hundirse. Si el carácter de tu hijo es muy activo e impulsivo, las compras de larga duración, las salidas al restaurante y las obras de teeatro pueden no resultar adecuadas.

Aprecia las habilidades de tu hijo para estar con otras personas, y compréndele cuando quiera aislarse y estar contigo.

> ■ *Elaine recuerda: «Mi suegra, de vez en cuando, se quedaba cuidando a mi hijo de dos años mientras mi marido y yo disfrutábamos de una noche solos. Cuando íbamos a recogerle, siempre cogía una rabieta. Fue entonces cuando mi suegra pronunció las palabras que alteraron mi sistema nervioso: "Ha estado tan bien conmigo... Reacciona así porque debe irse." Respiré profundamente e intenté recordar las palabras que una consejera me había propuesto. "Muchos niños rompen a llorar al ver a sus padres, después de haberse contenido el llanto durante todo el día". La consejera también me explicó que se trataba de una especie de cumplido a mi modo de ser madre porque el niño se sentía cómodo expresando sus sentimientos cuando estaba conmigo. Sin embargo, me preguntaba: si se trata de algo bueno, ¿por qué me hace sentir tan mal? Otro enigma de ser padres».*

Anímate

No eres el único padre que cede de vez en cuando ante una descomunal rabieta.

Proporciona a tu hijo atención positiva. Reconócele los progresos, ya sean grandes o pequeños.

■ *Martha le dijo a su hija: «Ya sé que te enfadaste mucho cuando Tracy tomó prestado tu juguete sin preguntar. Tuviste mucho autocontrol para no pegarle. Apuesto a que te sientes orgullosa de ti misma».*

Cuando tu hijo está «difícil», recuérdate que él es especial y céntrate en lo que sabes que hace bien.

■ *Zoe, una madre desesperada de un niño difícil, cambió de táctica. Después de un duro y largo día, fue a recibir a su marido a la puerta. En lugar de recitarle una lista de las cosas que no habían ido bien durante el día, como solía hacer, escogió la opción de compartir con su marido algo bueno que el niño hubiera hecho durante el día. El humor en la casa mejoró sustancialmente aquella noche.*

Pide consejo a un profesional si crees que estás perdiendo el control sobre las rabietas de tal manera que puedes poner en peligro a algún miembro de la familia. Un consejero te puede proporcionar una opinión objetiva y sugerirte diversas formas de solventar la situación.

Conclusiones

Las rabietas no son divertidas, así de simple; la clave está en contenerte de tener una a medida que tu hijo va ganando en autocontrol.

Recoger los juguetes

P: No importa lo que haga, la casa siempre está llena de juguetes por todas partes. ¿Cómo puedo hacer que mi hijo recoja las cosas con las que juega?

R: La limpieza no constituye una prioridad para los niños de dos a cinco años, por lo menos en casa. La mayor parte del tiempo, la imaginación de los niños y su necesidad de crear y explorar chocan con la necesidad de los adultos de mantener el orden. No obstante, son capaces de hacerlo. Los padres que alguna vez han visto una clase de parvulario con todos los niños recogiendo los juguetes se preguntan: «¿No podría ser mi hijo?». Todo el mundo, pero especialmente un niño, se agobia frente a una gran tarea y no sabe por dónde empezar. Divide los quehaceres en partes pequeñas y más manejables.

RESPUESTAS

→ Sé específica con tus demandas. Di: «Cromos de béisbol en la caja de madera de la estantería, por favor», en lugar de «Ordenad este lío ahora mismo».

> → Haz preguntas que inviten a hacer el trabajo: «Me pregunto quién sabe dónde se guarda esto».
>
> → Cuando el trabajo es abrumador, ármate de paciencia. Todos sabemos lo que significa encontrarlo absolutamente todo por los suelos.
>
> → Proponles una carrera. «Apuesto a que no podéis guardar las ruedas antes de que papá haya desmontado la pista... preparados, listos, ¡ya!».
>
> → Sé imaginativa para que recoger los juguetes sea más divertido. El tren de los juguetes (que serán dos cestos de la ropa sucia) llega a la habitación para recoger los juguetes.

Te aconsejamos...

Date cuenta de que limpiar constantemente puede enloqueceros un poco a todos. Quizá deberías replantearte las prioridades.

> ■ *Fern se preguntaba cómo la cuidadora de su hijo conseguía mantener la casa inmaculada todo el día. Cuando estuvo en casa durante la baja por maternidad, descubrió su secreto. De hecho, dejaba todos los platos sucios en el fregadero y los fregaba sólo una vez al día. Asimismo, recogía los juguetes una vez al día, mientras los niños dormían la siesta o miraban la televisión por la tarde.*

Procura asignar un momento del día para recoger los juguetes. Cuando hayas establecido una rutina, ni siquiera te hará falta recordarlo.

Evita las amenazas.

> ■ *Caroline descubrió que las frases concretas como: «Sean, por favor, coloca las piezas rojas en la caja de las piezas rojas» obtenían mejores resultados que amenazas como: «Si no recoges todo este desorden, lo vas a lamentar...».*

Inventa una «caja para rescatar a los juguetes». Recoge todos los juguetes que estén desordenados y colócalos en la caja. Entonces decide qué va a pasar con estos juguetes y cuándo los niños van a poder jugar de nuevo con ellos. Háblalo en una reunión familiar, así los niños comprenderán lo que va a pasar si no recogen los juguetes.

Anuncia, con una frase o con un silbato, que ha llegado la hora de recoger los juguetes. De esta forma, ordenarán más y protestaran menos.

Ayuda a los niños a centrarse en lo que tienen que hacer y a empezar.

■ *Melinda descubrió que sus hijos eran más ordenados en el parvulario. Quizá era por los métodos que utilizaba su maestra, ayudándoles y estando con ellos mientras recogían las cosas.*

Dales una propina. Cántales una canción divertida mientras recogen los juguetes. Cualquier palabra y una melodía pegadiza darán resultado.

■ *Aquí tenéis una canción de Gail que le ha funcionado durante muchos años con sus alumnos: «Es hora de recoger, es hora de recoger, todo el mundo a ayudar, es hora de recoger, hora de recoger, vamos a ordenar los juguetes».*

■ *El marido de Caroline y sus niños se divertían recogiendo los juguetes mientras silbaban la canción de los siete enanitos: «Silbad mientras trabajáis». Siempre se reían de los patéticos intentos de Caroline, que no sabía silbar.*

Juega. Los niños encuentran cualquier tontería divertida y motivadora.

■ *Gail se inventó un argot para hablar con sus alumnos con la voz de Coco, de Barrio Sésamo. Comía papel y hacía comentarios di-*

vertidos que entusiasmaban a los niños: «Mm... qué bueno está el papel, éste va a ir directo a mi barriga...».

■ *Wayne, un padre con mucha paciencia, dio un giro positivo a sus instrucciones: «Apuesto a que todos os acordáis del color de la caja para guardar los puzzles».*

Corrige a un niño que no ayuda. Señala los juguetes del suelo y dónde deben guardarse, mientras elogias a los niños que sí los están recogiendo.

Dale instrucciones concretas. «Por favor, recoge cinco cosas» es más sencillo que si le dices que limpie la habitación entera. Además, puede divertirse contando las cosas que va ordenando. Invítale a que cuente contigo en voz alta, especialmente si se trata de un niño de dos o tres años.

Da las «gracias» a todo el mundo por el trabajo bien hecho. Recuerda que un niño pequeño no entiende la necesidad de limpiar; es el padre o la madre quien tiene esta necesidad.

■ *Después de una breve charla, Dawn se dio cuenta de que tenían percepciones diferentes acerca de los soldados de juguete esparcidos por el suelo. Para ella suponía un gran desorden que el niño se hubiese olvidado de recogerlos, mientras que para el niño constituía una batalla de lo más emocionante.*

Confecciona un mural en el que los niños obtengan adhesivos si ordenan las cosas. Puedes darles un premio especial cuando tengan cinco adhesivos.

Anímate

No eres la única madre que decide tirar las piezas sueltas de los juguetes de los niños en lugar de clasificarlas todas. No olvides que los niños nunca estarán de acuerdo contigo si les preguntas qué les parece tirar algún juguete a la basura, pero probablemente no echarán de menos las cosas que no estén al alcance de su vista.

No te desesperes si acabas recogiendo los últimos juguetes. Los niños pequeños tienen una perspectiva limitada. Por lo tanto, si te han ayudado con la mayor parte del trabajo, te puedes dar por satisfecha.

Compra cajas de plástico económicas para que les sea más cómodo recoger las cosas sin provocar aún más desorden.

Con la ayuda de los niños, confeccionad etiquetas o dibujos para las cajas que os ayuden a identificar lo que hay en su interior.

Involucra a tu esposo en el proceso de limpieza. Así, lo comprenderá mejor.

■ *Caroline recuerda: «Cuando llamé a casa mientras estaba de visita a mi madre que estaba enferma fuera de la ciudad, Dennis se quejó: "Me estoy volviendo loco. Los niños no paran de correr de una habitación a otra desordenándolo todo. Cuando limpio una habitación ya han ensuciado la otra". Esto nos ayudó a comprender lo duro que puede resultar mantener la casa limpia».*

Recuerda que hay muchas maneras de hacer limpieza. Cada una de ellas tiene sus pros y sus contras.

♥

Anímate

No eres la única madre que está de acuerdo con la pediatra y escritora Marianne Neifert (la doctora Mamá) quien afirma: «Limpiar es facilísimo cuando tus exigencias son suficientemente bajas».

■ *Algunas familias prefieren las limpiezas rápidas y utilizan una gran cesta para guardar todos los juguetes. No obstante, ten en cuenta que si lo guardas todo junto, las piezas se pueden extraviar o romper.*

Intenta simplificar la limpieza guardando temporalmente algunos juguetes en una bolsa de basura, fuera de la vista. A tus hijos les ilusionará recuperar sus juguetes perdidos si se dan cuenta de que les faltan algunos.

No olvides la posibilidad de que tu hijo pudiera tener demasiados juguetes. Piensa en regalar algunos a los niños necesitados. Véase la sección «**Dame**» en la página 69; más información sobre este tema.

No pierdas el sentido del humor y recurre a los avisos visuales cuando no puedas con el trabajo.

> ■ *La suegra de Julie se presentaba a menudo sin avisar. Julie cerraba las puertas de las habitaciones desordenadas apresuradamente. Al final, decidió colgar carteles: «Limpieza en proceso. No respondemos de las consecuencias de entrar en esta habitación», «Los perfeccionistas no deberían entrar» o incluso «Condenado».*

Conclusiones

Enseña a tus hijos a ayudar con la limpieza. También debes considerar la necesidad de redefinir cómo deben estar las cosas de limpias. Esperemos que de esta forma tengas más tiempo para disfrutar de tus hijos.

Rivalidad fraternal

P: ¡Socorro! Mis hijos están siempre peleándose. ¿Debo tomar represalias, mediar o separarles?

R: Aunque pienses que este consejo te llega demasiado tarde, ¡la única manera de evitar la rivalidad entre hermanos es tener sólo un hijo! La competición para acaparar tu atención es a menudo la causa de la rivalidad fraternal y tu forma de reaccionar puede avivar las llamas de los celos o ayudar a los niños a estar más unidos. Olvida las represalias: después de enseñar a los niños a mediar en sus desacuerdos, pronto serás capaz de evitarlos.

RESPUESTAS

→ Intervén inmediatamente si sospechas que la seguridad está en peligro o si un objeto está a punto de romperse.

→ Si no has estado en la estancia para saber quién empezó, asume que los dos niños son igualmente responsables de la pelea.

→ Aplica a los dos niños la misma consecuencia («Ya veo que se ha caído un poco de zumo. Aquí tenéis dos bayetas para limpiarlo, una para cada uno»).

→ Cuando tu cerebro tenga un «cortocircuito» hazles saber enseguida que aquel comportamiento es inaceptable, pero concédete tiempo para pensar en una respuesta apropiada. «No estuvo bien tirar el biberón de tu hermana por las escaleras. Necesito tiempo para pensar lo que voy a hacer para solucionar este mal comportamiento.»

→ Procura dejar que los niños solucionen sus problemas. Es más fácil.

Te aconsejamos...

Establece unas cuantas normas concretas sobre buen comportamiento.

▪ *Gail estableció la regla de no hacer daño a los hermanos, que incluía no pegar, no empujar, no morder y no insultar.*

Guarda tus intervenciones para momentos en los que alguien esté siendo agredido física o verbalmente. Colócate entre los niños, sepáralos y restituye las normas.

Cuando parece que el juego va a acabar en pelea, di a los niños que aclaren la situación.

▪ *Caroline dijo: «Recordad, sólo podéis jugar a cosas que os gusten a los dos. No parece que a tu hermano le guste este juego, ¿no es así?».*

Utiliza afirmaciones en primera persona para expresar tus sentimientos sobre lo que está ocurriendo. Véase la página 25; más información.

▪ *Sophie dijo a sus hijos: «Me pongo muy nerviosa cuando veo que haces daño a tu hermano» en lugar de «¿Qué problema tienes, fanfarrón? ¿Intentas volverme loca?».*

Muérdete la lengua en caliente.

■ *Joyce descubrió que palabras tales como «¿Intentas matar a tu hermano? ¡En esta casa sólo hay amor!» eran tentadoras, pero inútiles.*

Centra la atención en la «víctima», no en el agresor. Es difícil, pero resulta muy eficaz.

■ *Sin que los niños la oyeran, Jan irrumpió en la batalla y dijo: «¡Esto duele! Déjame acariciarte para que te sientas mejor».*

Expresa las expectativas positivas que tienes puestas en el agresor mientras hablas con la víctima. De esta forma, el agresor capta el mensaje pero no recibe atención.

■ *Papá dijo: «Tu hermana nunca pega. Ella normalmente usa palabras para decir cómo se siente. Vamos a ponerte una tirita».*

Ofrece posibles soluciones para resolver una pelea.

■ *«Podéis hacer turnos y jugar hasta que suene el despertador; uno de vosotros puede escoger otro juguete, o podemos lanzar una moneda». Intenta dejar la última solución para los niños. Di: «Tu hermana y tú sois buenos. Estoy segura de que podéis jugar juntos» mientras te sacas de encima al chivato.*

Anímate

No eres el único padre que acaba quitando el juguete que los niños rechazan compartir, para encontrarlos peleándose por otra cosa unos minutos después.

■ *Un día, Caroline, a punto de perder los nervios, dijo a sus hijos: «Este juguete necesita descansar hasta que juguéis bien con él».*

Observa el efecto de sustituir palabras como «compartir» o «dar» por «mostrar» o «enseñar». Marcan una gran diferencia en el modo en el que los niños reaccionan a tus sugerencias. Véase el cuadro de la página 38; más pistas sobre **Enseñarle a compartir**.

■ *James obtuvo mucha más colaboración de su hijo cuando le dijo: «Apuesto a que puedes enseñarle a tu hermana cómo se juega con este chisme» que cuando decía: «¡Dale el juguete a tu hermana ahora mismo!».*

■ *Caroline descubrió que halagar a su hijo diciendo: «Tú eres muy bueno; ¿por qué no enseñas a tu hermano pequeño cómo funciona este artefacto?» era más eficaz que decir: «Tú eres el mayor, sabes más. Deberías empezar a dar ejemplo y compartir los juguetes de una vez».*

Utiliza el humor y otras distracciones para acabar con una pelea.

■ *Mark, un padre con buen humor, se puso unas orejas de Mickey Mouse, se plantó entre los chicos y con voz potente anunció: «Es la hora de las tostadas con queso. ¡A la cocina! ¡Que todo el mundo me siga!».*

Prueba con mensajes no verbales para dar tu punto de vista.

■ *Cuando ya iban a puñetazos, Caroline entró en la habitación y utilizó la señal de «tiempo muerto» de baloncesto, pues no estaba segura de no gritar si abría la boca. Después de mirarla con expresión de extrañeza, los niños volvieron a jugar juntos y se olvidaron completamente de la pelea.*

■ *Gail recuerda: «Después de oír demasiadas acusaciones, finalmente me di cuenta de que en realidad no importaba quién había empezado la pelea, mientras los niños se reconciliasen. De esta forma, evitaba actuar de juez y árbitro. En cambio, si preguntaba quién había empezado todos los niños señalaban a otro».*

■ *En lugar de gritar el nombre del supuesto agresor desde otra habitación, Caroline descubrió que era mejor decir: «Chicos hacéis demasiado ruido». Así, de manera inteligente, corregía al agresor sin necesidad de culpar a nadie en concreto. Con los años, había aprendido que un niño que oye todo el día su nombre cuando hay un problema importante, no te escucha.*

Anima a los niños a usar las palabras en lugar de los puños para expresarse.

◼ *Lee le dijo a su hija: «Prueba decirle a tu hermano que no te gusta que te empujen».*

Ayuda a los chicos a aprender a etiquetar sus sentimientos. No utilices palabras muy altisonantes. Cuántas más palabras les proporciones para expresarse, menos agresividad física habrá en la casa.

◼ *Sloanne habló en nombre de su hijo que estaba llorando: «Apuesto a que te sientes mal cuando tu hermano te esconde los juguetes».*

Sé consciente de que el hermano mayor no siempre es el agresor y que el menor puede que no sea tan inocente como parece.

◼ *Shelly a menudo veía a su hermana Fran regañando a su hijo Billy por pelearse con su hermana pequeña. Le decía: «Billy, tú eres el mayor y debes saberlo mejor», pero la sonrisa de Eva demostraba que había algo más que contar.*

No hagas frentes ni culpes a nadie.

Convoca una reunión familiar para conversar acerca de las peleas. Pídeles su opinión sobre las normas y las consecuencias. La gente, en gene-

Anímate

No eres el único padre que, en alguna ocasión, no ha sabido prever el dolor de los dedos infantiles al quedarse atrapados en la puerta de alguna habitación, culpándose de no haber reaccionado lo bastante rápido para evitar el accidente.

ral, tiende a ser demasiado estricta con las consecuencias si se las aplica a sí misma. Piensa, si no, en la última autocrítica que te has hecho sobre tu trabajo. Véase la página 27; más información sobre las **Reuniones familiares**.

Anima a los niños a que solucionen sus peleas, especialmente cuando son más mayores.

■ *Andy dijo a los niños: «Parece que los dos queréis el mismo juguete. Apuesto a que podéis llegar a un acuerdo». Y salió de la habitación cruzando los dedos.*

Separa a los niños un rato si no se reconcilian.

■ *Pat, un padre preocupado, dijo: «No permito que os peguéis. ¡Rápido, tú vete a tu habitación y tú al rincón!».*

Piensa en si los animas a pelearse haciendo caso de todas sus quejas y no dándoles oportunidades reales para estar juntos.

■ *Caroline se dio cuenta de que, en sus intentos de proporcionar a los niños palabras para que sustituyeran los puños, sin quererlo los había empujado a pelearse. Cuando pensaron en una lista de cosas que podían hacer para evitar las peleas, Nolan dijo: «Decírtelo, mamá». Cuando Caroline asintió con aprobación, Nolan dio a entender que le diría a su madre incluso la cosa más insignificante.*

Cúrate en salud con una regla de prohibido pelearse.

■ *La escritora y profesora de formadores Barbara Coloroso dice en su libro* Kids Are Worth It: *«Podéis acudir a mí para sacar a alguien de un problema, pero no lo metáis en él».*

■ *Gail solía decir a sus tres hijos: «Si nadie sangra, no quiero oír ni una palabra».*

Convierte a un niño acusica en un mediador de conflictos. Anímalo a volver atrás y utilizar palabras para decir a sus hermanos que no le gusta lo que están haciendo o que le gustaría jugar con ellos.

Ayuda al niño acusica a encontrar palabras para negociar con sus hermanos. Cuando venga a chivarse, piensa con él qué les puede decir a sus hermanos. En otro momento, intenta los juegos de imitación con muñecos. Véase el recuadro de los **Juegos de imitación** en las páginas 96 a 98.

Responde con palabras neutras —Oh..., Ah..., Mm..., etc.— si tienes un mal día. Cualquier reacción simple puede hacer que los niños empiecen una carrera para demostrar quién empezó.

No hagas caso de sus constantes quejas y acusaciones.

■ *Rachel dijo: «¡No es justo, mamá! Aarón puede irse a la cama más tarde que yo. ¡Eres mala! Todo el mundo se acuesta más tarde que yo...». Gail miró a Rachel con una mirada asesina y dijo: «Mm...». Se acabó la lucha y Rachel se dio por aludida. Ya sabes que los niños captan cuándo estás a punto de perder los nervios. Había oído la explicación de la causa miles de veces. Así es que repitió: «Cuando sea mayor, podré estar despierta como ellos, ¿verdad, mamá?».*

Ayúdales a desarrollar habilidades de negociación con el «Juego del Sofá»

■ *Trisha recuerda: «Los niños estaban riñendo y yo estaba a punto de perder la paciencia. Los llevé al sofá y les dije: "Adam, no te levantarás del sofá hasta que tu hermana te dé permiso... Rena, no te levantarás del sofá hasta que Adam te lo diga". Ambos se me quedaron mirando muy contentos. Por fin conseguía unos minutos de paz y una sonrisa. Al cabo de un rato, se les ocurrió una idea. Los dos contarían hasta diez y se levantarían al mismo tiempo».*

Comprende que, como afirma la terapeuta familiar Nancy Bruski, «ser justa» significa descubrir las necesidades individuales de cada niño, no tratarlos a todos de la misma forma. No importa lo duro que trabajes para conseguir ser justa e igualitaria, ¡los niños siempre llevarán la cuenta de las cosas que has hecho para cada uno!

> ■ *Dottie compró a propósito exactamente el mismo regalo para cada niño (o eso es lo que pensaba...) para ser asaltada por su hijo menor que gritó mientras abría su bolsa: «¡No es justo! Ricky tiene más M&M's azules que yo».*

Prevé un poco de tiempo para cada niño y bautízalo con un nombre especial.

> ■ *Después de que naciera el tercer hijo de Gail, la pobre estaba más ocupada que nunca. «Le dije a Joshua que en un momento tendríamos nuestro Tiempo especial de Mamá y Joshua, después vendría la hora del Tiempo de Mamá y a continuación, el Tiempo de Mamá y Papá. No sólo esperaba ansioso su tiempo especial, sino que a partir de aquél día, empezó a respetar mi necesidad de estar un rato sola.»*

> ■ *El tiempo especial en la familia de Estelle y Jack se llamaba «cita de 2». Se dieron cuenta de cuánto esperaban sus dos hijas tener su tiempo especial con cada uno de los progenitores. En ocasiones, Estelle y Debbie planificaban una «cita de 2» para comer. Estelle y Michelle a menudo miraban la película del sábado en su «cita de 2». Los padres incluso contrataban a una cuidadora para poder disfrutar de su «cita de 2» privada.*

Anímate

No eres la única madre cuya técnica de alto al fuego le ha costado otro juego de Lego.

Déjales claro que cada niño tiene sus propias cosas especiales.

■ *Elisabeth, de cuatro años, arrebató a su hermano menor el regalo de cumpleaños que acababa de abrir. El niño se echó a llorar. Andy, el padre, serenó la situación diciendo: «Éste es el nuevo juguete de tu hermano. Ahora está jugando con él. Estoy seguro de que te lo enseñará cuando esté preparado».*

Respeta el espacio personal de cada niño y su necesidad de intimidad, aunque sólo se trate de una esquina de una habitación.

■ *Cuando el pequeño David se puso a empujar la puerta de la habitación de su hermana mayor gritando: «¡Entrad, entrad!», el padre le puso la mano en el hombro y le explicó que Karen necesitaba un poco de tiempo para jugar sola. «Estoy seguro de que te invitará a entrar cuando haya terminado.»*

Piensa en respuestas adecuadas para la frustración.

■ *Caroline dijo a Sean, frustrada: «Cuando pegas a Nolan, me dan ganas de pegarte, pero ¡NO VOY A HACERLO!». Enseguida obtuvo resultados. Cuando Nolan se enfadaba con su hermano le decía: «Me dan ganas de pegarte, pero ¡NO VOY A HACERLO!», en lugar de pegarle.*

Explica a tus hijos que la relación entre hermanos dura más que la relación entre padres e hijos, y puede desembocar en una larga y duradera relación con mucho amor para el resto de la vida.

■ *Caroline dijo a sus hijos: «Pase lo que pase, siempre seréis hermanos, por encima de todo. Siempre os tendréis el uno al otro. Ya sabéis cómo les gusta a papá y al tío Pat ir al béisbol juntos. Papá y el tío Pat son hermanos. Cuando os hagáis mayores, seguro que también iréis al béisbol juntos».*

Conclusiones

La rivalidad entre hermanos se puede controlar, pero no se debe obviar; mira el lado positivo: la familia proporciona a los niños un lugar para aprender a negociar, así como a apreciar las diferencias individuales.

Separación

P: A mi marido y a mí nos apetece mucho salir, y la abuela siempre está dispuesta a quedarse de cuidadora. El problema es que siempre que dejamos a nuestro hijo llora y grita como un poseso cuando nos marchamos y cuando volvemos. ¿Qué podemos hacer para hacerle más llevaderas las separaciones?

R: La ansiedad por la separación es típica de casi todos los preescolares en mayor o menor medida, y retorna cuando eres mayor y tu hijo va de acampada o a la universidad.

En parte porque todas las transiciones son difíciles y en parte porque ha tenido que contenerse durante el rato que has estado ausente, es normal que tu hijo actúe de forma extraña también a tu regreso. La mayoría de los niños superan esta fase. Puedes probar asegurándole una y otra vez que vas a volver e intentar algunas estrategias para facilitar los períodos de transición entre tu partida y tu regreso. Véase **Primeros días de clase** en la página 223, donde encontrarás algunas pistas para ayudar a tu hijo a afrontar la separación cuando vaya a la escuela.

RESPUESTAS

→ No te vayas cuando tu hijo esté llorando. Acepta el hecho de que va a poner a prueba tu paciencia y tu comprensión.

→ No pierdas los nervios y habla de la realidad.

→ Di a tu hijo que lo quieres y enfatiza el hecho de que vas a regresar. Dado que los niños no conciben muy bien el paso del tiempo, te resultará útil relacionar tu vuelta con sus actividades u otras cosas que tenga programado hacer. Por ejemplo, puedes decirle que volverás cuando su programa favorito se haya terminado.

→ La ansiedad por la separación puede resultar menos dolorosa si todo el mundo se va de casa al mismo tiempo. Por ejemplo, procura que cuando tengas una cita, el niño y la cuidadora vayan al parque.

→ Enfrasca a tu hijo en una de sus actividades favoritas antes de irte. Aunque se ponga histérico cuando te vayas, la cuidadora tendrá algo con que apoyarse cuando hayas cruzado el umbral de la puerta.

→ Conoce los sentimientos del niño (pero no lo animes a comportarse de una manera determinada. Después, por muy difícil que resulte, sácate estos pequeños deditos de encima y dile adiós como sueles hacerlo (con la mano, con una sonrisa y con palabras reconfortantes). Luego, vete y no mires atrás.

Te aconsejamos...

Conoce los miedos de tu hijo en lugar de intentar disuadirlo cuando hable de ellos.

■ *Jan escuchó como la cuidadora decía a su llorosa hija: «Beca, no te preocupes, no pasa nada porque mamá se vaya un momento. Ya sabes que siempre nos divertimos mucho. Ya sé que te gusta mucho jugar conmigo». Jan añadió: «Cariño, ya sé que estás triste porque papá y mamá se van sin ti, pero volveremos».*

■ *Cuando la hija de cinco años de Gail se negó a asistir a una fiesta de cumpleaños, Gail lo comprendió. Después de todo, ¿qué padre no ha sentido ansiedad por tener que ir a una recepción o a una fiesta atestada de gente, o se ha preguntado con quién diablos va a hablar? Cuando Rachel insistió en que no quería estar más en la fiesta, Gail se sentó con ella. Quince minutos después, Rachel se estaba divirtiendo tanto que no le importaba estar en la fiesta sin mamá.*

Dale a tu hijo la oportunidad de decidir cuándo está preparado para separarse de ti y hazle caso.

■ *Nolan dudaba ante los juegos cuando fueron a casa de sus tíos para celebrar el cumpleaños de su primo. En lugar de estar con los mayores, Caroline se quedó con su hijo y le dijo: «¡Mira, esto parece divertido! ¿Quieres mirarlo un rato? Cuando estés listo puedes jugar tú también».*

Explícale que vas a volver y procura que entienda cuándo.

■ *Caroline dijo a Nolan: «Mamá necesita estar a solas con papá, por eso nos vamos a cenar fuera. Estaremos de vuelta antes de que te vayas a la cama». Temía que si le decía que volvería a las ocho le preguntara a la cuidadora cada cinco minutos: «¿Son las ocho?». O peor, si llegaban a las 8,15 su hermano mayor les reprocharía haber llegado tarde.*

Intenta dar algo tuyo a tu hijo (un pañuelo, una fotografía, una tarjeta que hayas diseñado para él, etc.) para ayudarlo a estar sin ti.

Dale a tu hijo algo que esperar a tu vuelta, si es posible.

■ *Gail le dijo a Aarón: «Estaré en casa justo a tiempo para arroparte y leerte tu cuento favorito».*

■ *Reggie dijo a su hijo de tres años: «Tengo que trabajar hasta tarde, ya te habrás ido a la cama. Cuando te levantes mañana, desayunaremos juntos y leeremos las páginas de deportes».*

Reprime las ganas de escabullirte sin decir adiós a tu hijo. Muchos expertos creen que los niños se pueden sentir abandonados y traicionados si se giran buscándote y, de repente, sin ninguna explicación, ya no estás.

Anímate

No eres la única madre que se ha ido de casa de sus padres con un nudo en la garganta porque dejaba a su niño llorando y golpeando la puerta, mientras la abuela, para añadir leña al fuego, te reprendía por escabullirte en un momento de distracción del niño.

Vete inmediatamente después de haberle dicho adiós. Decir adiós una vez ya es suficientemente estresante para un niño como para tener que prolongarlo.

Intenta proyectar una actitud positiva para que tu hijo no perciba tus dudas y tu sensación de que las cosas van mal.

Rebaja tu ansiedad con una llamada telefónica para saber cómo está tu hijo. A menudo, te dirán que ha dejado de llorar tan pronto como te has marchado.

Facilitar los cambios de cuidadora de tu hijo

➔ Resérvate un poco de tiempo para ayudar a tu hijo a pasar por las transiciones más difíciles.

➔ Acude a las citas para jugar o a casa de la abuela con tiempo suficiente para estar y jugar con tu hijo hasta que se integre en las actividades.

➔ Pide a la cuidadora que llegue pronto e involucra a tu hijo en una actividad placentera antes de irte de casa.

> → Deja que tu hijo esté cerca de ti antes de abandonar la casa. A veces resulta útil sentarlo a tu altura y entrar por completo en el mundo del niño.

Cread vuestros propios rituales familiares para las despedidas y utilizadlos para que vuestro hijo se sienta seguro.

> ■ *En la puerta, justo antes de que Eliza se fuera, le sopló tres besitos a su hija de tres años. Su marido siempre le pedía a su hijo mayor que le «chocara esos cinco» para que le fuera bien el día antes de irse al trabajo.*

Recuerda al niño que siempre puede abrazar a su mascota, algo suyo que considere muy especial, como una manta o un peluche, cuando tú te vas.

Grábate cantando o leyendo un cuento y sugiere a tu hijo que lo escuche cuando estés fuera de casa.

Ayuda a tu hijo a habituarse poco a poco a la idea de ir a jugar a casa de un amiguito si se muestra reacio.

> ■ *Cuando los niños empezaron a pedir a Nolan que fuera a su casa a jugar después de la escuela, él simplemente les decía que no. Caroline sospechó que para él estar en la escuela todo el día sin su mamá ya era más que suficiente. Por esta razón, invitó a un amigo y a su madre a ir a su casa. Cuando quisieron que Caroline y su hijo les devolvieran la visita, Nolan no quiso ir solo. Caroline le preguntó si podía ir con él, puesto que era su primera vez. Su estrategia funcionó. Nolan, poco a poco, se lo pasó tan bien que un día, al salir de clase, gritó: «¿Puedo ir a casa de Brian ahora...? ¿Puedo, mamá, puedo?».*

Recuerda que los cambios son difíciles para un preescolar, incluso la transición de estar contigo a separarse de ti, sin importarle lo mucho que se divierta con su cuidador.

Prepara al niño que debe ir de casa de papá a casa de mamá. Para una transición más suave, prueba utilizando adhesivos en un calendario; de esta forma, el niño tendrá algún tipo de control sobre su vida viendo cuál es su programa. Además, de este modo las visitas no serán una sorpresa para él. Intenta comprender los sentimientos y las situaciones estresantes con las que el niño debe enfrentarse. No hables mal de tu «ex» delante del niño; recuerda que él también es padre del niño.

Conclusiones

A medida que tu hijo va creciendo, se siente más seguro y se vuelve más extrovertido; la ansiedad por la separación va disminuyendo. Durante el proceso, conocer los sentimientos del niño y comunicaros de una forma sensible, sincera y que le transmita seguridad os ayudará mucho.

Sexualidad

P: ¿Cuándo es el momento adecuado para hablarle a mi hijo de cuatro años de sexualidad? A veces, habla de cosas que no estoy segura que comprenda.

R: Los padres quieren que sus hijos se sientan cómodos con su cuerpo y que comprendan la sexualidad. Muchos niños de dos a cinco años sienten curiosidad y exploran todas las partes de su cuerpo, aunque de una manera más inocente de la que nosotros, como padres, a menudo percibimos. Piensa que aprender sobre temas sexuales es un proceso gradual. El momento adecuado para responder a preguntas de sexo es cuando te las formula. Entonces, trata de responderle de la manera más simple y sincera posible. Ya te habrás dado cuenta de que tu hijo utiliza palabras sin saber lo que significan. Si te pilla por sorpresa y no sabes qué decir, improvisa algo así como: «Me gustaría responderte, pero debo pensarlo un poco».

Te aconsejamos...

Enséñale los conceptos de intimidad, respeto y límites personales. Lo que es considerado normal varía mucho de una familia a otra. La constancia en tus actos minimizará los efectos de los mensajes contradictorios que el niño pueda recibir, reduciendo la confusión.

Respeta la curiosidad del niño, pero manteniendo la intimidad de los adultos. Elige un método que te permita darle respuestas verbales pero que evite miradas o tocamientos en las partes íntimas.

■ *Cuando Tom entró en el baño, su hija de tres años le siguió y entró detrás de él. El padre respondió a la mirada de Jenny diciendo: «Ya veo que te gustaría mucho mirarme, pero me gusta estar solo cuando uso el baño». Cogió a la niña de la mano y la sacó fuera. Añadió: «Si tienes que hacerme alguna pregunta, te la responderé cuando termine».*

Muchos expertos están de acuerdo en que el momento ideal para hablarles de sexualidad es cuando lo requieren.

Responde a las preguntas de tu hijo sincera pero brevemente; puedes añadir más información a medida que la vaya necesitando.

■ *Cuando su hija de cuatro años le preguntó: «¿De dónde vienen los niños?», Jenny no dijo ninguna mentira: «Un bebé crece dentro de un sitio especial y cálido en el cuerpo de una madre». Su hija no le hizo más preguntas. Jenny optó por darle una respuesta simple, pero se ahorró los detalles. Por el momento fue suficiente.*

Cuando tu hijo formule preguntas difíciles, responde: «¿Tú qué crees?». Cuando sepas de qué punto debes partir, tendrás una mayor comprensión de cómo empezar la charla o responder a su pregunta.

■ *Nicholas, un orador precoz de cinco años, mirando a su recién nacido hermanito, de repente le espetó a su madre: «¿Cómo te quedaste embarazada?». Preguntarle lo qué pensaba ayudó a mamá a modelar la respuesta.*

Enséñale la palabra correcta para designar los genitales y habla de ellos del mismo modo que hablas de las otras partes del cuerpo.

♥

Anímate

No eres la única madre que se ha quedado muda ante la ocurrencia de su hijo de soltar algo embarazoso en una tienda. Una madre nos contó la versión que había hecho su hijo de «Alguien está en la cocina con Dinah» sustituyendo Dinah por vagina. En aquel momento, hubiera deseado haber designado esta parte del cuerpo con una palabra más infantil y menos reconocible como «chichi».

■ *Mientras su hijo estaba en la bañera, Clint solía decir: «Muéstrame dónde está tu brazo... tu cabeza... nariz, dedos, pene, oreja, barriga...».*

Ten cuidado de darle demasiada información antes de tiempo. El doctor Haim Ginott, psicólogo infantil y escritor, afirma: «De la misma forma que no existe razón alguna por la cual las preguntas sobre sexo de los niños no deban ser respondidas con franqueza, las respuestas no deben constituir un tratado de obstetricia».

Cuando abras la puerta de la habitación y veas dos niños desnudos jugando a médicos, sé prudente pero detén el comportamiento.

■ *Un experto sugiere que digas: «¡Oh!, ya veo que estáis jugando a médicos. Debéis tener algunas preguntas acerca de vuestros cuerpos. Vestiros y yo responderé todas las preguntas que tengáis antes de salir a jugar al jardín». Desvía la atención de los niños hacia otra actividad.*

■ *Seth, de cinco años, pasó por una fase en la que se escabullía al baño para jugar a médicos con cualquiera de sus amigos, niño o niña. Después de haber reflexionado sobre ello, sus padres se dieron cuenta de que lo que realmente les avergonzaba era la reacción de los padres de los amigos. Se percataron de que la curiosidad que tenían los niños era normal en el proceso de crecimiento y decidieron pedir consejo al pediatra para abordar la cuestión. Dijeron a su hijo: «Está bien sentir curiosidad por el cuerpo de las otras personas, pero las partes que cubre un traje de baño son íntimas». Después de este episodio, los padres estuvieron más atentos cuando su hijo tenía invitados e insistieron en mantener las puertas de las habitaciones abiertas.*

Comenta a los padres del otro niño si se ha producido algún episodio de jugar a los médicos para que puedan corregir a su hijo.

Recuerda que dos de las preguntas más habituales de los niños preescolares son: «Cómo empieza a crecer un bebé» y «Cómo sale del vientre».

Fíjate: muchos niños no están preparados para según qué información; si les das demasiada, se pueden sentir bastante incómodos.

■ *Pensar en sus padres manteniendo relaciones sexuales tal como se lo habían explicado a Carrie, le hizo gritar: «¡Esto es asqueroso! Yo nunca voy a hacer algo así».*

■ *Billy, el menor de cuatro hermanos, dijo a su padre: «¡Qué pesadez! Tú y mamá lo tuvisteis que hacer por lo menos cuatro veces». Su padre se aclaró la voz y se aflojó la corbata. Finalmente, respondió de forma inteligente: «Bueno, sí, tu mamá y yo tuvimos que hacer algunos sacrificios».*

Ten paciencia; piensa que a veces un niño pequeño se puede sentir más cómodo con sus propias ideas de cómo suceden las cosas y negar la realidad hasta que sea mayor. Los padres podéis decir: «Tu idea es interesante», sin más comentarios. Si el niño pide más información o su percepción le causa problemas o confusión, leed juntos un libro que hable sobre el tema.

■ *Bobby, de tres años, estaba muy orgulloso de saber de dónde venían los bebés y cómo nacían. Narró un cuento bastante elaborado que versaba sobre cómo la madre tenía una pequeña semilla que se convertía en bebé en su tripa. Añadió que el bebé comía los alimentos que estaban en el vientre de mamá para crecer. Cuando era su-*

*ficientemente grande, mamá decía que era hora de ir al hospital
para que el bebé saliera de la barriga.*

Subraya el hecho de que siempre vas a tener un momento para
hablar y escuchar a tu hijo. No obstante, si el tema no está claro
tampoco para ti, utiliza tácticas de retraso hasta que hayas reunido
la información que te permita brindarle una explicación.

Sé escrupulosa con el tono que utilizas cuando hablas de
sexo. Establece líneas de comunicación respetuosas para que el
niño sienta que puede hablar con tranquilidad sobre éste y otros temas sensibles sin sentir vergüenza o culpabilidad. Crea un lenguaje de confianza y cariño desde los primeros años de vida.

No olvides que aunque tu hijo dice que lo entiende, quizá no
entienda nada.

No siempre es necesario dar una explicación.

> ■ *Justo después de colgar el teléfono, mamá pensó que había dema-
> siado silencio en la casa. ¿Dónde estaba el de tres años, Michael?
> Allí estaba, jugando en el baño. Había desenvuelto un arsenal de
> torpedos (tampones de mamá) para disparar al enemigo en el mar
> (el inodoro). Mamá le dijo con firmeza que aquellas cosas eran de
> mamá y que podían obstruir el paso del agua del inodoro y ponerlo
> todo perdido. A continuación, tomó a su hijo de la mano y lo llevó
> a la habitación donde se guardaban sus juguetes. La explicación
> del uso que tenían los tampones no fue necesaria; en aquella situa-
> ción resultaba inapropiada.*

Recuerda que los niños no perciben las situaciones en el mismo contexto sexual que un adulto.

> ■ *Justo después de que Caroline bañara a su hijo de dos años, se
> sintió un poco avergonzada al verlo correr por la casa como Dios le
> trajo al mundo hasta que pudo vestirse. Cuando una vecina, con*

experiencia, le contó que a sus hijos les gustaba hacer lo mismo, se tranquilizó. Se dio cuenta de que su hijo sólo estaba disfrutando de forma inocente de la libertad de no sentirse atrapado entre ropas y pañales.

Recuerda que muchos psicólogos consideran la masturbación ocasional como algo normal. El psicólogo infantil y autor de varias obras, Haim Ginott, cree que si las satisfacciones principales de un niño proceden de sus relaciones y logros, la autosatisfacción ocasional no supone ningún problema.

■ *Un pediatra de Chicago explicó a Ted, un papá preocupado: «Un comportamiento excesivo, que requiere de la ayuda profesional sería, por ejemplo, la masturbación constante que llegase a irritar los genitales, o si un niño parece obsesionarse en examinar el cuerpo de sus amigos que van a jugar a su casa después de haberle advertido de que no está permitido».*

Habla con tu esposo en privado sobre roles y sexo, género y comportamiento y otros estereotipos. Deja que tu hijo haga actividades «femeninas» y «masculinas» sin ridiculizarlo. Los niños que juegan con muñecas y las niñas que juegan a lo bruto con los niños son niñas y niños sanos que juegan dentro de lo que se considera un juego normal y saludable.

■ *Jonathan no podía soportar ver a su hijo menor jugar a disfraces con sus hermanas con ropas viejas de mamá. Una asistente social aseguró a Jonathan que se trataba de una conducta perfectamente normal y le sugirió que quizá se sentiría mejor si planificaba algunas actividades «sólo para chicos» para llevarlas a cabo a solas con su hijo y darle a conocer su criterio de lo que es masculino.*

Reflexiona sobre los mensajes que cada día transmites a tu hijo. Aunque no existe una forma correcta de abordar ciertos temas, sé consciente de los efectos que puedes provocar con tus decisiones. ¿Vas desnuda al baño o siempre te pones un albornoz? ¿Dejas que los niños entren en el baño contigo o constituye un momento de intimidad con la puerta cerrada?

Recuerda que tus niños aprenden con amor, con las relaciones y solucionando los problemas, de la misma forma que ven que lo hacéis tu marido y tú. Algunas parejas se sienten más cómodas expresando sus sentimientos en privado (besarse o hacerse mimos). Véase **Pelearse delante de los niños** en la página 216. Esta sección explica la importancia de reconciliarse delante de tus hijos después de una pelea.

Conclusiones

Tus niños te observan y te escuchan día tras día mientras aprenden más sobre ellos mismos y sobre los demás con tus ejemplos y explicaciones. Si te sientes cómoda con tu sexualidad, seguro que tendrás éxito ayudando a tus hijos a comprender y aceptar la suya.

«¡Te odio!»

P: Ayer, no dejé que mi hija saliera a la calle a jugar después de cenar y ella gritó: «Eres la madre más mala del mundo. ¡Te odio!». Tenía deseos de gritarle y llorar. ¿Cómo pudo decirme algo así?

R: Tarde o temprano, todos los padres deben escuchar estas palabras. Aunque es extremadamente molesto, piensa que tu hijo todavía está en la etapa de insultar y gritar para expresarse. Estos ataques verbales demuestran que es capaz de controlar las patadas y los golpes. Lo que el niño quiere decirte es que está enfadado por algo que has hecho o que no le dejas hacer. A ti te corresponde establecer unos límites firmes que le den seguridad; el trabajo de tu hijo consiste en ponerte a prueba siempre que tenga la ocasión. Trata de no tomarte estos ataques de una forma excesivamente personal. Considéralos como otra oportunidad para enseñarle que está bien enfadarse, pero que no te gusta que te hable de este modo.

Te aconsejamos...

Cuando tu hijo grita que te odia, no lo regañes en caliente. Para evitar una batalla, responde con calma con expresiones tales como: «Mm».., «Ah», «Oh».

■ *Los dos hijo mayores de Nellie, de 3 y 5 años, estaban celosos del nuevo bebé. Un día que no pudieron llamar la atención de su madre, empezaron a gritarle insultos, incluido un «Te odio con todas mis fuerzas». Nellie respondió «Oh» y nada más. Los niños quedaron confusos por la falta de confrontación y repitieron los insultos más fuerte. Esta vez la madre dijo: «Ya veo» con expresión de herida, y volvió con el bebé. Los niños se miraron hasta que uno de los dos rompió el silencio: «Tengo hambre». Y el otro añadió: «Yo también». Corrieron a la cocina a buscar algo en el frigorífico. Los celos del hermano se habían disipado (por lo menos, en aquel momento).*

Intenta ignorar las palabras odiosas de tu hijo las primeras veces que las utilice. Quizá reciba el mensaje de que no funcionan.

Cambia de tema. Respira profundamente y intenta desviar la atención del niño.

■ *Emmy estaba en el jardín divirtiéndose con los niños de los vecinos jugando al escondite. Cuando Bruno interrumpió a su hija para decirle que era hora de ir al dentista, Emmy gritó: «Ahora no puedo ir, estoy jugando con mis amigos». Cuando Bruno repitió que debían marcharse, la niña gritó: «Eres malo. ¡Te odio, papá!». Bruno hizo caso omiso de las palabras de su hija, le cogió la mano y de camino al coche le dijo: «¿Has visto los narcisos que han florecido en nuestro jardín? ¿No son preciosos? ¿Cuál te gusta más?». Emmy sonrió y dijo: «Me gusta éste». «Haremos un ramo para mamá cuando volvamos del dentista», dijo el padre.*

Conoce los sentimientos reales de los niños; también puedes hablar de la razón por la cual crees que te han insultado. Decirles que no debe odiar a nadie cambiará sus sentimientos. Si les dejas explicar la razón por la que están enojados, relacionarán los sentimientos con la situación.

■ *Tamara respondió a su hija: «Ya veo que estás muy enfadada. ¿Sabes?, se pueden tener dos sentimientos hacia las personas. Unas veces, nos gustan mucho, y otras nos vuelven locos. Apuesto a que te sientes enfadada conmigo porque no te he dejado salir después de cenar».*

Utiliza una afirmación en primera persona en lugar de una afirmación en segunda persona para que tu hijo sepa cómo te sientes cuando te insulta. Véase la página 26 para más información sobre la afirmaciones en primera persona y las afirmaciones en segunda persona.

■ *En lugar de gritarle sus sentimientos en un ataque de genio («Eres un niño malo, deberías avergonzarte de ti mismo. Me haces enfadar... No debes hablarle así a tu madre».), Mary aprendió a decir: «Me siento muy mal cuando te oigo decir estas cosas».*

■ *Caroline le dijo a su hijo Sean: «Me sabe mal que te sientas así. Me sentí muy herida al oírte hablar de aquel modo. Quizá más tarde te sientas mejor». Después terminó de limpiar los cacharros mientras daba por terminada la conversación.*

■ *Roger dijo a su encolerizada hija de tres años: «Me siento mal cuando te oigo decir esto, porque estas palabras hieren los sentimientos de las personas».*

Deja que tu hijo sepa qué tipo de lenguaje no es aceptable y enséñale formas alternativas de expresarse.

■ *Había sido un día muy bonito, hasta que Nick, de cinco años, respondió gritando algo feo a su padre, Gary, quien le había pedido que hiciera algo. Gary tranquila pero firmemente dijo: «Nick, no quiero oír estas palabras tan feas. Me sentiría mejor si me dijeras que te vuelvo loco, incluso loquísimo, antes que decirme que me odias».*

■ *Alicia dijo a su hijo: «Vamos a pensar en otra forma de decirle a tu amigo que estás enfadado con él sin decirle que le odias y otras cosas feas. ¿Qué te parece decirle a Lonny que no te gusta que se apropie de todos los juguetes? Pídele que use palabras y que aprenda a esperar su turno».*

Dile a tu hijo que hablaréis de las cosas cuando sea capaz de expresarse correctamente.

Asegura a tu hijo que todavía lo quieres, aunque te diga que te odia. Si bien es cierto, tendrás que practicar para que parezca natural.

■ *Kathy se recordó a sí misma que Sonny sólo tenía cuatro años. «Cariño, siento que estés así, quiero que sepas que siempre te querré..., pero de todas formas, ahora no puedes usar mi ordenador».*

Manténte firme. No importa lo desagradables que sean las palabras que te diga tu hijo. No es fácil hacerlo en un mal día, pero debes armarte de valor.

■ *Gail dijo a su hijo: «Ya veo que estás muy enfadado, pero debes decírmelo sin usar este tipo de palabras. Además, Josh, tienes que darme la mano cada vez que cruzamos la calle... ¡Ésta es nuestra norma de seguridad!».*

■ *Olivia, una cuidadora, le dijo a Annette, de cinco años: «No importa lo que me hayas dicho, no voy a cambiar las normas, o sea que debes ser educada».*

Dale a tu hijo en la fantasía lo que no puede tener en la realidad. Constituye una forma mágica de cambiar el estado de ánimo.

■ *Una noche, Evan, un fatigado niño de tres años, dijo: «Odio ir a la cama, y te odio a ti también, papá». Vic, su padre, comprendió los sentimientos de Evan sin compadecerlo, y midiendo sus pa-*

labras, repuso: «Ya sé que te gustaría hacer las normas de la casa en lugar de que las hiciéramos mamá y yo». Vic intentó hacerle cambiar de humor mientras lo desnudaba: «Si por ti fuera, ¿a qué hora te acostarías?». Los ojos del niño brillaron y sonrió: «¡Nadie se iría a la cama hasta medianoche!». Vic dijo: «Ya veo... ¿y qué harías hasta medianoche?». «Miraríamos vídeos y comeríamos palomitas, por supuesto, papá». «Parece divertido», dijo Vic, «¿qué te parece si lo hacemos este sábado?». «¡Sí, papá, vamos a hacerlo el sábado!». Vic asintió y concluyó: «Ahora trata de relajarte. Acuéstate y te leeré un cuento».

Respondiendo con un «sí», «tan pronto como» o «espera» en lugar del controvertido «no» se puede evitar el «te odio» en los labios de tu hijo.

■ *Alexandra, una enérgica niña de tres años, irrumpió en la cocina donde Joe, su padre, estaba preparando la cena. Fue hasta la puerta trasera y preguntó: «¿Puedo ir a casa de Daniel?». En lugar de decir «"No". ¿No ves que vamos a cenar?», Joe, intencionadamente, dijo: «Sí, puedes ir..., tan pronto como hayamos terminado de cenar».*

Elogia al niño que se adapta bien a una situación negativa en lugar de insultarte («Eres mala mamá, te odio», etc.). Véase la página 49; más información sobre las **Señales de orgullo**.

Intenta resolver los sentimientos de enfado de tu hijo dándole control sobre la situación. A menudo da resultado ofrecer dos alternativas.

■ *Como respuesta a las palabras de odio de su hija, Gail dijo a Rachel: «Ya sé que te gustaría poder comer una galleta ahora, pero la cena está casi preparada. Vamos a coger una galleta y te la comes después como postre». La cara de Rachel brilló y contenta dijo: «De acuerdo mamá, quiero ésta tan grande». A continuación, fue a la sala de estar para jugar con el puzzle hasta que la cena estuvo servida.*

Anímate

No eres el único padre que encuentra difícil reprimir la respuesta automática y negativa cuando su hijo lo insulta. Pero con un poco de práctica, paciencia y unas cuantas respiraciones profundas, te asombrará comprobar la cantidad de fórmulas que puedes utilizar para corregir los insultos de una forma positiva.

La mayoría de los niños tiene una memoria excelente para algunas cosas. Con frecuencia repiten una y otra vez lo que saben que te saca de quicio. Los niños también buscan la atención negativa (gritos, críticas, amenazas, etc.) si, en un mal día, es todo lo que pueden conseguir de ti.

No olvides que cuando respondes a tu hijo gritando o con malas palabras, aunque creas que se las merece, lo único que haces es perder el control de la situación y encontrarte en medio de una batalla.

Identifica los desencadenantes más habituales de un insulto. Quizá el niño está cansado, tenga apetito o esté resentido contigo. Piensa en darle un tentempié, que haga la siesta, que salga de paseo o simplemente que se recueste en el sofá. Tal vez sea todo lo que necesita.

Modela respuestas adecuadas a la frustración. Véase **Enfado** en la página 91, **Rabietas** en la página 236 y **Palabrotas** en la página 204; más sugerencias acerca de lo que hay que hacer para lidiar con los insultos.

■ *«Caramba», la expresión de Ricky Ricardo en Love Lucy, se convirtió en la manera favorita de correr un tupido velo cuando las cosas se ponían feas en casa de Carla.*

Pregunta a tu hijo cómo se sentiría si alguien le odiara y deja que comprenda que los demás no querrán jugar con él si les dice cosas feas. Recuerda que intentar que el niño comprenda cómo se sienten los demás es un proceso lento. La capacidad de sentir empatía está más desarrollada en un niño de cuatro años. Con un niño de dos o tres años sólo estarás sembrando las semillas.

Sé consciente de las palabras que eliges cuando hablas y estás enfadada. Cuando menos te lo esperes, las puedes oír en boca de tus hijos.

> ■ *Nolan, el hijo de cinco años de Caroline, había montado el tren que tanto gustaba a su amigo Mack. Después de admirar su trabajo, empezó a esperar impaciente la llegada de su amigo. Interrumpía a Caroline cada dos minutos: «¿Cuándo va a venir?». Cuando sonó el timbre, Nolan pasó por delante de Caroline y abrió la puerta. No podía creer lo que hizo a continuación. De un modo que Caroline, avergonzada, admite que es suyo, el niño se puso las manos en jarras y, señalándole con el dedo, dijo: «Mack, te odio por haber llegado tan tarde».*

Conclusiones

En realidad, tu hijo no te odia a ti, sino a los límites que le has impuesto. E imponerle límites es, después de todo, una parte muy importante de ser un buen padre.

Televisión, vídeo
y ordenadores

P: ¿Debería estar preocupada acerca de la cantidad de televisión que ve mi hijo durante su tiempo libre? ¿Ve demasiados vídeos y juega con demasiados juegos en el ordenador?

R: Muchos expertos creen que mirar programas cuestionables o jugar con según que tipo de juegos puede deteriorar a un niño que de otra forma sería estable. No obstante, los padres deben saber que es importante encontrar tiempo y coraje para enseñarles la justa cantidad y calidad de tecnologías modernas que pueden manejar. No olvides que los programas de televisión, vídeos y juegos electrónicos casi siempre están más centrados en los beneficios que en el valor educacional o el efecto que puede causar la violencia en las mentes infantiles. Como miembros de una sociedad «enganchada» a los medios audiovisuales, a veces simplemente no podemos apagar el televisor. Sin embargo, tenemos la oportunidad de hablar sobre temas confusos o controvertidos y acerca de los sentimientos de miedo o preocupación que les puedan provocar a nuestros hijos cuando, sin darnos cuenta, se encuentran expuestos a imágenes que pueden ser realmente molestas. Recuerda que la clave es la moderación. Incluso los mejores programas pueden ser adictivos. Aunque muchos programas de televisión puedan resultar educativos, entretenidos o relajantes, Betty Weeks, una respetada maestra de preescolar, a menudo recordaba a los padres en sus charlas diarias (también en las conferencias que daba como profesional) que nada puede sustituir a la necesidad de los niños de interactuar con su familia y con sus amigos.

Te aconsejamos...

Decide lo que es aceptable. Anima a tus hijos a que participen en este tipo de toma de decisiones. Muchos expertos consideran que una o dos horas de televisión al día son suficientes para los niños pequeños. Puede que obtengas cierta resistencia por parte de tus hijos. Les lleva un poco de tiempo aprender a ser moderados.

■ *La familia Gleason decidieron dejar de mirar un determinado programa durante una semana, conversar sobre lo ocurrido e idear nuevas reglas.*

■ *Cada domingo por la mañana, la familia Van Winkle repasaban la guía de televisión semanal con sus hijos y seleccionaban los programas que los niños podían ver.*

■ *Caroline le dijo a su hijo que podía ver la televisión una hora al día, pero que podría decidir qué programas quería ver de una lista aprobada por papá y mamá. Darle control sobre el asunto le hizo más colaborador cuando era la hora de apagar la televisión.*

Recursos audiovisuales para los padres

El libro de Nell Minow, *The Movie Mom's Guide to Family Movies,* es útil cuando se trata de seleccionar películas adecuadas para los chicos de dos a dieciocho años. La autora ha identificado centenares de películas cuyos argumentos animan a los niños a reflexionar, sentir y cuestionarse las cosas (y a compartir estos sentimientos y pensamientos con sus padres). Aquí te proponemos algunos títulos indicando las temáticas del sentimiento y/o pensamiento que estimulan:

→ *Pinocho:* Honestidad.

→ La serie de *Barrio Sésamo:* Tolerancia.

→ *Babe, el cerdito valiente:* Cortesía.

→ *La bella durmiente:* Celos.

→ *El toro Ferdinando:* Paz.

→ *Willie Wonka y la fábrica de chocolate:* Tomar decisiones con ética.

Establece la norma de apagar el televisor durante las comidas para poder hablar con tus hijos.

Selecciona unos cuantos vídeos y colócalos en una estantería que los niños pueden mirar siempre (a los niños pequeños les gusta mirar las mismas cosas repetidas veces). Esto puede sustituir al duro proceso de debatir y decidir diariamente lo que los niños pueden ver.

Si compras CD educativos, conviértelos en algo divertido para tus hijos. Se puede cansar si le insistes en que juegue a un determinado programa durante cierto tiempo. Deja que el período de atención natural de tu hijo te guíe.

Siéntate y mira la televisión con tus hijos siempre que sea posible, de esta manera les puedes explicar temas confusos o sensibles cuando sea necesario. A veces, los programas y juegos que incluyen violencia, conductas sexuales casuales o estereotipos raciales o de genéro puede ser bueno que los mires con tu hijo de cinco años o mayor. Pueden ayudarte a iniciar conversaciones y mostrarte valores y lecciones morales.

No olvides que tu hijo puede apropiarse del lenguaje insultante de algunos programas de televisión.

Ten en cuenta que los informativos pueden ser los programas que más miedo les den a los niños, además de ser los más violentos. El psicólogo Bruno Bettelheim creía que es la violencia visual más nociva.

Ten en cuenta que los niños evocan imágenes horripilantes que almacenan en su mente cuando oyen historias, fábulas o cuentos de brujas. La televisión no les ofrece el mismo nivel de control.

Anímate

No eres la única madre que «aparca» a sus hijos delante del televisor para poder tener un poco de tiempo libre (por otro lado, bien merecido). En realidad, este libro nunca se hubiera podido escribir sin que por lo menos una de las autoras plantara a sus hijos delante de una «bien escogida» (y bastante larga) película de vídeo infantil.

Debes saber que muchos expertos se cuestionan si los juegos gráficamente violentos constituyen un factor importante en el proceso de insensibilización de los niños ante la violencia.

■ *Caroline y Gail estaban preocupadas porque habían leído en la revista Time que el ejército de los Estados Unidos había utilizado juegos, como el violento video-juego Doom, para animar a los soldados a combatir. También habían oído en los informativos que Disney había decidido eliminar las películas violentas de sus galerías en ambos parques de atracciones (Disneyworld y Disneyland) como consecuencia de los últimos disparos que se habían producido en distintas escuelas del país.*

No olvides que la creatividad muchas veces es una consecuencia del aburrimiento. Los programas de televisión y los juegos les proporcionan imágenes instantáneas, en lugar de dejarles utilizar su propia imaginación. Además, les impide relacionarse y vivir experiencias de primera mano.

Ofrece a tu hijo un «tiempo muerto» para que juegue en su habitación, en lugar de poner la televisión cada vez que necesites un descanso. Podéis dedicar unos minutos a montar el tren de madera, los Lego o a preparar un juego de simulación. A largo plazo, merecerá la pena.

Date cuenta de que el tiempo excesivo delante de la pantalla puede restarle tiempo para otros juegos físicos y volverlo sedentario, o lo que es peor, un adicto al sofá.

Coloca la televisión y el vídeo en un lugar adecuado para ti. Por ejemplo, es mejor tenerlos en el cuarto de estar que en el dormitorio de los niños.

Ten presente que algunas familias optan por apañárselas sin televisión ni videojuegos. El famoso psicólogo infantil Burton White afirma: «Tu hijo puede aprender el lenguaje de ti, sin necesidad de ver un solo programa de televisión». Sin embargo, a nivel social, se puede sentir desplazado de la subcultura popular que crean los programas de televisión infantiles o los videojuegos.

Sé consciente de que los niños no siempre aprenden tanto como piensas con los CD educativos. El doctor Healy señala: «Que el ordenador estimule los ojos y el oído no significa que esté haciendo lo mismo con el intelecto».

■ *Caroline se dio cuenta de que su hijo aprendía muy poco jugando con el ordenador. En lugar de resolver los problemas de matemáticas por su cuenta, probaba suerte hasta que la respuesta correcta hacía que se encendieran unas luces y sonara un timbre.*

Por otro lado, los ordenadores pueden ser herramientas útiles, sobre todo para los niños que tienen problemas para aprender con métodos más tradicionales. Algunos necesitan métodos más visuales, mientras que otros aprenden mejor con sistemas auditivos o quinestéticos (a través del tacto).

Sé consciente de que los ordenadores son particularmente valiosos para desarrollar algunas capacidades específicas. Patricia Greenfield, profesora de psicología de UCLA, atribuye al uso de los juegos del ordenador el gran incremento del Cociente Intelectual no verbal, que incluye capacidades espaciales, el uso de símbolos gráficos para resolver problemas, la capacidad de comprender las cosas desde distintos puntos de vista, etc. Así pues, no es totalmente negativo.

Fíjate en que, si se utilizan con discreción y moderación, la televisión, los videojuegos y los juegos electrónicos pueden dar a los padres la oportunidad de relajarse o desconectar.

> ■ *Denise cuenta que fue muy duro para su hijo de cinco años acostumbrarse a estar un día entero en el colegio. Llegaba tan cansado que no podía hacer otra cosa que tumbarse en el sofá. En lugar de presionarlo para que hiciese los deberes, hablase de lo que había hecho durante el día o mandarlo a jugar, se dio cuenta de que lo mejor era dejar que se relajara viendo la televisión durante media hora.*

Conclusiones

La clave es la moderación. Es responsabilidad de los padres determinar la cantidad de tecnología que creen que sus hijos pueden manejar. Cuando hayáis decidido las reglas para la familia, el secreto está en cumplirlas.

Tomarse un descanso

P: Mis amigos me sugirieron que intentara hacer una pausa cuando mi hijo se estuviera comportando mal de forma repetida. ¿Qué implicaciones tiene esto? ¿Tengo que llevar siempre una silla a todas partes?

R: Tomarse un descanso significa literalmente hacer una pausa que detenga el mal comportamiento. Asimismo, resulta tonificante y os da la oportunidad, tanto a ti como al niño, de tranquilizaros. Muchos expertos en temas de paternidad recomiendan adoptar un procedimiento rígido que incluya el uso de un lugar específico y un período de tiempo determinado. No es necesario carretear una silla de un lado a otro sólo porque no existe una sola manera de hacerlo bien; adapta el descanso a la forma que creas que va a funcionar mejor con tu hijo. Cuando el niño transgreda una regla, interrumpe de inmediato la conducta diciendo: «¡Descanso!».

Te aconsejamos...

Define el tipo de conductas que requieren un descanso y tómatelo cada vez que se produzcan. Muchos padres reservan los descansos a las conductas agresivas, el lenguaje inapropiado y otros comportamientos que implican una pérdida de control. Existen otros métodos, tales como la distracción, para conductas menos negativas. Véase **Disciplina** en la página 81, **Rivalidad fraternal** en la página 248, **Enfado** en la página 91 y **Rabietas** en la página 236.

Consejos para los descansos

➔ Piensa en los descansos como en una forma correcta de verbalización que sirve para detener de inmediato comportamientos inapropiados o peligrosos.

➔ ¿Debo ubicar el niño en otro sitio durante un descanso? Depende de si este método funciona para ti y para tu hijo. Algunos niños se tranquilizan más en un lugar previamente designado a tal efecto, mientras que otros se desmoronan ante la idea de verse confinados en un sitio con el propósito de que se calmen o de que reflexionen sobre su conducta.

➔ Un densanso puede ser breve; no se trata de un castigo o de un tiempo que hay que pagar por el crimen cometido. Algunos expertos recomiendan un minuto por año de edad del niño como una duración óptima para los descansos. Sin embargo, muchos niños tienen suficiente con unos segundos para serenarse.

➔ Reserva los descansos para los peores comportamientos. Si no, perderán su efecto.

➔ Si no te sientes cómoda con el método de los descansos o no es eficaz con tu hijo, no lo utilices.

Utiliza las palabras siguientes: «Descanso por haber...» mientras identificas verbalmente el mal comportamiento para darlo a conocer al niño.

■ *Sally, tranquilamente, dijo a su hijo: «¡Uy! Descanso por haber pellizcado a tu hermana».*

Recuerda que el descanso, tal como lo definimos, no va a enseñar nada nuevo a tu hijo, sino que sólo pretende poner fin a un comportamiento inadecuado, sin perjudicar la dignidad del niño y del padre.

Proporciónale el vocabulario necesario para que lo utilice la próxima vez que suceda algo similar.

■ *Después de varios descansos para el pequeño Sammy, de cuatro años, por haber pegado, Eric, su padre, le explicó la posible respuesta que podía haber dado: «Michael, Sammy está enfadado. Le gustaría que fuera su turno ahora».*

Debes saber que algunos padres y maestros recurren al descanso antes de que suceda la conducta agresiva o peligrosa. Si tienes un hijo muy activo y que se distrae con facilidad, fíjate en las señales que te indican que se está gestando un mal comportamiento y sugiere un descanso para que el niño se tranquilice.

Decide si mandarás a tu hijo a un lugar determinado para que esté solo, lejos de los juguetes y de la atención de cualquier miembro de la familia. Sopesa si resulta útil el hecho de aislarlo o si por el contrario aún lo enfurece más. Deja que el niño decida cuándo quiere reunirse con los demás.

■ *Tina había leído muchas cosas acerca de la técnica de los descansos y estaba convencida de que era la solución a todos sus problemas... hasta que tuvo que llevarla a la práctica. Vic, su hijo, rechazaba totalmente sentarse en la silla de la cocina que su madre había designado como lugar para el descanso, lo tuvo que coger en brazos y sentarlo, mientras seguía pataleando y gritando. Se encontró de pie delante del niño, rogando para que sonara la alarma del reloj de la cocina, mientras el niño seguía pataleando, gritando y cayéndose de la silla. Una día, desesperada, lo encerró en su habitación, deseando que se calmara. Sin toda aquella atención negativa por parte de mamá, se tranquilizó. Solo en su habitación, se puso a jugar con sus juguetes y se serenó. Resultó mil veces más eficaz.*

Elogia a tu hijo por haber cumplido el descanso.

Recuerda que el descanso puede ser flexible; no tiene por qué limitarse a una silla, un lugar, etc. Aunque un lugar para el descanso funcione bien en casa, deberás designar otros en casa de los abuelos o incluso en el banco.

■ *Un día, en el colmado, Andrea, de tres años, tuvo una rabieta en la sección de cereales. Lynn, su madre, le había dicho que no comprarían cereales azucarados. Pero Andrea no lograba calmarse. Teniendo en cuenta que ya se había producido algo similar en ocasiones anteriores, Lynn ya tenía un plan. El jefe del establecimiento había designado un rincón donde podían dejar el carro de la compra medio lleno, así es que le dijo a la niña que irían al coche con el fin de hacer un descanso para la rabieta. Andrea requirió pocos minutos para tranquilizarse y volvieron al colmado. Evitando a propósito la sección de los cereales, terminaron de realizar las compras tan rápido como pudieron.*

Dale un abrazo o dedícale una sonrisa después del tiempo de descanso.

Guía a tu preescolar lejos de los problemas después del descanso. Los niños de cinco años son capaces de comportarse correctamente después de un descanso, pero a menudo necesitan tu ayuda. Muchos niños más pequeños no se portan bien si vuelven a la escena donde ha empezado la mala conducta. La distracción es un método más adecuado para ellos.

■ *Gail recuerda que utilizaba los descansos en su clase de párvulos para detener los comportamientos agresivos. Si un niño de tres años empezaba a pellizcar a su mejor amigo, se colocaba detrás, le daba un abrazo y le decía: «Descanso por haber pellizcado». Al cabo de unos segundos le decía: «El descanso se ha terminado. Puedes ir a la esquina de los Lego». Después hablaba con él sobre lo sucedido, cuando ya estaba más sereno. A menudo, ni siquiera utilizaba una silla para los descansos.*

No olvides que los niños pequeños tienen una capacidad de comprensión muy limitada del tiempo. En lugar de decir: «Descanso de tres minutos» utiliza un timbre, una campana o un silbato.

Intenta observar siempre a tu hijo para poder verlo cuando se porta como es debido. Entonces, elógialo con un cumplido: «Ya veo lo bien que estás compartiendo el puzzle, Laura. ¿Verdad que es bonito ser amable?».

Utiliza los descansos espaciadamente. Si los usas para todos los comportamientos, perderán eficacia.

Anímate

No eres la única madre que se pregunta: «¿Por qué he dicho "descanso" de nuevo?». Puede que te sientas físicamente impulsada a llevar a tu hijo a la silla del descanso cuando grita, pega, llora y te insulta, y después te preguntes: «¿Cuánto tiempo debe estar en la silla del descanso?».

Hablad de los descansos en familia; incluye el cuándo y el por qué deben utilizarse, dónde va a hacerse efectivos y su duración. Invita a los niños a participar en la conversación.

Continúa enseñando la lección cuando las aguas hayan vuelto a su cauce. Vuelve a hablar de la conducta durante la hora del baño, la hora de acostarse, la hora de contar cuentos o en una reunión familiar más formal.

Recuerda que el comportamiento inapropiado no cambia en un abrir y cerrar de ojos.

Utiliza la palabra «descanso» de diversas formas para reforzar el significado; lo captarán más deprisa de lo que imaginas.

■ *Donna dijo a sus niños: «Mamá necesita un descanso. Ahora, estoy demasiado enfadada para hablar con vosotros».*

■ *Cuando los hijos de Sally se peleaban por el mismo juguete, se colocó en medio y dijo: «Descanso. Este juguete necesita un respiro antes de que decidamos cómo vais a turnaros para jugar con él».*

■ *Nolan, de tres años, estaba enfadado porque el gato empujaba su juguete. Fue divertido ver que en lugar de gritar o pegar al gato, el niño le dijo: «¡No, Kitty! Descanso por haber empujado mi juguete. Métete debajo de la cama hasta que suene el timbre». A continuación giró 180° el temporizador, sin saber que se trataba de treinta minutos. Por supuesto, teniendo en cuenta el período de atención de un niño de tres años, a los cinco minutos ya se había marchado de la habitación.*

Conclusiones

Los niños requieren de tu ayuda para corregir el mal comportamiento hasta que aprenden a hacerlo por su cuenta. Los descansos son ideales para poner fin a la mala conducta y ayudan a todo el mundo a ponerse en su sitio. El secreto consiste en no dejar que el descanso se convierta en una lucha de poder.

Valores

P: En los tiempos que corren parece que el respeto, la empatía, la honestidad y la gratitud brillan por su ausencia en favor del individualismo. ¿Es demasiado pronto para explicarle a mi hijo de tres años algunos valores que considero buenos aunque estén pasados de moda?

R: No sólo no es demasiado pronto, sino que ya lo estás haciendo aun sin darte cuenta. No importa las veces que intentes decir las cosas, son tus acciones las que influyen en tus hijos. Por lo tanto, es importante respirar profundamente y estar siempre al menos semiconsciente de las cosas que haces. Ten paciencia, los valores necesitan bastante tiempo para penetrar en las mentes infantiles.

Te aconsejamos...

Identifica y confecciona una lista de los valores que sean importantes para tu familia. Los modelos visuales y concretos ayudan a los niños a enfrentarse a los conceptos abstractos, incluso si aún no saben leer. También podéis mirar fotografías o dibujos que ilustren valores.

■ *Cuando Caroline enseñaba en la escuela de los domingos, su clase de preescolares confeccionó un "árbol de los valores". Cada hoja*

tenía escrito un valor y un sencillo ejemplo. *La Hoja de la Conser-*
vación decía: «Reciclamos los periódicos para salvar los árboles».
Para el Coraje: «Duermo con las luces apagadas por la noche».
Para la Empatía: «Me imagino cómo me sentiría si me pasara a
mí». Perdón: «No pasa nada, ha sido un accidente». Generosi-
dad: «Puedo compartir la galleta contigo». Honestidad: «Lo sien-
to, se me ha roto». Justicia: «Vamos a hacer turnos». Amabilidad:
«Vamos a preguntarle al niño nuevo si quiere jugar con nosotros».
Durante el año, la clase siguió reforzando los valores positivos con
dibujos. Cada niño pintaba algo bueno (compartir, abrazar, hacer
turnos) y lo pegaba en la hoja correspondiente.

Establece una regla de oro sencilla y repítela para enfatizar
su importancia. Para muchas familias, se convierte en la única
regla.

■ *Gail siempre recordaba a sus hijos: «Debéis tratar a los demás*
como os gustaría que os trataran». Sus hijos practicaban a diario lo
que les decía, aunque no siempre tenían éxito ni les resultaba senci-
llo. Intentaban compartir los juguetes y ser amables con los demás.

■ *Jim Fay, consultor educativo y autor de* Parenting with Love
and Logic, *afirma: «Los adultos influimos en nuestros niños por*
la manera como les tratamos. Aquí podemos aplicar un corolario de
la regla de oro: Los niños harán con los demás lo que sus padres ha-
cen con ellos. Tratar a nuestros hijos con respeto les enseña a ser res-
petuosos».

Explica a tus hijos por qué hacemos las cosas.

■ *Barbara les dijo a sus hijos: «Turnaos, así todos lo pasaréis*
bien. Si tenéis problemas, podemos lanzar una moneda para saber
quién juega primero».

■ *Cuando Tony encontró un juguete en el hotel, su padre dijo:*
«¡Qué juguete mas bonito has encontrado! Apuesto a que alguien

*lo está buscando. Vamos a llevarlo a objetos perdidos. Recuerda lo
mal que te sentiste cuando no podías ir a la piscina porque alguien
te había cogido el flotador.*

Fíjate en lo que los niños hacen bien, y elógialos con palabras que convengan a tus valores. Véase el recuadro de elogios en **Autoestima** (página 49).

■ *Cuando Richie llevó a sus tres hijos a sus revisiones dentales
anuales, advirtió que el mediano quería entrar primero. Dijo: «Se
necesita mucho valor para sentarse el primero en la silla del dentista».*

■ *Sally dijo a su nieto: «Gracias por decirme que habías roto el
jarrón. No es fácil admitir que has hecho algo mal o que has cometido un error».*

■ *Cuando Ryan, de tres años, quitó a las galletas los trocitos de
chocolate y se las ofreció a su madre, ella decidió centrarse en la parte positiva y se lo agradeció: «Gracias por compartir la galleta».*

**Resiste la tentación de regañar, sobornar o censurar a tus
hijos** con la excusa de estarles enseñando valores...; sólo estarías
perjudicando tus propios intereses.

■ *Caroline se sentía avergonzada del día en que gritó en el recreo:
«¡No está bien interrumpir las conversaciones!». Delante de todo el mundo, Sean
le contestó: «No está bien pegar gritos,
mamá, y tú lo haces a todas horas».*

Anímalos a sentir empatía hablando de los sentimientos de todos,
en lugar de señalar siempre al que
hace las cosas de forma incorrecta.

♥

Anímate

*No eres el único padre que
ha tenido que reducir un
poco sus expectativas.
Bien, de acuerdo, quizá
mucho...*

Admite tus errores y discúlpate ante tu hijo con un simple «Lo siento».

■ *Tras haber perdido los nervios, Brad confesó: «Papá estaba de muy mal humor. Siento haberte gritado. La próxima vez intentaré tranquilizarme antes de hablar».*

Deja que tus hijos vean que eres responsable de tus actos.

■ *Una madre nos contó que su hijo Lucas le había advertido: «Mamá, el límite de velocidad es de ochenta y la aguja marca cien». La madre le contestó: «¡Oh!, lo siento, es culpa mía, gracias por avisarme, estoy infringiendo la ley; será mejor que reduzca la velocidad».*

Encarga a los niños tareas sencillas para ayudarles a desarrollar el sentido de la responsabilidad, el amor propio y su papel especial en la familia. Véase **Quehaceres domésticos** en la página 228.

■ *Cuando Gina y Matt asistieron a una reunión de padres en la guardería, no podían esperar a ver el dibujo que había hecho su hijo con el tema «Por qué soy importante». Imaginaos sus carcajadas cuando vieron un dibujo de un niño sosteniendo una pala rodeado de varias huellas misteriosas. ¡Claro! Austin era el basurero de la casa y se sentía orgulloso de ello.*

Encarga a tus hijos tareas relativas a otros miembros de la familia para que desarrollen su sentido de la compasión y sus sentimientos hacia los demás. Si les haces recoger sus juguetes, conseguirás que las habitaciones estén más ordenadas (con un poco de suerte). Pero si les dices que te ayuden a poner la mesa, aprenderán a tener en cuenta las necesidades de los demás. «¿El bebé necesita una cuchara que no sea de metal? ¿Le pongo cuchillo al bebé?»

Aprópiate de un poco del tiempo destinado a tus obligaciones para hacer algo bueno en presencia de los niños, como llamar al 091 si ves un accidente de tráfico, guiar a un forastero, abrirle la puerta a una persona disminuida o a alguien cargado de paquetes. Quizá llegues tarde a tus citas, pero vale la pena. Además, decir que lo sientes por haber llegado con retraso constituye un buen ejemplo para los chicos.

> ■ *Una tarde, Malcolm y su hermana de cuatro años, Ellen, salieron de la tienda con varios paquetes. Observaron que había una anciana que tenía dificultades para cruzar la calle y se detuvieron a ayudarla. Malcolm aprovechó para decirle a su hermana que cuando ayudaba a alguien se sentía muy bien.*

Demuestra amabilidad y pon dinero en las huchas del Ejército de Salvación. Explícale al niño dónde va a parar el dinero y lo bien que te sientes por haber ayudado a otras personas. Poco a poco, tu hijo interiorizará los sentimientos positivos que proporciona el hecho de ser respetuoso, amable y útil a los demás.

Lleva a los niños a actos de solidaridad, cuanto más abstractos mejor. Los niños pequeños son capaces de sentir más compasión por alguien que conocen, o que por lo menos puedan ver, que por un huérfano de las antípodas.

> ■ *Gail cocinó una sopa de pollo y se la dio a sus tres hijos. Los niños caminaron a través de la nieve para ofrecérsela a su vecino que estaba enfermo. Todos se pusieron muy contentos cuando vieron cómo se le iluminó la cara de alegría, y todavía más cuando se comió la sopa y dijo: «Muchas gracias. Es justo lo que necesitaba, un poco de "penicilina" antigua».*

Ten en cuenta que los niños pequeños piensan y razonan de forma distinta que los adultos. Los preescolares se alegran cuando te ayudan a comprar un regalo o comida para los pobres. No obstante, para la mayoría de los niños de cuatro años, dar uno de sus juguetes o el dinero ahorrado para los necesitados les puede provocar sentimientos de resentimiento. Se trata de una respuesta normal a su edad.

Si los parientes o amigos tienen valores diferentes de los que quieres imbuir en tu hijo, habla de forma positiva con él de lo que para ti es importante.

■ *Millie se puso enferma cuando oyó que sus hijos le decían a la abuela, nada más cruzar el umbral de la puerta: «¿Qué me has comprado?». Millie les contó que aunque a la abuela le gustara comprarles cosas, en su casa lo importante era disfrutar de la compañía de las personas, pues las personas son más importantes que las cosas.*

Enséñales la diferencia entre la compasión y la falta de asertividad a los niños que parezcan demasiado buenos o que se dejen tomar el pelo.

■ *Payden dijo a su hija: «Ya veo que estás esperando tu turno muy bien, pero no debes dejar que los demás pasen delante de ti. A ellos tampoco les gustaría que los trataran así. ¿Qué te parece si utilizas las palabras para decirles que esperen su turno?».*

Ármate de valor para explicar a tus hijos cuáles son las cosas importantes para ti aunque no estén de moda. Tener claros los límites y utilizar estrategias de disciplina positiva ayuda a los niños a sentirse seguros. Los niños muy mandones o egoístas suelen ser el producto de unos padres demasiado permisivos.

■ *Cuando Sean, de cuatro años, dijo: «Hoy no quiero ir a la iglesia. ¡Es aburrido!», Caroline le explicó: «Comprendo que para ti sea aburrido ir a la iglesia, pero para mí es importarte que vayamos todos; me gustaría verte sentado allí mostrado respeto a Dios. Me gustaría agradecerle a Dios que la abuela haya salido del hospital. ¿Y tú?, ¿por qué le vas a dar las gracias?». Sean sonrió y dijo: «Porque mañana no es domingo».*

■ *Cuando uno de los cinco hijos de la familia de Margaret quería hacer algo que no estaba permitido, el padre decía el refrán: «Dices que todo el mundo lo hace... ¿Cómo te llamas?». El niño respondía: «Jackson». «Los Jackson no lo hacen.» Problema zanjado.*

Enseña a tus hijos a valorar las cosas que no se pueden comprar. Véase **«Dame»** en la página 69, te aportará más ideas sobre el tema.

■ *Gail recuerda que mientras su hija Rachel era pequeña, ambas lo pasaban bien fabricando regalos y tarjetas para las ocasiones especiales. Ahora que es mayor, aún es famosa por sus regalos y sus tarjetas.*

Implica a tu hijo en tareas de voluntariado, como visitar residencias de ancianos, ayudar a los vecinos enfermos o hacer una cesta navideña para las familias necesitadas. Habla con él acerca de lo afortunado que es, así como de la responsabilidad de ayudar a los otros miembros de la comunidad.

■ *Un domingo por la tarde, Caroline y su hijo de cinco años pasaron unas horas en la cocina de la iglesia, donde pelaron una gran cantidad de frutas e hicieron una enorme macedonia. Caroline se puso contenta de ver la cantidad de trabajo que Sean era capaz de hacer. Su carita se iluminó con los cumplidos que le dedicaron y los agradecimientos de la gente a la que sirvió la macedonia.*

■ *Tom organizaba actividades de voluntariado para la familia cuando los niños ya habían comido y estaban descansados. Se había dado cuenta de que intentar ir a la cocina de la iglesia con dos niños hambrientos y cansados pegados a sus piernas no era el mejor método de enseñarles el valor de la empatía.*

Recuerda que el proceso de enseñar valores puede ser pesado y difícil. A veces puede resultar un inconveniente, pero vale la pena.

Numerosos estudios demuestran que los niños amables y compasivos no sólo tienen éxito, sino que son muy queridos por la gente.

Conclusiones

Si hablas con tus hijos acerca de cómo tus valores influyen en tu hacer diario, los interiorizarán más fácilmente.

Viajar con niños

P: Mi esposa y yo pensamos que toda la familia debe ir de vacaciones junta. Ha sido una tarea dura porque hemos tenido que planificar cinco días completos, pero al final lo hemos conseguido. Ahora, la presión está en cómo hacer que las cosas salgan bien: unas vacaciones de ensueño hechas realidad. ¿Algún consejo para garantizar que van a ser unas vacaciones memorables?

R: Planificar, planificar, planificar y no olvidarse de meter la paciencia, el sentido del humor y la actitud positiva en el equipaje. Piensa que el término «vacaciones» tiene un significado muy diferente al que tenía cuando no tenías hijos, sobre todo porque tu esposa y tú podréis estar fuera, pero seguiréis trabajando veinticuatro horas al día los siete días de la semana. Intenta limitar tus expectativas e implica a los niños en la planificación del viaje. Trata de relajarte y disfrutar; después de todo, éste es el objetivo del viaje.

Lista para un viaje seguro

Antes de partir...

Coloca lo siguiente en tu maletín de primeros auxilios:

- El número de teléfono de tu pediatra.

- Tarjeta sanitaria.

- Termómetro.

- Cuchara.

- Jarabe u otro producto inductor del vómito (sólo bajo aprovación del Servicio Médico de Información Toxicológica).

- Toallitas húmedas.

- Pinzas para sacar espinas o aguijones de insectos.

- Gasas de distintos tamaños.

- Hielo.

- Nevera de viaje.

- Pomada antibiótica para prevenir infecciones de cortes, arañazos o contusiones.

- Analgésicos sin ácido acetilsalícilico.

- Medicación para las diarreas y descomposiciones intestinales (pídele consejo al médico).

- Un antiestamínico para las reacciones alérgicas.

- Crema de calamina o hidrocortisona de 0,5 (con el permiso del médico) para picaduras y erupciones cutáneas.

- Protector solar.

- Esparadrapo, para que no se despeguen los pañales.

- Tijeras pequeñas.

- Linterna pequeña.

Piensa también en las siguientes cosas que sería aconsejable llevar en el coche:

- Cojín pequeño, manta y una camiseta de algodón para cada niño.

- Bolsas de plástico (de basura y de cierre hermético).

- Protectores para el inodoro.

- Rollo de papel higiénico.

- Servilletas de papel.

Por el camino...

Toma las siguientes precauciones contra el mareo:

- Mantén al niño seguro en un sitio abrochándole el cinturón a tenor de su peso y edad.

- Deja que el aire fresco circule dentro del coche. Abre un poco una ventana. Sin vais en avión, abre la ventilación.

- Conduce durante las horas de menor tráfico del día. Evita las paradas y los arranques constantes; provocan mareo.

- Viajad por la mañana o durante la hora de la siesta (el conductor debe estar bien descansado). Dormir o descansar cerrando los ojos durante una parte del viaje reduce el riesgo de mareos.

- Si el niño muestra señales de mareo, no le dejes realizar ciertas actividades, tales como leer libros, colorear o jugar con juegos que impliquen movimiento.

- Intenta distraer la atención del niño cantando canciones, ofreciéndole una galleta o escuchando sus cuentos favoritos.

- Enséñale el horizonte para que lo mire. Así evitarás que se fije en las cosas del interior del automóvil, que están en constante movimiento y pueden provocarle mareo.

- Dales cosas ligeras para comer, como tentempiés frecuentes para evitar que se sienta pesado. Comer demasiado contribuye a tener sensación de mareo. Los bastoncitos de pan, galletas o rosquillas dan buenos resultados.

• Evita los alimentos grasos, los fritos, las patatas, las hamburguesas, los helados o los postres.

• Dales agua, zumos de frutas que no sean muy ácidos y ginger ale. Son muy beneficiosos para el estómago.

• Ponles pulseras elásticas diseñadas para colocarse en la parte interna de las muñecas. Se dice que estas pulseras detienen las náuseas asociadas al movimiento en tierra y mar. Se pueden comprar en una tienda de material para acampadas, en algunas farmacias y en tiendas de alimentos de cultivo ecológico. Aunque no se venden en diferentes tamaños, puedes darle unos embastes para que se adapte a las muñecas infantiles.

Al llegar...

Toma las siguientes precauciones para evitar accidentes:

• Nunca dejes a un niño solo en la habitación de un hotel o en el área de la piscina.

• Ata las cuerdas fuera del alcance de los niños para evitar que se estrangulen.

• Si ves que el agua del grifo sale demasiado caliente al abrirlo, coloca un adhesivo infantil en el agua fría y explica a los niños que sólo pueden abrir el grifo de la pegatina.

• Comprueba que los objetos pesados no se tambaleen, de forma que un niño curioso no pueda sufrir las consecuencias al intentar escalar los muebles.

• Pide al director del hotel que tape los enchufes y posibles cables del aire acondicionado o de las lámparas para evitar posibles calambres.

• No dejes que los niños se encierren en el cuarto de baño de un hotel. Pega un poco de esparadrapo en el cierre de la puerta para que se pueda cerrar, pero no con llave.

• No dejes que se bañen en agua demasiado caliente. Su cuerpo es demasiado pequeño para exponerse a temperaturas muy elevadas; podrían perder el conocimiento.

• Si estás en casa de un amigo o de un pariente, pensar que la casa está acondicionada a prueba de niños suele ser un error. Con su permiso, al llegar, dad una vuelta por la casa y corregid las cosas que creáis que puedan suponer un peligro para vuestros hijos.

Te aconsejamos...

Mantén algunas reuniones familiares antes de las vacaciones para planificar el viaje, incluyendo el comportamiento que se espera de los niños y las consecuencias que se aplicarán a los malos comportamientos. Véase la página 27; más información sobre la aplicación de consecuencias.

Haz que los niños más mayores busquen fotografías, guías, mapas y folletos. La biblioteca, una agencia de viajes y las asociaciones de conductores te pueden ofrecer muchos recursos. Revisa las páginas sobre viajes del periódico local y las webs de la zona, que pueden incluir zonas en obras, cupones de viaje y otras cosas de utilidad. Algunas destinaciones turísticas tienen su propia página web.

Sentaos juntos y observad los materiales para el viaje que habéis conseguido. Conversad sobre todas las opciones.

Organiza unas vacaciones con un solo punto de destino. Aunque a muchos niños no les importe, hacer unas vacaciones del tipo hoy en París, mañana en Roma, no son adecuadas para todos. Escoge un punto de destino: la playa, la montaña, un parque temático, etc.

Una vez elegido el destino deja que los niños se impliquen. Explícales adónde vais, durante cuánto tiempo, qué es lo que van a hacer, etc. Muéstrales fotografías, si es posible.

Acepta las ideas de tus hijos: sus preferencias y lo que no quieren hacer, lo que esperan del viaje, etc., y cuéntales también tus expectativas. Es una lección valiosa para los niños aprender que cada persona se compromete con las otras y que nadie puede hacer todo lo que se le antoje (¡ni mamá o papá!). Implica a todos los miembros de la familia en todas las decisiones posibles. Aunque probablemente el niño no va a escoger el destino, hablar sobre lo que va a ver y lo que va a ocurrir aumenta su interés. Los planes para el viaje se convierten en algo divertido.

Anímate

No eres el único padre que se agobia con la preparación de un viaje con tres niños pequeños. Extender el montón de cosas que debéis llevaros encima de una superficie es suficiente para que te venga la tentación de cancelar el viaje.

Practica con una pequeña excursión. Prueba ir de acampada y dormir una noche fuera de casa o un fin de semana entero en un hotel de la ciudad con piscina, o simplemente una excursión de un día a algún lugar divertido.

Deja que los niños decoren sus asientos del coche con adhesivos para que sean bonitos y estén listos para el viaje.

Antes de que empiecen vuestras vacaciones lleva a tu hijo de visita al aeropuerto, a ver el tren o a la estación de autobuses para que empiece a familiarizarse con lo que va a suceder. Esto puede reducir los miedos y la mala conducta el día que os vayáis.

Cread una rutina para el viaje y seguidla; las cosas estructuradas y predecibles fomentan una conducta positiva. Intenta seguir la misma rutina que en casa para las comidas y las siestas.

Llévate algunos objetos de casa: un cojín, una manta, un libro o un peluche para que tu hijo se sienta más seguro.

Anímate

No eres la única madre del aeropuerto con una bolsa llena de pañales, un cochecito doble, dos sillas de bebé para el coche, dos muñecas, dos mantas y dos pequeñajos en pañales. ¿Te sientes culpable por esperar un viaje romántico que sólo requiera una maletita para vosotros dos?

■ *Adina recuerda que se llevaba un walkman para jugar con el cassette favorito de su hija, que le ayudaba a dormirse.*

Anima a los niños (incluso a los de dos años) a hacerse su propio equipaje. Deja que cojan algunos de sus juguetes favoritos (peluches, libros, cassettes, lápices de colores, galletas, papel, adhesivos y juegos que no contengan piezas muy pequeñas). Un tren que haga ruido o una muñeca habladora te pueden volver loca o sea que ¡utiliza el veto paterno!

Fomenta la diversión; formúlales preguntas divertidas, cántales sus canciones favoritas y juega con ellos para evitar que se aburran y la molesta y típica pregunta: «¿Falta mucho para llegar?».

Ofréceles algún tentempié: los viajeros que mastican se pelean menos.

■ *Sherry tuvo la gran idea de servir una gran variedad de pequeñas cantidades de cereales, pasas, maíz tostado y cacahuetes. Colocó el piscolabis en un recipiente de plástico que tenía siete pequeñas aperturas fáciles de abrir para los deditos de los niños, cada una con un cereal distinto. La regla era que no se podía abrir dos veces seguidas. De esta forma, si había un frenazo inesperado las cosas no se caerían por el suelo.*

■ *Jim desempaquetó dos de sus cantimploras del ejército, una para cada uno de sus hijos, para utilizarlas cuando hacían un viaje largo en coche. Cada uno colgó su cantimplora en un gancho en la ventana en el asiento de atrás. Sabían que aquélla era su ración de zumo durante unas horas. A los niños les encantaba beber de las cantimploras de su padre y lo esperaban cada año, pues no se utilizaban para nada más.*

Establece límites razonables, adaptados a tus pequeños viajeros, acerca de la distancia que puedes recorrer en un día.

Variad la posición de las personas dentro del coche. Es pesado cambiarse de sitio, pero a veces puede resultar necesario.

■ *Después de haber planeado muchas paradas para descansar, comer y jugar, Carla y Cassidy empezaron a pelearse en el coche y había que separarlos. Mamá cogió el volante y papá se sentó detrás con las niñas. Jugaron a algo especial: papá y las niñas formaban equipo con papá para jugar al "Veo, veo". Mamá siempre perdía. Los padres decidieron no optar por esta solución muy a menudo; de ahí su éxito para cambiar el humor de todos.*

Reserva alojamiento con antelación. Evita la incomodidad de tener que vagar durante horas por la carretera en medio de una tormenta en plena noche buscando un hotel, para ser recibidos con un «COMPLETO».

Haz paradas frecuentes. Los niños pequeños necesitan correr. Llévate una pelota hinchable de playa para jugar cuando hagáis descansos. La puedes guardar en el maletero, deshinchada.

Deja que un despertador os avise de que es hora de comer o de hacer una pausa. Recuerda que los niños pequeños tienen una comprensión limitada del tiempo.

Lleva un recambio o dos de ropa a mano para los niños. Es probable que ocurran algunos accidentes.

■ *Caroline recuerda los frecuentes viajes a Florida que realizaban para visitar a los abuelos de su hijo cuando era pequeño. Cuando Sean empezó a marearse, Caroline se alegró de haberse llevado un recambio de ropa. El niño vomitó encima del vestido que le había regalado la abuela. Caroline le cambió y justo después vomitó de nuevo. Al final llegaron al aeropuerto saludando a la abuela en pañales y envuelto en una manta.*

Prepara un vestido para cada día y dos más para emergencias, incluyendo los calcetines y la ropa interior, en bolsas individuales de cierre hermético. De esta forma, los niños podrán vestirse sin tu ayuda.

Cuando lleguéis a vuestro destino, pensad que no es ningún pecado no hacerlo todo juntos como una familia.

■ *Monica y Russ se dieron cuenta de que con el niño con una rabieta impresionante nadie iba a disfrutar del minigolf. Así es que Mónica volvió a la habitación, puso al niño a dormir la siesta y se preparó un baño de espuma. Posteriormente, se volvieron a reunir con la familia, felices y relajados. La próxima vez que el pequeño de dos años mostró signos de fatiga, Russ se ofreció voluntario para ir a la habitación, donde durmió una reparadora siesta con el niño.*

Para los niños de dos a cinco años las actividades deben ser sencillas. Sólo toleran una o dos actividades al día. Alquila un vídeo cuando tu hijo necesite descansar.

■ *La familia de Caroline hizo un viaje de vacaciones a un lugar de moda en el norte de Wisconsin. Cuando llegaron, Caroline estaba impresionada ante la amplia oferta de actividades dirigida a los niños: desde elaborados parques acuáticos hasta minigolf. Pero después de varios días de intenso calor, aprendió a compartir con sus hijos el aprecio por los pequeños placeres. Sean, de cuatro años, se divertía tirando piedras al lago con papá, mientras Nolan, de un año, se divertía intentando cazar un pato.*

Busca alojamientos especiales que sean también parques de diversión.

■ *Pat llevó a su hijo a un parque de atracciones, pero el niño era demasiado pequeño para subir a la mayoría de las atracciones o le asustaban. Pat optó por aprovechar los «ahorradores de tiempo». Se llaman «switch-off» en Disney y «trade-off» (turno) en otros parques, y funcionan del modo siguiente: en el punto de embarque, un padre espera con su hijo pequeño en la zona de «trade-off», mientras el otro monta en la atracción con el hijo más mayor. Luego, los padres «se turnan», y el que ha estado esperando monta sin tener que hacer una cola de una hora.*

Guarda recuerdos del viaje. A los niños les encanta guardar cosas que no valen nada, como servilletas, postales, piedras, tíquets y autógrafos de los camareros y de la gente que puedan conocer.

Organiza una reunión familiar a la vuelta de las vacaciones para hablar de ellas, montar álbumes de fotos y ver los vídeos.

Recuerda que tu percepción de lo mejor del viaje puede ser diferente de la de tu hijo.

■ *Doris organizó un viaje educativo con sus hijos a Washington D.C. Los niños tenían de cuatro a ocho años y se implicaron activamente en el proceso de preparación del viaje. Prometía ser una experiencia extraordinaria. Cuando regresaron a casa, después de un viaje estupendo, Doris no pudo esperar y les preguntó: «¿Qué es lo que os ha gustado más del viaje?». Sin dudarlo un instante, contestaron en coro: «¡La máquina de hielo del hotel!». No era exactamente la respuesta que quería oír, pero reconoció que aunque no aprendan lo que pretendes, están sentando las bases de sus propios recuerdos.*

Acepta el hecho de que quizá no consigas que el tiempo que pasáis juntos sea maravilloso y de calidad, no importa la cantidad de dinero que te hayas gastado o dónde hayas ido. Piensa que la calidad de las vacaciones puede florecer sólo pasando tiempo juntos como una familia, amando a tus hijos y riendo con ellos de las cosas que les gusta hacer.

Conclusiones

Intenta despojarte de la presión y la culpabilidad asociadas al hecho de intentar conseguir la perfección y acepta que tu viaje puede ser una aventura interesante para toda la familia, con momentos memorables, algunos de los cuales van a mejorar tu salud.

Visitas al médico y al dentista

P: Mi hija odia ir al médico. Quizá sea debido a unas inyecciones que tuvieron que ponerle. Ahora las dos tenemos pavor a la cita con el médico. ¿Qué puedo hacer para que la visita resulte más liviana?

R: Muchos niños, al igual que innumerables adultos, desarrollan un tipo de ansiedad especial cuando tienen que ir al médico. Estos temores suelen fundamentarse en una experiencia negativa anterior o en una imaginación exagerada. Los niños no pueden evitar los chequeos periódicos. De ahí que lo mejor sea intentar que desarrollen una actitud positiva frente a dichas visitas. Hablad de lo que se debería esperar de la visita y planificad alguna actividad divertida para después de la cita.

Te aconsejamos...

Decide con cuánta antelación le vas a decir que tenéis la cita. La mayoría de los pediatras recomiendan hacerlo el mismo día cuando se trata de un niño de dos o tres años, y el día antes si tiene cuatro o cinco años. Pero evidentemente depende del carácter que tenga tu hijo y de su personalidad. Investiga qué es lo que va a dar un mejor resultado con él.

> ■ *Caroline está convencida de que exageró intentando asegurarse de que Nolan sabía cuándo tenía que ir al dentista. «Quería que supiera que íbamos a regresar, de manera que se lo dije con unos cuantos días de antelación. La mañana de la cita le recordé adónde teníamos que ir aquel día. Entonces empezó la trifulca. No quería que lo vistiera y tuve que arrancarlo del coche mientras daba patadas y gritaba. Cuando llegamos al dentista me cogió muy fuerte y no quería soltarse. No volví a cometer el mismo error nunca más. En la próxima visita, le vestí y le dije que íbamos a salir. Cuando llegamos al dentista le anuncié que terminaríamos enseguida y que aquélla iba a ser su última visita al especialista en mucho tiempo. Suspiró profundamente, me cogió la mano y entramos juntos».*

Los niños a menudo buscan tus indicaciones en una situación de miedo potencial, como una visita al médico.

Reflexiona sobre las palabras que vas a utilizar para explicarle en qué consiste la visita. Los padres que con toda la buena intención del mundo dicen: «No te va a doler», someten al niño a un mayor estrés si cabe. Es probable que ni siquiera se le hubiese pasado por la cabeza el término «dolor» hasta que mamá o papá se lo mencionó.

Juega a médicos con tu hijo. Las muñecas pueden ir a visitarse a casa del doctor Oso de Peluche. Puede ser un buen método para proporcionarle información sin que suponga una amenaza y poder así conversar de los sentimientos que despierta una visita al médico (véase el recuadro de las páginas 96 a 98; más información sobre **Juegos de imitación**).

Compartid historias divertidas acerca de visitas al médico y experiencias de tu infancia.

Decide qué información es relevante para un niño de su edad e intenta que te formule preguntas. Por ejemplo, si la cita al médico es para ponerle una vacuna, puedes decirle que, aunque duele un poquito, nos protege contra enfermedades peligrosas. Tus explicaciones han de ser sinceras y simples a la vez. Un gran volumen de información puede menoscabar la eficacia de tu objetivo y confundir o encolerizar a tu hijo.

Ensaya para saber si puedes llevar a cabo un plan que os ayude en las situaciones tensas o cuando alguien le hace daño.

■ *Virginia recuerda cómo Jerry, de cinco años, admiraba a Felice, una enfermera de la consulta pediátrica. Felice le había enseñado una técnica para soportar mejor las inyecciones. Pidió a Virginia que se pusiera delante de Jerry y le cogiera ambas manos. A continuación, justo antes de pincharle, Jerry debería inspirar profundamente, soplar en la cara de su madre y apretarle las manos con fuerza. Mientras se concentraba en seguir todos estos pasos, Felice le administraba la inyección rápidamente. La inspiración profunda ayudaba a Jerry a relajarse mientras le ponían la vacuna.*

Recuerda a tu hijo que en ocasiones todo el mundo debe hacer cosas que no querría hacer si pudiera elegir. De vez en cuando, dale al niño algunos ejemplos de cosas que debes hacer y que no te divierten ni pizca, como por ejemplo fregar el suelo. Si no se lo cree, ¡significa que estás haciendo un gran trabajo como modelo a seguir!

Prepárate, algunas visitas pueden resultar difíciles, especialmente si el niño ha tenido malas experiencias anteriores.

Pregunta al doctor o al dentista si administrarle un sedante antes de la visita podría aliviar el dolor de lo que le va a hacer. Algunos sedantes tardan un poco en hacer efecto. Resultará más útil si se lo administras con la debida antelación (siempre con el beneplácito del médico).

Para los niños que sufren mucha ansiedad es aconsejable llevarlos una o dos veces a la consulta antes de la verdadera cita. De este modo, se familiarizarán con la sala de espera.

Enséñale algunas técnicas de relajación sencillas para que las pueda utilizar el día de la visita.

> ■ *Mientras Carrie y su hija de tres años estaban esperando para la visita, se divertían practicando ejercicios de respiración que mamá le había enseñado con un vídeo en casa.*

Comprende los sentimientos de tu hijo. Es importante que se sienta entendido.

> ■ *Alan, un padre muy sensible, dijo: «Ya veo que estás preocupado porque tenemos que ir al médico. Tranquilo, estaré contigo todo el rato».*

Recuerda que la ansiedad del niño se puede deber más a la sensación de invasión física de su espacio personal cuando el doctor lo explora, que al miedo al dolor físico. Es una buena oportunidad para potenciar el instinto de privacidad de tu hijo. Cuéntale que en estas situaciones puede dejar que lo toquen, y tranquilízalo diciendo que estarás a su lado.

Programa algo agradable para hacer después de la visita.

> ■ *Cuando Betty dijo a su hijo que tenían una cita con el dentista, antes de que pudiera protestar, le preguntó si después querría ir a un restaurante de comida rápida donde tenían aquel juego de carreras de coches que tanto le gustaba. Estuvo completamente de acuerdo. «Muy bien, cariño, vamos a poner unas cuantas monedas en tu bolsillo para el juego. Cuando estés en el dentista, vas a notar las monedas y sabrás que muy pronto estarás conduciendo ese coche».*

Llévate libros, juegos o un tentempié en caso de que la espera vaya a ser larga. Así desviarás la ansiedad del niño y le ayudarás a estar ocupado y tranquilo.

Coge el juego de médicos de tu hijo y una muñeca y llévalos al médico. Muchos niños se sienten mejor si el médico examina primero a una muñeca mientras ellos lo observan.

Acércate al doctor de manera relajada y mantén una pequeña charla con él, de forma que el niño vea que, después de todo, el médico es una persona amable y que te sientes cómoda con él.

Anímate

No eres el único padre que tiene problemas para aceptar la idea de que su precioso «bebé» de treinta y seis meses se ha convertido en un brillante niño de tres años perfectamente capaz de conversar con el médico.

Pide al doctor que le explique un poco el propósito de la visita. Explicaciones tales como: «Mi trabajo consiste en asegurarme de que estás bien» ayudarán.

Trata de no intervenir demasiado y deja que tu hijo formule preguntas al médico. La comunicación entre el médico y tu hijo será más fluida sin tu intervención. ¿Quién sabe? Con un poco de suerte, tal vez el niño llegue a pensar en el doctor como su amigo.

Si el niño está nervioso, pide al doctor que le deje sentarse en tu regazo durante la exploración.

Durante la visita, habla a tu hijo en un tono que transmita seguridad. También puedes cantarle o abrazarlo.

Canaliza la preocupación de tu hijo de manera sensible, pero honrada.

■ *Cuando el médico dijo a Donna que a su hijo le iban a poner una inyección, recordó unas líneas que había leído en un libro de psico-*

logía infantil: «Sí, las inyecciones duelen, pero sólo un instante. Es como un pinchazo rápido, después se pasa».

Trata de no empezar una pelea con tu hijo acerca de su escasa cooperación. Si prestas demasiada atención a una conducta indeseable durante la visita al doctor, puede que la próxima vez aún se porte peor.

Como último recurso, dale un fuerte abrazo si no quiere cooperar (véase la página 26).

Si se enfada mucho, dale un respiro para que se tranquilice. A veces, puede que sea necesario aplazar la visita al médico.

■ *Después de una intensa lucha para vacunar a Sammy, de cuatro años, Roberta, una madre muy sensata, tuvo una gran idea. Le ofreció una alternativa: «Podemos hacerlo ahora y zanjar el asunto o podemos venir cada día hasta que podamos vacunarte. Ya sé que no te gustan las inyecciones, pero debes ponerte una para protegerte contra las enfermedades». A regañadientes, Sammy accedió a intentarlo.*

Anímate

No eres el único padre que se siente aterrorizado al ver cómo someten a su hijo a un sinfín de pruebas y tratamientos médicos. A menudo resulta mucho más difícil planificarlo, anticiparlo y por último atestiguarlo que someterse al tratamiento propiamente dicho.

A veces es mejor dejar que sea el profesional de la medicina quien se ocupe de tranquilizar al niño. En un tratamiento difícil puede ser mejor que no estés con tu hijo.

■ *Durante una visita al dentista, Nolan se mostraba rebelde y no cooperaba; no quería separarse del cuello de Caroline. Ella sugirió sentarse con él en la silla y sujetarlo en su regazo. El dentista le preguntó si estaba embarazada, porque iba a hacer radiografías. Dado que lo estaba, tuvo que abandonar la sala. Explicaron a Nolan que los rayos X podían ser perjudi-*

ciales para el bebé que mamá llevaba en el vientre. Cuando Caro-line hubo abandonado la sala, Nolan se mostró mucho más coope-rador.

Intenta no sentirte culpable. Es imposible que todas las si-tuaciones sean agradables.

Elogia a tu hijo por haber sido tan valiente y por haber coope-rado tanto.

Conclusiones

Aprender a enfrentarse a situaciones nuevas o pavorosas para el niño puede resultar muy difícil, pero constituye una parte impor-tante de su evolución como persona. Apóyale, compréndelo y feli-cítalo por haberse comportado como un valiente durante la visita al médico o al dentista.

EL NIÑO Y SU MUNDO

Títulos publicados:

1. **Juegos para desarrollar la inteligencia del bebé** - *Jackie Silberg*

2. **Juegos para desarrollar la inteligencia del niño de 1 a 2 años** - *Jackie Silberg*

3. **Luz de estrellas. Meditaciones para niños 1** - *Maureen Garth*

4. **Rayo de luna. Meditaciones para niños 2** - *Maureen Garth*

5. **Enseñar a meditar a los niños** - *David Fontana e Ingrid Slack*

6. **Los niños y la naturaleza** - *Leslie Hamilton*

7. **Rayo de sol. Meditaciones para niños 3** - *Maureen Garth*

8. **El jardín interior** - *Maureen Garth*

9. **300 juegos de 3 minutos** - *Jackie Silberg*

10. **Educar niños felices y obedientes con disciplina positiva** - *Virginia K. Stowe y Andrea Thompson*

11. **Juegos para hacer pensar a los bebés** - *Jackie Silberg*

12. **Luz de la tierra. Meditaciones para niños 4** - *Maureen Garth*

13. **El espacio interior** - *Maureen Garth*

14. **Comidas sanas y nutritivas para el bebé** - *Marie Binet y Roseline Jadfard*

15. **El ABC de la salud de tu hijo** - *William Feldman*

16. **Cómo contar cuentos a los niños** - *Shirley C. Raines y Rebecca Isbell*

17. **Niños felices** - *Michael Grose*

EDUCAR NIÑOS FELICES Y OBEDIENTES CON DISCIPLINA POSITIVA

Estrategias para una paternidad responsable
VIRGINIA K. STOWE

240 páginas
Formato: 15,2 x 23 cm
El niño y su mundo 10

NIÑOS FELICES

Cómo conseguir que su hijo crezca sano y feliz
MICHAEL GROSE

192 páginas
Formato: 15,2 x 23 cm
El niño y su mundo 17

EL MUNDO EMOCIONAL DEL NIÑO

Comprender su lenguaje, sus risas y sus penas
ISABELLE FILLIOZAT

224 páginas
Formato: 15,2 x 23 cm
El niño y su mundo 26

NORMAS EDUCATIVAS PARA PADRES RESPONSABLES

NAN SILVER

256 páginas
Formato: 15,2 x 23 cm
El niño y su mundo 27

LA INTELIGENCIA EMOCIONAL DE LOS NIÑOS

Claves para abrir el corazón y la mente de tu hijo
WILL GLENNON

160 páginas
Formato: 15,2 x 23 cm
El niño y su mundo 34

GUÍA DE SUPERVIVENCIA PARA LAS MADRES MODERNAS

*Un manual poco convencional sobre
las venturas y desventuras de educar
a la generación del nuevo milenio*
ARIEL GORE

256 páginas
Formato: 19,5 x 24,5 cm
Libros singulares